12部经典
读懂中国

高文强　主编

李建中　总主编
武汉大学通识教育中心　组织编写

贵州出版集团
贵州人民出版社

目录

CONTENTS

秋篇　道禅里的中国

总　序

李建中

有一次在线上做通识教育演讲，互动环节有听众留言：读书能否破万"卷"（juǎn，内卷）？看到这个问题，我眼睛一亮。杜甫的"读书破万卷，下笔如有神"讲的是博览群书对于写作的重要意义，但对于那些不以写作为职业或者在生活中较少运用写作技能的人来说，读书的意义何在？

武汉大学的通识教育，其核心元素和基本路径是跨学科经典导读。上通识课的时候，常常会有学生提问：我是学计算机的，为什么要读《庄子》？或者问，我是学中国史的，为什么要读《几何原本》？如果将提问的语境由大学校园推至广大世界，大家会问：我们为什么要阅读经典？

我不想说诸如"休闲""怡情"之类的淡语，也不想说诸如"使命""理想"之类的大话。我只想说：包括"内卷"在内的人类的种种困惑和难题如何破解，人类如何走出洞穴沐浴阳光，我们在经典阅读的过程之中，皆能观之析之辨之悟之。比如杜甫的"读书破万卷"出自《奉赠韦左丞丈二十二韵》，那是一首发牢骚的诗，起因是李林甫一句"野无遗贤"将天宝六载（747年）包括杜甫在内的所有考生的录取机会都剥夺了。杜甫怎么办？他有他的思考，他有他的应对，他的"思深意曲，极鸣悲慨"会给我们这些后人带来无尽的启示，因为每个人都会有"青冥却垂翅，蹭蹬无纵鳞"的时候。

正是出于读书破万"卷"的心理期待或动机，武汉大学通识教育中心与央广云听联合推出线上课程"武汉大学的人文通识课"，在课程讲稿的基础上编写并出版图书。图书分两大系列：《中国文化课：12部经典读懂中国》和《西方文化课：12部经典理解西方》。两大系列均以"春夏秋冬"四季作为框架结构，既宣示中外经典的四季之美，又暗含经典原创者的春秋笔法和经典阅读者的（冬）冷（夏）暖自知。当然，如何讲出经典的"四季之美"，如何融通经典的"春秋笔法"与读者的"冷暖自知"，并非易事。好在作者们都是武汉大学既学有专攻又通识博雅的学者，相信他们春播夏种的成果会被广大读者朋友秋收冬藏。

阅读经典的方式多种多样。武汉大学的通识课，采用的是"关键词阅读法"。大学教育的根本目标是"立德树人"，"人"是大学教育第一关键词。通识课程精选中外经典，从不同角度切入关键词"人"：何为"人"，何以成"人"，成为何"人"。12部中国经典，既融通儒、道、释，又覆盖文、史、哲，其核心问题是人的仁爱、感悟与超越。12部西方经典，从古希腊、古罗马，到文艺复兴、启蒙运动，其核心问题是人的自由、理性和审美。而中西人文社科经典的会通之处，则是引导大学生成为合格公民和博雅君子。

从学术的层面论，"关键词"既是研究对象也是研究方法；

从经典阅读的层面论，"关键词阅读法"既适用于大学生也适用于广大读者。十多年来，我们尝试将关键词研究的学术成果应用于大学通识教育，使本科生、研究生和教师三方受益。2022年，我们还尝试为高三学生开设线上通识课程，使高中生受益。我们推出这套图书，也意在使更多的读者受益于以关键词为方法的经典阅读。

"关键词"是 key words 的汉译，key words 也是 word's key（词语的钥匙）。中国文化是一座巨大的宝库，而关键词是打开宝库的金钥匙。以关键词为方法的经典阅读，正是用关键词去开启中国文化的意义的世界。《中国文化课：12 部经典读懂中国》所导读的 12 部中国经典，既有文学和史学，也有儒学和禅学，其关键词以"人"为核心，包括人的"仁性"与"悟性"、人的"良知"与"爱恨"、人的"逍遥"与"博雅"，这些关键词既构成中国人的内宇宙，也构成中国人的外宇宙，最终内外兼和，构成中国文化的核心问题。《西方文化课：12 部经典理解西方》也是如此。以关键词为门径去阅读中外经典，恰似手持 word's key 去开启中外文化宝库：读懂了这些关键词，也就读懂了这些经典；读懂了这些经典，也就读懂了中国和西方，读懂了这个世界。

《中国文化课：12 部经典读懂中国》的最后一部是《文心雕龙》，《文心雕龙》的关键词是"博雅"，"博雅"的内宇宙是作为中国文化基因的"兼性思维"。刘勰《文心雕龙》旗帜鲜明地反对"各照隅隙，鲜观衢路"式的"庭间回骤"，主张"弥纶群言""笼圈条贯"式的"万里逸步"。由此看来，包括《文心雕龙》在内的 12 部中国经典，其意义绝不仅限于通识教育和传统文化，而是能为构建人类命运共同体，贡献中国智慧和中国力量。

2022 年 8 月酷暑于珞珈山振华楼

2023 年 8 月凉夏修改于东湖名居心远斋

序：经典阅读中的"记"与"忘"

高文强

记得一次上《人文社科经典导引》课时，课下有学生来问我："我读经典老是记不住，读完不久就忘得差不多了，这样读经典是浪费时间，请问怎样读才能记住呢？"这不是我第一次听到这个问题。颇有意思的是，为什么我们的学生读书那么害怕忘记？应该说，这种心理与我们的经典教育有着密切关系。

如果回顾一下学生们受教育的经历，可以看到他们从小学入学就开始接受经典阅读教育，语文书中的许多篇目都是精挑细选出来的经典。到高中毕业时，他们至少已经学习了十二年的经典阅读。然而，基础教育中的经典阅读，其目的指向考试，在应试的要求下，"记忆"便成为阅读经典非常重要的一种方法：要记住课文的作者姓名和相关背景，要记住课文中的重要字词和经典句段，还要记住课文的主题思想和结构特征，等等，因为这些都可能成为考试的内容。当然，不可否认的是，对经典相关知识的记忆，本就是经典阅读中的一种重要方法。不过，基础教育中这种以考试为目的、以记忆为手段的经典阅读方式，必然会产生一系列问题，例如追求确定性的问题。

我们知道，考试是需要知识的确定性的，所以在教学中老师和学生都非常重视经典知识的确定性：经典要有确定的主题思想、确定的艺术特色、确定的结构特点、确定的意义价值等。在追求经典知识确定性的同时，学生们也希望能够获得一套分析经典行之有效的方法，这样，在考试中无论阅读什么文章都能进行很好的分析。十几年的确定性经典阅读教育，会逐渐使学生们形成确定性"记忆"惯性，而这恰恰是阅读经典的大忌。这种"记忆"惯性至少会导致以下两个较为严重的问题。

一是不爱阅读经典。事实是，当我们对某一经典的主题内容、思想意义、艺术特色、写作特点等已有确定性认识后，重读这部经典的意义何在？重读这部经典的兴趣又何在？如此一来，一部经典"死活读不下去"也就是很自然的事了。真正的经典原本就是一个开放系统，哪有什么确定性的特点、特色或意义呢？记得彼得·威尔执导的电影《死亡诗社》（*Dead Poets Society*）中有这样一个情节：教师基廷（Keating）在文学课上让学生读教材"诗歌鉴赏"一节，书中介绍了一种数轴解诗的"有效"方法，并说通过这种方法就能提高鉴赏水平，并能很好地鉴赏诗歌；不过，基廷老师给予这个鉴赏方法的评价却是——"鬼扯！"他让同学们将这一部分全部撕掉，并告诉同学们，每一个人的生命就是一首诗，我们应该用生命去感悟诗中的意义。诗歌鉴赏哪有一种确定性的方法呢？经典阅读也一样。追求确定性的阅读会让人们失去阅读经典的兴趣。

二是不知经典何为。虽然都知道经典中有着丰富的有价值的意涵，但是多年来以考试为目的的经典学习，使得学生们较少涉及与考试无关的经典以及相关知识，以至于他们都已忘记阅读经典的真正意义是什么，所以读完经典他们害怕忘记也就可以理解了。

经典之所以为经典，在于其丰富的哲学思想、人文精神、审美情趣等，我把这些元素简要地概括为人类的"大智慧"。因有"大智慧"才成为"经典"，其相关"知识"才有了记忆的价值，才会在"考试"中被测试。明白了这一逻辑，也就知道了阅读经典的真正意义——在于获得经典之所以为经典的"大智慧"。所谓"读书何所求？将以通事理"[1]说的就是这个道理。《论语·八佾》中有一段记载孔子和学生读《诗经》的例子。子夏问老师，"巧笑倩兮，美目盼兮，素以为绚兮"何意？孔子回答，"绘事后素"，就是说先有白底子才能在上面绘画。子夏由此联想到"礼后乎"，也就是由"绘事后素"联想到"先仁后礼"，孔子深以为然，称赞子夏"起予者商也，始可与言《诗》已矣"[2]。他们读《诗经》，读的正是其中的大智慧。如果经典阅读仅仅停留于经典的相关"知识"，而忽略经典之所以为经典的"大智慧"，那就是本末倒置了。

由此可知，经典阅读需要"记忆"，但若"记忆"形成惯性，便会产生许多"成见"，以致将经典的相关"知识"固化为经典的全部意义，最终遮蔽了经典之所以为经典的"大智慧"。

那么，在经典阅读中我们该如何去获得其中的"大智慧"呢？对此，前人已有许多经验。老子曾言"道可道，非常道"

1　[清]张维屏撰，陈宪猷标点：《张南山全集（一）》，广东高等教育出版社1995年版，第18页。
2　杨伯峻译注：《论语译注》，中华书局1980年版，第25页。

（《老子》第一章），所以从语言表层很难把握"道"的真谛，只能于"致虚极，守静笃"（《老子》第十六章）的虚静状态中才能力求达到"与道同一"的境界。孔子也说过"言不尽意"，而圣人的经典是"立象以尽意"（《周易·系辞》），所以欲获得经典中的"意"，必须超越语言，借象以获意，庄子把这一方法称为"得意忘言"。佛教进入中国后，也对这一问题提出了自己的看法，佛教更喜欢把这一方法称作"悟"，正如慧能所言"一念若悟，即众生是佛"[1]。无论是儒家、道家，还是佛教、玄学，他们都强调经典中的"大智慧"并不在表层的语言之中，而是在"言外"；而"言外之意"的获得，要依靠体悟，而体悟过程中尤为重要的一种方法，便是"忘"。我认为，要"悟"到经典中的"大智慧"，至少要做到"三忘"。

一是忘言。这里的"言"不仅仅指语言，还包括了停留于语言层面上的一些意涵，如前面提及的"记忆"惯性中的意义、特征之类皆属于"言"层面。"忘言"是获得"大智慧"非常重要的手段。庄子对"忘言"曾有过一段精彩譬喻："筌者所以在鱼，得鱼而忘筌；蹄者所以在兔，得兔而忘蹄；言者所以在意，得意而忘言。"（《庄子·外物》）筌是捕鱼的工具，蹄是捕兔的工具，犹如言是传意的工具，"忘"然后才能"得"。陶渊明所谓"此中有真意，欲辨已忘言"（《饮酒》其五）说的也是这个意思。佛教对经典阅读有一个"舍筏"的比喻：佛经就如"筏"一般，是将人从此岸渡到彼岸的工具，到达彼岸后若想登

1　[唐]慧能著，郭朋校释：《坛经校释》，中华书局2012年版，第71页。

岸，就必须舍筏，此为"舍筏登岸"。意思是说，经典仅仅是渡人的工具而已，若能获得经典中的般若智慧而成佛觉悟，经典自然就可以舍去了；若死抱经典之"筏"不放，则永远无法登岸。这里说的"舍筏"意同"忘言"，就是"忘"经典之言筌，而"得"经典之智慧。《坛经》中记载了这样一件事，一位年轻的僧人法达远道来向慧能求教，说他读《法华经》七年而不得正法，慧能了解情况后为其讲解《法华经》要义，法达闻后言下大悟，最后慧能指出法达七年读经的根本问题在于，他一直在被《法华》转，而不是转《法华》[1]。法达读经存在的问题何尝不是我们许多人读经典存在的问题呢？每个人可以静心自问：读了那么多年经典，到底是经典在转我，还是我在转经典？

二是忘法。这里的"法"主要指阅读经典的方法。阅读经典到底有没有方法？这是我们阅读经典时都想了解的一个问题。前面我们曾提及，基础教育对确定性的追求，使得同学们非常渴望有一套确定的阅读经典方法，这样我们面对任何经典时都能进行行之有效的解读。阅读经典肯定有方法，但同时也可以说无方法，或者说没有固定的方法，可谓"法无定法"。基廷老师让学生们撕掉的数轴解诗法是一种方法，语文课上老师讲的分析课文的方法也是一种方法。不过，这些可具体操作的方法更多触及的是经典的言筌层面，而很难抵达言外之意层面。如果想触摸经典中的"大智慧"，我们就必须"忘法"，即超越那些具体的方法，用自己的心灵去感悟经典中的"大智慧"。《沧

1　［唐］慧能著，郭朋校释：《坛经校释》，中华书局 2012 年版，第 100 页。

浪诗话·诗辨》论诗曾言："夫诗有别材，非关书也；诗有别趣，非关理也。然非多读书、多穷理，则不能极其至。所谓不涉理路、不落言筌者，上也。"[1] 意思是说作诗与读书多少无关，但不多读书又作不好诗，所以既要多读书，又不落于书之言筌，才能作好诗。作诗如此，读经典亦如此。基廷老师告诉同学们，每个人的生命就是一首诗，所以每个人应该用自己的生命去感悟诗中要义。读经典同样是如此。正如《坛经》中所说："菩提般若之智，世人本自有之。"[2] 感悟经典之大智慧的那份心灵，其实每个人都有，如何去感悟，每个人岂能一样？此之谓"法无定法"，所以要"忘法"。

三是忘名。这里的"名"主要是指确定性的命名，比如对经典的命名。其实我们一直习惯别人告诉我们什么是经典，例如某国学大师或某著名学者开具的必读书目，或经典导读书籍列出的各个不同领域的代表作，等等。那么，一部书是不是经典，是否可能给予确定性命名呢？比如《论语》《庄子》《坛经》，或《理想国》《形而上学》《审美教育书简》，等等，这些著作在我们心目中好像一直就是经典。显然，从群体层面或社会角度来看，对于哪些书是经典，往往有一种普遍共识，有确定性命名。然而，从每一个个体的角度来看，情况就不尽然了。我们为什么要读经典？显然不是为了读"经典"而读经典，而是为了获得经典中的"大智慧"。从这个逻辑引申开去，对每

1　[宋]严羽著，郭绍虞校释：《沧浪诗话校释》，人民文学出版社 1961 年版，第 26 页。
2　[唐]慧能著，郭朋校释：《坛经校释》，中华书局 2012 年版，第 28 页。

一个个体而言，能从中获得"大智慧"的书对他而言就是"经典"，即使这部书不一定被社会命名为"经典"；反之，若不能从一部书中获得"大智慧"，对他而言这部书就不是"经典"，即使这部书已被社会命名为"经典"。佛教修行强调"依法不依人"，读经典道理亦然，要"依智不依书"。对每个个体而言，能获得"大智慧"的书就是他的"经典"。因此，对每一个个体而言，没有什么书非读不可，没有什么书可以不读。所谓"忘名"，就是忘掉每部书他人给予的命名，去寻找适合自己心灵的"经典"。

其实，真正意义上的经典阅读就应该是一种"忘记"式的阅读，忘记经典的名气，忘记作者的权威，忘记解读的方法，忘记言筌的定义……如此才能获得经典中的真谛。当然，这里的"忘"，并不是删除式的忘记，而是融入式的忘记，是春风化雨式的忘记，是忘也不忘式的忘记。

总之，经典阅读的意义在于获得其中的真义或真谛，我在这里称其为"大智慧"。因此，对每一个个体而言，一部书是不是经典，有命名还是没有命名并不重要，重要的是这部书是否能让你获得"大智慧"。而从一部书中如何获得"大智慧"，则法无定法。无论是"记"还是"忘"，其实都是方法而已。我们尤应注意的是，在多年"被转"的经典教育中形成的大量固化"成见"，会成为影响我们体悟经典之"大智慧"的主要障碍。破成见，是关键，这大概也是武汉大学为本科新生开设中西方人文通识课程的重要原因吧。

春篇 文学里的中国

野有蔓草，零露漙兮。
有美一人，清扬婉兮。
——《诗经·郑风》

诗经与真情

导　语

　　《诗经》在先秦时期被称为《诗》，又称"诗三百"，因为《诗经》中有 305 首诗。据说这些诗篇是孔子选定的，但这并不意味着在孔子之前没有《诗》。孔子之前不仅有《诗》，而且一直以来都是贵族子弟学习的教材。古书上记载，先秦时期贵族男子十三岁便开始诵《诗》，正式接受《诗》的教育。可以说，《诗》几乎承载了古代士子学习的半壁江山。学习掌握了《诗》才能做官，古书说"登高能赋可以为大夫"，能赋就是能赋诗。不仅能为大夫，精通《诗》《书》甚至还可以当最高军事统领。公元前 633 年（鲁僖公二十七年）晋国的赵衰推荐郤縠作晋军三军元帅时，赵衰的推荐理由便是郤縠喜欢学习古代典籍，尤其是《诗》《书》。到了孔子招收学生的时候，《诗》是教育学生的教材之一。后来汉武帝立"五经"博士，《诗》赫然在列，从此便有了"诗经"的名称。

　　作为中国文化最重要的元典之一，《诗经》具有社会、政治、文化、伦理等多方面的价值。《左传》称赞《诗》《书》是

"义之府也"，意思是说，《诗》《书》是义的渊薮。这里的"义"当然涵括道德和知识两个层面，孔子也说《诗》可以兴观群怨，可以事父事君，也可以多识于鸟兽草木之名。孔子告诉儿子孔鲤，不学《诗》，就没法与人谈话。

那么，对于我们现代人而言，有没有读《诗经》的必要呢？答案当然是肯定的了。

为什么呢？即便是剥去了"经"的外衣，《诗》依然是最美的文学，是最淳朴、最真挚也最动人的人性之歌、真情之歌。

汉代的《毛诗序》说《诗》是"情动于中而形于言"，就是说《诗》是内心情感的自然抒发，它会让人自言自语、伤感叹息，又会让人歌咏啸哭、手舞足蹈，而这一切都是不知不觉、情不自禁的。它不仅能作用于人，甚至还能"动天地，感鬼神"。由此可见《诗》情感之浓烈、力量之强大。

所以，我从"真情"的角度和大家一起读读《诗》，感受它的真性情和动人心魄的艺术感召力。

说起来，《诗经》中不论是祭祀诗、战争诗还是宴饮诗、讽喻诗都蕴含着真情，比如《小雅·采薇》里："昔我往矣，杨柳依依。今我来思，雨雪霏霏。"写得多么深婉缠绵！但相比之下，依然是描写男女之间爱情的诗歌最能打动人，这就是《诗经》中的婚嫁诗。大家知道，两情相悦到情定三生，一切都要从相遇开始，然后到相知相伴最后走完一生。按照男女之间爱情的发展，我会分五节来讲述《诗经》的"真情"：邂逅、苦恋、定情、出嫁、悼亡。

问世间情为何物，直教人生死相许！我们一起感受《诗经》

那永恒的真情魅力，纵使逾越千年，《诗经》依然能深深地打动我们。

"有美一人，婉如清扬"：邂逅最美的"她"

让我们的《诗经》真情之旅，从一次美好的相遇开始。

说到男女相遇的美好，大家可能马上就联想到一见钟情，也会想起类似司马相如与卓文君传奇的爱情故事，想起"去年今日此门中，人面桃花相映红。人面不知何处去，桃花依旧笑春风"的怅惘。其实在先秦时期，尤其是在《诗经》时代，男女相遇而一见钟情的事情应该更多，束缚也更少。或许那个时代的人就是如此纯任自然吧。先说一个故事：《左传》记载鲁庄公即位不久，年方弱冠，正是春心荡漾的年纪。一次，庄公在高台上望见党氏的女儿孟任，庄公很是喜欢，在遭到孟任拒绝后仍跟着她走，最后庄公答应孟任为夫人，她便割破手臂和庄公盟誓。这就是成语"割臂之盟"的来历。

再回到《诗经》。其实《诗经》中描写男女相遇而一见钟情的诗还是比较多的，如《召南·草虫》《邶风·北风》等。当然，《诗经》中写男女最多的是《郑风》，写男女相遇最多的也是《郑风》，这当然不是因为所谓"郑风淫"。其实是因为春秋时期郑国地处南北交通要道，文化多元，民风开放。《郑风》中有一首诗，叫《野有蔓草》。诗分两章：

野有蔓草，零露溥兮。有美一人，清扬婉兮。邂逅相遇，适我愿兮。

野有蔓草，零露瀼瀼。有美一人，婉如清扬。邂逅相遇，与子偕臧。

先来简单解释一下诗文。诗中的"野"简单说就是和"国"相对的，国是城市及其近郊，那么"野"就是指远郊以外的地区。如果详细地说，城邑谓之国，城邑外谓之郊，郊外谓之牧（《静女》"自牧归荑"），牧外谓之野，野外谓之林，林外谓之坰。"零"，零落。"溥""瀼瀼"都是形容露水多。"婉"是美好之义，"清"指的是眼睛，"扬"指的是眉毛。"邂逅"，不期而遇。这首诗的大意是说：在一个草窠挂满露水的早晨，一对青年男女在野外小径不期而遇。两人甫经眉目交流便一见倾心，双双携手隐入草花深处。诗分两章，反复叠咏，但又很有层次感。一章六句，前两句写景，起兴定调，接下来四句写人抒情，但人、情背后也有叙事，甚至还有心理活动，也有人物对话。只是作者没有直接写出来，需要读者去体悟。

第二章看似和第一章一样，实则情节有所发展，逐步推向高潮。第一章"适我愿兮"只是心理活动，第二章"与子偕臧"已经是实际行动了。

整首诗的点睛之笔在"有美一人，婉如清扬（清扬婉兮）"。"有美一人"属于泛泛而写，好比说"这真是一个美人！"。紧接着便来了一个特写镜头，重点写眉目。我们经常说眉目传情，眉目何以能传情？想来应该就如诗中所写，眉毛上扬，眼波流转，好比《西厢记》中所写"则你那眉眼传情未了时，中心日夜藏之"，其中尤以眼睛最重要。

黑格尔说："整个灵魂究竟在哪一个特殊器官上显现为灵魂？我们马上就可以回答说：在眼睛上；因为灵魂集中在眼睛里，灵魂不仅要通过眼睛去看事物，而且也要通过眼睛才被人看见。"

而我们古人在很早时候就"发现"了眉目，《诗经》中描写眼睛的诗就不少，除这首外，还有"巧笑倩兮，美目盼兮"之类，并且在这些诗中写眼睛的往往都是真正的点睛之笔，没有这些点睛之笔，诗就不活，就不能传神。如《硕人》："手如柔荑，肤如凝脂。领如蝤蛴，齿如瓠犀。螓首蛾眉，巧笑倩兮，美目盼兮。"没有后两句就是静态的，有了后两句人就活了。后来的中国古典文学和绘画都非常强调"眉目"表达灵魂情感的功能，这可以追溯到《诗经》时代。

《野有蔓草》是一场美丽的邂逅，是一曲自由的恋歌。

《毛诗序》说，"《野有蔓草》，思遇时也。君之泽不下流，民穷于兵革，男女失时，思不期而会焉"，意思说：兵荒马乱时的男女都不能在合适时间恋爱结婚，所以就希望能遇到自己心仪的佳偶。这或者是男子沉思冥想，也可能是女子的心思。《鄘风·柏舟》说"髧彼两髦，实维我仪"，女子看到河中船上的俊小伙说，那就是我的白马王子啊！

第二章和第一章之间有一个时间间歇，从"适我愿兮"到"与子偕臧"，其间一定有许多故事发生，但都略去了，不需要细节的渲染，也不用道德的铺垫。在那人性纯朴的时代，又值仲春欢会之时，只要两相情愿，便可结百年之好。

《野有蔓草》体现出来的就是这种天性的自然和纯朴，丝毫也不扭捏。所有的繁文缛节都是多余的，只要彼此间深情地一望，便可永结同心。"清扬婉兮""婉如清扬"是男子的喜悦，也是女子的内心；男子说女子眉眼之间多漂亮，想来女子的心也是如此吧，彼此的心都在字里行间。如果女子看到男子满心厌恶，没有一点好气，甚至横眉冷对，就算是再漂亮，又能怎么样。所以，诗虽然是以男子的口吻写了男子的喜悦，但女子的心思也暗含在字里行间。一切都显得那么真切自然。《诗经》其实很擅长这种写法，就是利用这种曲笔来写出诗歌的丰富性和层次感。诗的最后一句"与子偕臧"，《毛诗》把"臧"解释为善，朱熹解释为"好"，也都不算错，但都有道德化倾向。其实"臧"简单直白地讲就是"藏"，也就是男女邀约一起去游玩。《邶风·北风》中男女一见钟情便唱出"携手同行""携手同归""携手同车"的心声，《郑风·溱洧》中男女邀约一同到河对岸去踏青、幽会。尤其是《溱洧》，是女子主动约男子，并在男子不大情愿的情况下，反复游说。诗的最后说"洧之外，洵訏且乐"，洧水之外宽广又无人干扰，真的很快乐。道学家肯定会觉得伤风败俗，但那个时代的人可不这么想。我推测他们的内心一定在想：只要两情相悦，真挚而美好，又何必遮遮掩掩呢！

事实上，我们的古人始终珍视感情，崇尚真情。孔子说"《诗》三百，一言以蔽之，曰'思无邪'"，便是对《野有蔓草》这样"发乎情"诗篇价值的维护和肯定。

"辗转反侧，寤寐思服"：朝思暮想终难忘

这一节我们来讲讲《诗经》中的苦恋，也就是相思之苦。

我们先来看一首徐志摩的经典告白诗，名为《寂静的夜》。下面是节选：

> 你说你不好的时候，我疼，疼的不知道该怎么安慰你。
>
> 你说你醉的时候，我疼，疼的不能自制，思绪混乱。
>
> 我的语言过于苍白，心却是因为你的每一句话而疼。
>
> 太多不能，不如愿，想离开，离开这个让我疼痛的你。
>
> 转而，移情别恋，却太难，只顾心疼，我忘记了离开。
>
> 一次一次，已经习惯。
>
> 习惯有你，习惯心疼你的一切。
>
> …………
>
> 习惯，失眠，习惯寂静的夜，躺在床上望着天花板，想你淡蓝的衣衫。
>
> 习惯，睡伴，习惯一个人在一个房间，抱着绒绒熊，独眠。
>
> 习惯，吃咸，习惯伤口的那把盐，在我心里一点点蔓延。
>
> 习惯，观天，习惯一个人坐在爱情的井里，念着关于你

的诗篇。

这应该是徐志摩写给陆小曼的诗。在徐志摩给陆小曼的一封情书中，他说："我爱你朴素，不爱你奢华。你穿上一件蓝布袍，你的眉目间就有一种特异的光彩，我看了心里就觉着不可名状的欢喜。"

我想，不管是帝王将相还是贩夫走卒，但凡有过恋爱经验的人在享受爱情甜蜜的同时，也都承受着爱情带来的熬煎吧。当然，更不要说风流才子和罗曼蒂克的诗人、作家。他们的感情或许更丰富，体验也更细腻，文笔自然也更动人。

古罗马诗人奥维德在《爱的艺术》这本书中写道："我能说清楚吗？为什么我的睡床那么坚硬？为什么我的被子无法留在床上应有的位置？为什么我长夜无眠？为什么我频繁辗转反侧，连骨头也痛得难受？……丘比特啊，我承认，我成了你的新猎物。我认输的双手任由你摆布。无须再战了，我只求宽恕与安静。"

奥维德的《爱的艺术》发表于公元1年，而在远远早于《爱的艺术》的《诗经》中，先民们倾诉了和奥维德类似的感受，这就是《关雎》：

关关雎鸠，在河之洲。窈窕淑女，君子好逑。
参差荇菜，左右流之。窈窕淑女，寤寐求之。
求之不得，寤寐思服。悠哉悠哉，辗转反侧。
参差荇菜，左右采之。窈窕淑女，琴瑟友之。

参差荇菜，左右芼之。窈窕淑女，钟鼓乐之。

《关雎》大家都很熟悉，"窈窕淑女，君子好逑"几乎人尽皆知。历代研究《诗经》的学者多把这首诗解释成"后妃之德"，这里的后妃是指文王的妻子太姒。意思是太姒不专宠，不嫉妒，并且还主动寻找贤淑美貌的女子一起服侍周文王。据说周文王有一百个儿子，就是因为太姒不嫉妒。但现在我们一般不再像这样来解释这首诗，而是把它当作一首青年男女的恋歌，并且是男求女。

这首诗一般分五章，但也有分三章的，其中三章的分法是，第一章四句，第二章、第三章各八句。其实分三章是比较早的分法，而且也相对合理。这样的话，第一章是总述，用河洲上一对相互依偎着一唱一和的水鸟来起兴，引出男子追求窈窕女子的强烈愿望，同时也为全诗定下了欢快的调子。接下来男主人公便出场了，他一眼便相中了一位采摘荇菜的女子。荇菜是一种多年生水草，夏天开黄色花，嫩叶可食，味如莼菜。大自然的一切，人也好，物也好，只要年轻就好。采摘荇菜干什么，有的人认为是为了宗教祭祀，也有人说就是日常生活中的采摘野菜。其实这都不重要，重要的是，小伙子相中了这位采摘荇菜的姑娘。"参差荇菜，左右流之"，"左右采之"，"左右芼之"，而小伙子的眼睛一刻也没有离开，目光随着姑娘的手左看右看、上看下看，心大概也一则以喜，一则以悲。此刻复杂的心情没人能说得清楚，而离开以后的相思更是熬煎。"寤寐求之"，白天想，夜晚也想。"辗转反侧"，翻来覆去睡不着，这大概便是奥维德说的那样，"为什么我的睡床那么坚硬？为什么我的被子无法留在床上应有的位置？"。最后，写到"琴瑟友之""钟鼓乐之"，姑娘、小伙似乎喜结良缘了。但也许这只是痴心人的幻想，如戴君恩《读风臆评》所说："此诗只'窈窕淑女，君子好逑'便尽了，却翻出未得时一段，写个牢骚忧受的光景；又翻出已得时一段，写个欢欣鼓舞的光景，无非描写'君子好逑'一句耳。若认做实境，便是梦中说梦。"牛运震《诗志》里也说："辗转反侧，琴瑟钟鼓，都是空中设想，空处传情，解诗者以为实事，失之矣。"

以幻境写人痴心情状，确实也更传神，更显情痴。这一点在《秦风·蒹葭》中表现得尤为突出：

> 蒹葭苍苍，白露为霜。
> 所谓伊人，在水一方。
> 溯洄从之，道阻且长。
> 溯游从之，宛在水中央。

水、芦苇、白霜，这是一幅阔大、朦胧而凄迷的暮秋景象，而日思夜想的寻找就在这样的情境中展开。"所谓伊人"虽然有多种解释的可能性，可以是贤人、朋友、恋人，但相对而言恋人更妥帖，更符合《蒹葭》的意境和情绪。"溯洄""溯游"，上下找寻，完全是一片痴心的样子。"宛在水中央"和下文的"宛在水中坻""宛在水中沚"都是幻境，也是真实的人生体验。因为在极度的渴望与绝望交织中，人的眼前是会出现幻象的。不仅如此，就算是幻想伊人出现在水中央，那她也依然遥不可及。这该是怎样不可救药的相思呢？

《诗经·陈风》中有一首叫《泽陂》，可以看作是《关雎》的改编本。诗是这样写的：

> 彼泽之陂，有蒲与荷。有美一人，伤如之何！寤寐无为，涕泗滂沱。
> 彼泽之陂，有蒲与蕑。有美一人，硕大且卷。寤寐无为，中心悁悁。
> 彼泽之陂，有蒲菡萏。有美一人，硕大且俨。寤寐无为，辗转伏枕。

泽陂就是池塘的堤坝，池塘边长满蒲草、荷花与兰草。这长满花草的堤坝或许是他们相遇的地方。或许，女子或男子在堤坝之上漫步，看见这些花花草草，感受到了蓬勃旺盛的生命力，便想起自己朝思暮想的意中人。于是像《关雎》之人一样神迷意乱，寝食难安，此所谓"辗转伏枕"。尤其可称神来之笔的是诗中"伤如之何"，似乎一见那"有美一人"便受了伤。为情所困，为情所苦，内心感伤大概连自己也说不清楚吧，所以便问"如之何"。

要说写"情伤"，《诗经》中有一首诗可谓经典，这便是《卫风·伯兮》：

> 伯兮朅兮，邦之桀兮。伯也执殳，为王前驱。

自伯之东，首如飞蓬。岂无膏沐？谁适为容？

其雨其雨，杲杲出日。愿言思伯，甘心首疾。

焉得谖草？言树之背。愿言思伯，使我心痗。

我们先来理一理这首诗的大意。

女子称丈夫为伯。"朅"（qiè）是勇壮之貌。"桀"是指才智过人的人。"殳"是兵器，周制长丈二，用竹制成，八觚，首有镈而无刃，用于兵车以护王。"前驱"，驰于王车前以护卫王。"飞蓬"形容头发如蓬草随风四散。"膏"，润面的油。"沐"，指一种米汁，可以用来洗头。"适"（shì）为悦，一说通"敌"，匹配之义。"杲杲"是光明貌，祈求下雨但总是一轮红日。"首疾"，头痛。"谖草"是忘忧草。"背"通"北"，即北堂，指古代士大夫家主妇常居留之处。"痗"（mèi）是指病。

全诗围绕"思"落笔，而且每一章都言必称"伯"，正可见妇人思之深而切。第一章写伯之威猛，其执殳为王前驱，堪称邦之杰。如果说第一章尚有些许自豪之意，其下三章便彻底转入对相思的叙写。第二章写她首如飞蓬之情状，接着笔锋一转，曰"岂无膏沐？谁适为容"，生生把文意扭转过来，且成为千古写思妇之至情语，杜甫诗"罗襦不复施，对君洗红妆"实源于此。第三章"其雨其雨，杲杲出日"颇具画面感，为我们描绘出一个整日呆坐在窗前期盼下雨的痴情女子形象。而第四章更是绝妙，她似乎有点退缩了，愿意找到萱草，一种可以让人忘却忧愁的草来解救自己。可是哪里有这样的草呢？就算是真的有这种草，她是否真的愿意拿来用以忘记伯呢？我猜她不会，因为直抒胸臆才是她的真实内心，"甘心首疾""使我心痗"，所以她怎么可能舍得放下她的深情？清代学者邓翔说："借物生情生意，绝好跌宕，而仍转归本意。盖'焉得'云云，不过借作话柄波澜，到得愿思，并萱草亦不欲树矣。"可谓先得我心。

《伯兮》堪称绝妙好诗，无论是"首如飞蓬"的反转，还是"其雨其雨"的情痴，抑或是"焉得谖草"的奇思妙想，都是中国古典文学的"第一个"。能把相思写出心痛的感觉，真可谓"千古思妇诗之祖"。

"彤管有炜，美人之贻"：最珍贵的定情物

这一节我们讲讲信物，也就是《诗经》中那些美好的男女定情之物。

爱情纯真而美好，如同无瑕白璧。而恋爱中的男女互赠信物，情定终身，也是再正常不过的事情了。古有七夕，今有情人节，这样的日子常和定情有关，也和定情物有关。说到定情物，大家会想起什么呢？手镯？宝钗？玉佩？还是罗帕、香囊、红豆？我来给大家念一首很有趣的诗，是汉代的乐府诗，题名为《定情诗》。诗中，诗人像开账单一样罗列了一长串的礼物：

> 我既媚君姿，君亦悦我颜。
>
> 何以致拳拳？绾臂双金环。
>
> 何以致殷勤？约指一双银。

何以致区区？耳中双明珠。

何以致叩叩？香囊系肘后。

何以致契阔？绕腕双跳脱。

何以结恩情？珮玉缀罗缨。

何以结中心？素缕连双针。

何以结相于？金薄画搔头。

何以慰别离？耳后玳瑁钗。

何以答欢悦？纨素三条裾。

何以结愁悲？白绢双中衣。

　　大意是说：我爱慕你，你也喜欢我。用什么表达我的眷恋之意呢？缠绕在我臂上的一双金环。用什么表达我对你的殷勤？套在我指上的一双银戒指。用什么表达我的真诚呢？戴在我耳上的一对明珠，也就是耳环。用什么表达我的挚诚呢？系在我肘后的香囊。用什么表达我们之间的生死之约呢？套在我腕上的一对手镯。用什么连接我们的感情呢？缀有罗缨的佩玉。用什么让我们的心连在一起呢？用白色的丝绒双针缝贯。用什么表达我们的交好呢？用金箔装饰的搔头。用什么慰藉我们的别离之情呢？用我耳后的玳瑁钗。用什么报答你对我的欢悦呢？用有三条绦丝带的衣袍。用什么连接我们的悲愁呢？用缝在内衣里的白绢。

　　这首诗里提到的这些定情物大都以玉石为主。在古人的观念中，玉石是天地的精华。古人说"君子无故，玉不去身"，在《诗经》里面，提到玉的诗篇也不少，而且大多表达喜爱之情，甚至将喜爱的人直接比作玉，比如《召南·野有死麕》中的"有女如玉"，比如《秦风·小戎》中的"言念君子，温其如玉"。所以，玉也成了《诗经》中男女定情的首选信物，《诗经》中有好几首名诗都记载了男女通过互赠美玉来表达衷肠。

比如《王风·丘中有麻》这一篇，里面有这样的诗句："丘中有李，彼留之子。彼留之子，贻我佩玖。""丘中"指的是男女约会的地方，而"彼留之子"正是女子约会的对象。诗中连续重复"彼留之子"，这正显示出她对恋人的难舍难分，而"贻我佩玖"这句诗，显示出双方感情的真挚。

再比如《郑风·女曰鸡鸣》这一篇，里面写道："知子之来之，杂佩以赠之。知子之顺之，杂佩以问之。知子之好之，杂佩以报之。"写的是一个幸福的家庭在早晨时男女之间的对话，他们互相表达爱意，而赠送杂佩则将夫妻间纯朴又美好的爱恋之情表达到了极致。当然，要说以玉赠情人，恐怕大家最为熟悉的当数《卫风·木瓜》，下面我们细读这首诗：

> 投我以木瓜，报之以琼琚。匪报也，永以为好也。
> 投我以木桃，报之以琼瑶。匪报也，永以为好也。
> 投我以木李，报之以琼玖。匪报也，永以为好也。

宋代大儒朱熹认为这首男女赠答表情达意的诗歌，写的就是恋人间美好而真挚的情感。诗里说以玉报木瓜等，并不是拿玉和木瓜对比来强调回报物质的丰厚或价值的巨大差别，而是强调你给我的即便是再微贱的物品，在我的心中，也是价值连城。事实上，真正美好而高尚的情感都能超越物质而达到精神层面的高度契合，理解、珍重、感恩、回报他人情感本身也是一种高尚的情怀。更何况这是恋人之间呢？这首诗中的木瓜并不是我们今天熟知的番木瓜，而是别名椎的蔷薇科植物皱皮木瓜的果实，可以入药。木桃又名楂子，落叶灌木，果实圆形或卵形，有香气，可以观赏。木李又名木梨，也是落叶灌木，果实圆形或梨形，有香气，可以生吃。当然，也有人认为木瓜、木桃、木梨就是我们日常所见的瓜、桃、李，这也可以，或者说这都不重要，诗人只是想强调它们都是普通的瓜果或寻常物件。

上面提到的木瓜、木桃、木梨，好歹都还能入药、观赏或者食用，《诗经》中还有比这些更加薄贱之物被拿来当作定情物的，它们也同样被痴情者当作无比珍贵的宝物。我们来看《邶风·静女》这一篇：

静女其姝，俟我于城隅。爱而不见，搔首踟蹰。

静女其娈，贻我彤管。彤管有炜，说怿女美。

自牧归荑，洵美且异。匪女之为美，美人之贻。

《静女》是《诗经》中的名篇，这首诗对心理的细腻刻画，尤其传神地捕捉了恋人的心理，一向为后世称道。

我们先来简单地讲讲这首诗的意思。诗的第一章写了一幕小闹剧，原本约定了幽会的地点，但女孩子却故意隐藏起来，逗弄情郎。而小伙子似乎不知该怎么办才好，抓耳挠腮，原地打转。这其实也透露出小伙子的憨厚老实。下面的两章也证实了这一点，女孩子给了小伙子"彤管"，这是一种红色嫩茅草，是她从野外带回来的，小伙子拿在手里喜不自禁，视为珍宝，诗中用了一句"洵美且异"，这里的"异"是近乎夸张的称赞。好像是在说，小伙子在和女孩子分开后，一路上都对着这份情人的赠物念念有词，痴迷之态毕现。

第二章结尾处说"女美"，诗的最后又说"匪女之为美，美人之贻"，在笔调的转折之处，把男女间的缠绵之情，写得曲折而深幽。明代学者安世凤称赞这首诗"巧心慧口，为万世情语之祖"，应该是非常准确的。而"美人之贻"，也就是定情之物，正是这种深情的一个标志性的符号。

野草可以相赠，野花当然也可以。我们来看《郑风·溱洧》中这样的诗句：

> 溱与洧，方涣涣兮。士与女，方秉蕳兮。女曰观乎？士曰既且。且往观乎？洧之外，洵訏且乐。维士与女，伊其相谑，赠之以勺药。

郑国风俗，上巳节的时候人们聚会在溱水、洧水之上从事一些巫术性质的活动，以求安顺，去除灾祸。上巳节同时也是男女欢会的节日，发生男女情事也是很正常的事情。《溱洧》写的应该就是上巳节发生的一幕情爱短剧。《诗经》中的《郑风》多写男女情事，与其他"风"诗一个显著的不同是，《郑风》中的情爱诗往往是女方比较主动。上面所读的《溱洧》中的诗句，是以对话形式展开的，讲了一个完整的故事，就像两组镜头。女子试探男子：你愿意和我单独去无人的洧水之外戏耍吗？最后男女相携同游，分手时似乎有点依依不舍，彼此还留下了信物。人物出场时手持的是兰草，因为兰有宗教意义，是上巳节必不可少的；而分别时赠送的是芍药，这就有意味了，因为有情芍药是情爱的信物，表达的是相约之义，将时间延伸向了未来。

如果说赠芍药是大胆、开放，那么赠花椒则显得直白、跳跃。古人对生殖力强的物种情有独钟，具有强烈的生殖崇拜观念。花椒因为多籽，所以成为诗人歌咏的对象，也成为男女互赠的情物。

我们来看《陈风·东门之枌》这一篇："东门之枌（fén），宛丘之栩。子仲之子，婆娑其下。穀旦于差，南方之原。不绩其麻，市也婆娑。穀旦于逝，越以鬷（zōng）迈。视尔如荍（qiáo），贻我握椒。"在陈地，巫风非常兴盛，女子多善舞，而男子也常为其痴迷。《东门之枌》说的是一个小伙子看上了一个姑娘。诗的大意说："东门有白榆，宛丘有栎树，子仲家的好姑娘，树下来跳舞。选了好时光，南方平原上，麻布不用纺，集市上来舞一场。大好时间去得快，要寻快乐多多来，我夸你好像锦葵花，你送我花椒籽儿一大把。"这小伙也算一个痴情的种子，他心仪的对象是"子仲之子"，当机会来临的时候，他一点也不退缩。直接拦住了姑娘，夸她像漂亮的锦葵花。姑娘也很有趣，赠送小伙子一把花椒籽。花椒多子，姑娘表达的大概也是白头偕老、多子多福之义。

这就是《诗经》时代，一枝芦苇一根草，一棵荇菜一个桃，一枚梅子一木瓜，一把花椒一死狍，在今天看来，都是极简单、普通、渺小、不值一提的东西，却是那个时代青年男女感情的良媒，不仅能成就一段美好的姻缘，也寄托着人们对幸福生活的美好祝愿和希冀。

"桃之夭夭，灼灼其华"：在最美的时节比翼双飞

古人对于婚姻非常重视，远远超过我们的想象。婚姻不仅关系到小两口和和美美的浪漫小日子，还关系到家族利益，担负着沉甸甸的责任和义务。《礼记·昏义》说："昏礼者，将合二姓之好，上以事宗庙，而下以继后世也，故君子重之。"也就是说，婚礼可以在两个不同姓氏之间建立起良好的关系，并且要祭祀祖先神明，传宗接代。所以古代人都非常重视婚姻。既然婚姻如此关系重大，那么结婚就不能视同儿戏，必须郑重其事。所以，古代男女从建立关系到成婚，要经过六道程序，这就是所谓的"六礼"，即纳采、问名、纳吉、纳征、请期、亲迎。其中纳采是男方请媒人到女子家提亲，女方同意后，男方准备礼物求婚。问名是男方请媒人问女子的姓名与生辰，以备卜问婚姻吉凶之用。也有人说问名是问女子生母的姓名，以辨别女子是嫡出还是庶出。纳吉是男子求得女子的姓名和生辰八字之后，在祖庙里占卜吉凶，《卫风·氓》"尔卜尔筮，体无咎言"，《大雅·大明》"文定厥祥"，说的就是这回事。纳征又称"纳成"，

即男方给女方送聘礼。经过这道手续，婚姻基本告成。请期是男女双方商定婚礼举办的时日，男方定好日子去征询女方意见，最后确定时间。亲迎是六礼中最为隆重的一道礼节，男子去女子家亲自迎接新婚妻子。《诗经》当中如《郑风·有女同车》《齐风·著》《大雅·文王》《大雅·韩奕》等都涉及亲迎之礼。六礼的每一道程序都要准备礼物，除纳征外，其余五礼的礼物都是雁，如《邶风·匏有苦叶》"雍雍鸣雁，旭日始旦"。之所以用雁，据说是借大雁随着阳气变化而南来北往的特性，以告诫女子要顺从丈夫。纳征不用雁，周代的纳征大概是两张鹿皮和五匹布帛，算是厚礼。当然，《诗经》时代的婚姻要有父母之命、媒妁之言。《齐风·南山》说"取妻如之何，必告父母"，"取妻如之何，匪媒不得"。《豳风·伐柯》也说："伐柯如何，匪斧不克。取妻如何，匪媒不得。"《卫风·氓》中的女子也说："匪我愆期，子无良媒。"可见在《诗经》时代，婚姻关系中媒人的作用已经非常突出了。

无论如何，对任何人来说，结婚都是其一生中的高光时刻。在日常生活中，每到"五一""十一"这样举办婚礼比较集中的日子，走在大街上，我们总是不经意间看到长长的豪华婚礼车队。古人也喜欢用送亲、迎亲的车子数量来彰显婚礼的豪华程度。《召南·鹊巢》：

维鹊有巢，维鸠居之。之子于归，百两御之。

维鹊有巢，维鸠方之。之子于归，百两将之。

维鹊有巢，维鸠盈之。之子于归，百两成之。

按照《毛诗序》的说法，这是一首诸侯娶妻的诗。诗用鹊、鸠起兴，据说喜鹊喜欢建巢，而斑鸠不喜欢建巢，却喜欢占用别的鸟建好的巢。诗歌用鸠占鹊巢来比喻男女结婚时，女子住进男子的家中。但诗的重点是每一章的后两句，"百两御之"是迎亲的队伍，"百两将之"是送亲的队伍，"百两成之"则表明结婚礼成。其实，迎亲的、送亲的，或许都是同一车队。诗反复强调"百两"并不仅仅是要炫耀财富和权势，也是为了烘托一种新嫁的气氛。那么多送亲的车辆，当然也有许多送嫁的人，车辆逶迤，人声喧闹，故而整首诗格调轻快，充满洋洋喜气。

同样写迎亲，《鹊巢》写车，《硕人》写送嫁的人："河水洋洋，北流活活。施罛濊濊，鳣鲔发发，葭菼揭揭。庶姜孽孽，庶士有朅。"诗的意思是说，那汤汤黄河之水，汩汩向北流；那撒网入水的唰唰声，那鱼尾击水的哗啦啦声。这些声音汇聚一起营造了热闹的场面。这也是《诗经》中写男女婚姻惯常用的手法。在《诗经》的时代，人们常常把女子和鱼关联起来，所以钓鱼往往表示娶女。所以，此处写渔网以及捕鱼，就像《何彼襛矣》写王姬出嫁也写到钓鱼一样。"葭菼揭揭"，葭是芦苇，菼是荻草，揭揭是高大貌，这句话既关联上文写河水和捕鱼，也关联下文，用高高的芦苇和荻草来比喻庶姜和庶士。身材修长的庶姜是随嫁的齐女，而高大威猛的庶士是护送庄姜的齐国诸臣。

但不论是迎亲的车辆还是送嫁的众人，都只能算是绿叶，是为了衬托那朵最美的"新娘花"。当然，《诗经》中最美的

"新娘花"便是《周南·桃夭》中的那朵桃花：

> 桃之夭夭，灼灼其华。之子于归，宜其室家。
> 桃之夭夭，有蕡其实。之子于归，宜其家室。
> 桃之夭夭，其叶蓁蓁。之子于归，宜其家人。

　　桃花艳丽，花团锦簇，所以《桃夭》给人的印象便是炽烈的。诗中的"夭夭"是少壮貌，形容桃树的枝条初生时壮盛柔韧而容易弯曲的样子。"灼灼"是桃花鲜艳盛开的样子，"蕡"是形容桃子硕大水灵的样子，"蓁蓁"是桃叶茂盛的样子。《桃夭》是一首歌咏新嫁娘的诗，整首诗洋溢着喜气。诗人以艳丽的桃花来比喻少女充满活力的健康美，写得实在好。或许你闭上眼睛便可以想象得出新娘的样子，她年轻妩媚又满面娇羞，真可谓春华初茂，芳龄正盛。又值此特殊的情境之下，新娘该是何等兴奋又是何等渴盼。人们常说，第一个用花比美人的是天才，第二个用花比美人的是庸才，第三个用花比美人的是蠢材。《桃夭》的作者应该是天才。"夭夭""灼灼"均可谓神貌兼得，千古写桃花的诗文也不乏名篇佳句，如唐代崔护《题都城南庄》"去年今日此门中，人面桃花相映红。人面不知何处去，桃花依旧笑春风"，北宋陈师道《菩萨蛮·佳人》"玉腕枕香腮，荷花藕上开"等，但仔细想想，这些似乎都逃不出其牢笼。所以清人姚际恒说此诗"开千古词赋咏美人之祖"，可谓一语中的。

　　这首诗的比喻新奇妥帖，感情也极真挚。参加婚礼，人们都会送上最真挚的祝福。简简单单，朴朴实实，那就是希望新娘子能早生贵子，也希望新娘子能给未来的家庭注入新鲜的血液，带来更加美好和谐的家庭生活。诗中的"宜"内涵丰富，余味无穷，既是对新嫁娘的称赞，也是对她的期待。

不仅如此，《桃夭》的写法也很讲究，称得上构思精巧。牛运震说这首诗"华、实、叶三层，句法三变"，这样的结构读起来不呆滞，充满灵动之气，毫无冗余之感。

浩浩荡荡的迎亲队伍来了，新郎与新娘初次相见，此时他们的内心如何？又充满了怎样的惊喜和期待？我们来看看《唐风·绸缪》：

绸缪束薪，三星在天。今夕何夕？见此良人。子兮子兮，如此良人何？

绸缪束刍，三星在隅。今夕何夕？见此邂逅。子兮子兮，如此邂逅何？

绸缪束楚，三星在户。今夕何夕？见此粲者。子兮子兮，如此粲者何？

"绸缪"，缠绵，柴草缠束情状。"薪""刍""楚"都和婚礼有关。"三星"是指参宿，十月始见，见则可以婚嫁。"粲"是指美女，《国语》记载周恭王时期，有三个女子私奔于密康公，密康公的母亲便说"女三为粲"，又说"粲"是物之美者，可见这首诗既写了新郎乍见新娘的惊喜，也写了新娘初见新郎时的期待，所谓"如此良人何"。《绸缪》是一首祝贺新婚的诗。诗以"薪""刍""楚"起兴，这些都是和婚嫁相关的意象。而三星在天，或以为是季节，或以为是时辰，其实都无关紧要，反正是结婚时的情景就可以了。"今夕何夕？见此良人"，语气中充满惊喜。"子兮子兮，如此良人何"似乎有点词不成句，不知该怎么说。但惊喜过后仔细确认，一颗心终于安下了。《说苑》载《越人歌》曰："今夕何夕兮，搴舟中流。今日何日兮，得与王子同舟。"我们常说激动得热泪盈眶，猜想此刻的情景便是如此吧。戴君恩说"淡淡语，却有无限情境"，牛运震说"淡婉缠绵，真有解说不出光景"，都是传神妙悟。

我们都渴望拥有幸福而美好的婚姻，渴望有一个人能和自己相爱相扶，陪伴一生。但有些事虽从美好开始，却以缺憾或悲剧收场。纳兰容若有词曰"人生若只如初见，何事秋风悲画扇"，真是说不尽的凄苦与伤痛。在《诗经》中有一些弃妇诗，如《邶风·谷风》《卫风·氓》，尤其是《氓》中的那位女子，当初与氓如此恩爱相依，所谓"不见复关，泣涕涟涟；既见复关，载笑载言"，但最终还是落得"及尔偕老，老使我怨。淇则有岸，隰则有泮"，哪怕是淇水也有岸，隰地也有边，而我的怨悔却是无有尽头。

当然，若就《诗经》中的婚嫁而言，最恰当地表现"人生若只如初见"的当数《卫风·硕人》。前面我们已经提到过这首诗，这首诗写的是庄姜婚嫁初来的情景。诗的第一章从各个方面表现庄姜身份的高贵，尤其指出她是"东宫之妹"，强调她嫡出的身份。第二章则从各个方面描画庄姜的美貌，"手如柔荑，肤如凝脂。领如蝤蛴，齿如瓠犀。螓首蛾眉"，意思说庄姜手像春荑好柔嫩，肤如凝脂多白润，颈似蝤蛴真优美，齿若瓠子最齐整，额角丰满眉细长。尤其是紧接的两句"巧笑倩兮，美目盼兮"，就把庄姜写活了。当庄姜初来，笑颜绽放，那秋波一转，该是何等销魂夺魄的场景，正所谓嫣然一笑动人心，秋波一转摄人魂。此时的庄姜应该对婚后的生活充满期待和喜悦吧，美目巧笑都是她写在脸上的幸福。但终于因为没有子嗣而被庄公冷待，生活很是悲戚。《左传》记载庄姜"美而无子"，这里的"美"绝不单指容貌，也包括对她德行的评价，所以国人很同情她，为她赋唱这首《硕人》。

说到这里，我们不禁再次想起纳兰容若的《木兰词》，"何如薄幸锦衣郎，比翼连枝当日愿"，幸福与悲戚，美好与痛楚，它们看起来是那么远，有时却又是那么近。

"心之忧矣，曷维其已"：唯有"情"字最伤人

说起悼亡诗，我们不能不先从西晋诗人潘岳说起。潘岳就是中国历史上著名的美男子潘安，因为杜甫的诗"恐是潘安县，堪留卫玠（jiè）车"而得名潘安。潘岳容貌秀丽，所谓"貌比潘安"；又才华横溢，和陆机一起号称"潘江陆海"。因为长得太好看，所以潘岳在当时有很多追捧者。有个形容女子对美男子的爱慕与追捧的成语叫"掷果盈车"，说的就是潘岳。《世说新语》记载，潘岳年轻时驾车走在街上，连老妇人都为之着迷，总有一些女子往潘安的车里丢水果，都将车丢满了。出一趟门

便能收获一车子的水果，这是何等美事。另一位文学家左思相貌不佳，他也来学潘岳到处游逛，谁料妇女们都向他乱吐唾沫，弄得他垂头丧气。

　　悼亡诗之所以要从潘岳说起，因为"悼亡"之名出自潘岳。潘岳虽风流倜傥，拥有众多女粉丝，但他对爱情无比坚贞。潘岳十二岁与父亲的朋友杨肇相见，杨肇既是一位大儒同时也是一位大书法家，他非常赏识潘岳，并将自己的大女儿许配给了他。后来杨氏病亡，潘岳对杨氏感情至深，自此不再娶，并作《悼亡诗》怀念杨氏，从此"悼亡"成为悼念妻子的专属名词。但悼亡之名虽出自潘岳，悼亡诗却早已有之。要追溯的话，我们可以上溯到《诗经》，因为潘岳及其以后的悼亡诗都受到了《诗经》的影响。比如潘岳的《悼亡诗》中说："望庐思其人，入室想所历。帏屏无仿佛，翰墨有余迹。流芳未及歇，遗挂犹在壁。怅恍如或存，回遑忡惊惕。"诗的意思是说，看到住宅，自然想起亡妻，她的音容笑貌宛在眼前；进入房间，自然忆起与爱妻共同生活的美好经历，她的一举一动，使诗人永远铭记在心间。可是，在罗帐、屏风之间再也见不到爱妻的形影。见到的是墙上挂的亡妻的笔墨遗迹，婉媚依旧，余香未歇。眼前的情景，使诗人的神志恍恍惚惚，好像爱妻还活着，忽然间惊惧清醒，才想起她已经离开了人世。这样的写法，很显然是受到了《诗经·绿衣》的影响。《邶风·绿衣》：

　　　　绿兮衣兮，绿衣黄里。心之忧矣，曷维其已。
　　　　绿兮衣兮，绿衣黄裳。心之忧矣，曷维其亡。

绿兮丝兮，女所治兮。我思古人，俾无訧兮。

绤（chī）兮绤（xì）兮，凄其以风。我思古人，实获我心。

按照《毛诗序》的说法，这是一首卫庄姜感伤自己命运不济的诗，所谓"卫庄姜伤己也。妾上僭，夫人失位，而作是诗也"。根据史书记载，《毛诗序》所说的"妾"便是卫庄公宠爱的儿子州吁的母亲，而"夫人"则是我们前面说过的庄姜，因为不能生育所以被庄公冷落。"绿"是青黄色，所以不是纯正的颜色。而黄是土的颜色，便是正色。毛传认为黄色作里，而绿色作衣，便是里外不分；而绿色作上衣，黄色作下衣，便是上下不分。所以《毛诗序》便依此将《绿衣》解释为庄姜感伤的诗。但这样的说法实在有些牵强，根据诗意，这应该是一首悼亡诗。不论是绿衣黄里还是绿衣黄裳，都是诗人眼中的物件，是勾起诗人怀念的物。所以诗歌接着说内心的忧伤不能自已，不能停止。为什么忧伤呢？诗的第三章给了答案：绿兮丝兮，女所治兮。读到这里我们就明白了，诗中的"绿衣""黄裳""绿丝"原来都是这位"古人"的遗物或者是和这个"古人"有关的物件，让伤心人睹物思人。这也就是上文潘岳在《悼亡诗》中所写的意思。但我认为这首诗最出色的地方在最后一章，"绤兮绤兮，凄其以风"，绤是细葛布，绤是粗葛布，这两种布都是用来做夏衣的。但诗人所处的时节显然是在深秋，所以写到了凄凄寒风。为什么要这样写呢？我猜想应该是诗人想起了当初妻子在世的时候，每到季节更替都会替自己打理好一切，"我思古人，实获我心"就是想我所想的意思。只是如今再也感受不到妻子的温暖和贴心了，所以诗人内心的凄苦也不难想象。后来唐代元稹在悼念亡妻韦氏的诗中写道："顾我无衣搜荩箧（jìn qiè），泥他沽酒拔金钗。"意思是，看到我没有可替换的衣服，就翻箱倒柜去搜寻；我身边没钱，死乞白赖地缠她买酒，她就拔下头上金钗去换钱。又宋代贺铸《鹧鸪天》云"空床卧听南窗雨，谁复挑灯夜补衣"，都和《绿衣》最后一章写得很相似，也可以作为这首诗的注脚。

是的，悼亡诗之所以感人，就在于未亡人对昔日生活中一些不起眼细节的追忆。但这样的追忆只有在经过时间的疗救之后才有可能出现，但即便是这样也不能触碰某些特定的场景和事物，比如墓地。我们可能都读过苏轼那首著名的悼亡词《江城子》，这首词之所以能催人泪下，很大程度上是因为词里面反复提到了王氏的墓地，"千里孤坟""料得年年肠断处，明月夜，短松冈"，真是伤心之地。事实上，《诗经》中也有一首这样的诗，同样写得催人泪下，读来肝肠寸断。我们来读一下这首《葛生》：

> 葛生蒙楚，蔹蔓于野。予美亡此，谁与独处？
> 葛生蒙棘，蔹蔓于域。予美亡此，谁与独息？
> 角枕粲兮，锦衾烂兮。予美亡此，谁与独旦？
> 夏之日，冬之夜，百岁之后，归于其居。
> 冬之夜，夏之日，百岁之后，归于其室。

关于这首诗的主旨有争议，但诗中的"角枕"当是丧葬之物。《周礼·玉府》提到了"角枕"，郑玄注说："角枕，以枕尸。"所以这首诗毫无疑问应该是一首悼亡诗。根据诗的内容，似乎是妻子到了丈夫的墓地，看到丈夫坟墓之上层层叠叠长满野草，"葛"是葛藤，"楚"是荆棘，"野""域"都特指墓地。看到眼前的这一切，这位妻子不仅一遍遍哭诉，"予美亡此"，意思说，我的丈夫死后便葬在这里。然后她又想起当初丈夫安葬时的情景，他枕着灿烂的角枕，尸体上盖着华美的锦衾，这一切都历历在目。诗中一连串问了三句"谁与独处""谁与独息""谁与独旦"，有人认为这三句诗是未亡人自我感伤，感伤自己形只影单的生活。其实不然。这三句应该是妻子对逝者死后生活的追问，是妻子对丈夫死后世界的焦虑和伤痛，意思说，谁和你共处，谁和你共同止息，谁伴你长夜？不仅如此，问中还有答，谁和你共处，应当是你独自一人长眠于此吧？谁和你共同止息，应该是你一人独自安息吧？谁伴你长夜，应该是你一人独自到天明吧？而这样的问答其实又是双指，一方面是在说死去的丈夫，一方面也是在说自己。所以紧接着的两章便是对"谁与独处""谁与独息""谁与独旦"的回答，百年之后她会在下面陪伴着他，一年四季，白天晚上，再也不分开，而"独处""独息""独旦"的痛点自然也就消解了。应该说，《葛生》这首诗哀凄痛绝，拙厚惋恻，是一首绝妙的悼亡之作。不仅如此，这首诗的结构也很奇特，采用自问自答的结构形式，似乎让我们看到一个伤心欲绝的人在墓地哭诉。事实上我们今天在现实生活中也会遇到这样的情景，伤心的人总是会一边哭一边说，让闻者也不禁为之动容。而这首诗也被后人

称为"千古悼亡之祖"，就因为它既是生死的悲歌，也是爱情的
绝唱。

　　见故人遗物和坟墓已经是悲不能已，可以想见当眼见恋人
或配偶下葬，又该是何等伤心欲绝。《桧风·素冠》就是这样的
一首悼亡诗。

　　　　庶见素冠兮，棘人栾栾兮，劳心愽愽兮。
　　　　庶见素衣兮，我心伤悲兮，聊与子同归兮。
　　　　庶见素韠（bì）兮，我心蕴结兮，聊与子如一兮。

　　对于这首诗的解释也有分歧。《毛诗序》认为这首诗是讽
刺当时人不能守三年之丧礼，大概是因为诗中有"素冠""素
衣""素韠"。根据丧礼，大祥时穿的祭服是朝服缟冠，而朝服
是黑衣白裳，韠即蔽膝，颜色和裳一致，所以大祥时穿素韠。
这就是毛传认为这首诗和三年丧礼有关的理由。但事实上，素
冠、素衣、素韠都是当时人的常服，未必一定要和丧祭服饰关
联起来。就这首诗而言，素冠、素衣和素韠应该都是死者穿戴
的衣服，而诗三章都是写妻子抚尸而痛哭时所见。在她的眼中，
丈夫形容枯槁，想必其在死前曾饱受折磨。而今丈夫死去，即
将入殓，女子只觉得心揪成了一团，恨不能和丈夫一同入葬。
《葛生》说"百岁之后，归于其居"，那是激烈的悲痛过后的绵
长之思。而《素冠》的未亡人正经历诀别的瞬间，所以她迸发
出来的感情更加痛彻而撕心裂肺。然痛彻之际，又曰"庶见"，
非感痛极深者不能道出。

我们常说生离死别都是人生的大悲痛，清代方文在诗中说："思亲兼悼亡，悲歌泪盈睫。"悼亡诗或悼亡文学承载着穿越时空、超越生死的不尽相思和期许，而这也正是它们能触动我们内心最柔软部分的原因。

曹建国

唐诗与神游

导　语

　　唐诗在中国文学史、文化史上的重要地位不必多说，它几乎天然拥有一张中国优秀传统文化的标签。我希望领着大家观看它的一些有意思的面貌。旅游时，看山观水，总有"七分靠想象"的说法，我们欣赏文学作品也是如此。因为作家创作本身就离不开想象力，他们思接千载，视通万里，可以想象很久很久以前发生的事，也可以联想到万里之外的空间发生的事。这就是神游了。神游，并不是完全凭空虚无的，它来源于现实世界，是作家生活中的直接经验或间接经验结合文学想象的综合表现。

　　我希望将唐代诗人文学想象的不同片段呈现给各位。我会带着大家看看生活在盛世大唐的诗人们是如何书写自己的国家，想象山河锦绣、民胞物与的；在边塞诗歌中，唐人又如何思接千载，去和秦朝、汉朝的古人做比较；唐代山水诗人们如何通过想象将眼前景与心中事勾连；多情的唐代诗人是如何描摹与亲人的生离死别之情的；而在描述一种独特的思念家乡的情感时，唐代诗人又有哪些独特的创造。

山河壮美，幅员辽阔：唐代诗人的大国自豪与想象

唐代是中国历史上国力最为强盛的朝代之一，幅员辽阔，城市繁荣。唐代诗人，尤其是盛唐诗人精神昂扬向上，作品大气磅礴。明代有位文学批评家胡应麟曾举唐人王湾的诗句"海日生残夜，江春入旧年"来说明盛唐气象。这两句诗代表着盛唐的时代精神，海、江是何等壮阔，日、春充满着勃勃的生机，即便是残夜、旧年也被乐观的"生""入"两个动词冲去了衰朽的气息。盛唐诗人的心胸与格局都在这一联中得到很好的展现。如果说初唐的诗歌还带有六朝烟火气，中唐诗又走向内敛，盛唐诗大约就是最开放、昂扬的。

心胸、格局开阔大气的盛唐诗人是怎么书写大唐疆域辽阔的呢？我们从岑参的《碛中作》开头两句说起。诗说："走马西来欲到天，辞家见月两回圆。"走马，这个走字，在古代汉语中是跑的意思，走马就是骑马跑起来。快要到天边了，还没有到达目的地。这是一种心理感觉，极写路途之遥远，具体有多远呢？离家两个月，月圆了两回，自己还在路上。可见旅程有多远，大唐又有多大。

再看诗人怎么描述眼中和脑海中的大唐锦绣河山。有一首我们在孩提时代就耳熟能详的作品，就是王之涣的《登鹳雀楼》：

　　白日依山尽，黄河入海流。

　　欲穷千里目，更上一层楼。

　　二十个字，前十个字写景，壮阔无比，后十个字说理，深彻入里。首句写落日，霞光散尽后，一轮圆形缓缓傍着绵绵不绝的远山沉没，一直到光影消歇，一天结束。这一句，是一个落日的全过程，时间长度在一个"依"字中体现。作者想象着太阳紧贴着群山一点一点地挪移，挨着山势形成运动的轨迹，渐渐地落下。第二句写鹳雀楼下的黄河，河水蜿蜒逶迤一路向东，作者没有关注黄河水的咆哮奔腾，他更不可能在鹳雀楼上看到黄河在山东入海的情形。但作者登楼后，视野开阔，一定可以目送黄河水与天际线交织弥漫，不可辨识。天边是河水的去向，作者可以想象到大海吸纳百川的盛况。这十个字，一半是作者的眼见，一半是作者的想象。这两句诗，还暗含着宽广无垠的空间、生生不息的时间，意味十分丰富。太阳是从西边落下，所以落日的尽头是西方；河水向东奔腾，所以河流的尽头是东方。一东一西，跨越何止千里？诗中写到的太阳、群山与黄河都是眼前景，是作者可以看到的，楼下的河水是近景，群山是远景，太阳在山与水之间落下，而太阳的归处是作者无法目睹的，暗含着一个未知的空间。河水入海之后，海的世界，海的空间同样是作者无法亲眼看到的，同样暗含着一个由河海交汇处延展的未知空间。你看，其中虚虚实实的广袤空间只在这十个字中写出。再看这个"白日"的"白"字。诗人没有直接说"落日"，也不说是"残日"，残就是伤残的残。他说"白日"，白是个形容颜色的字，这固然是要跟下一句"黄河"的"黄"字对仗。但客观上，让这首诗又多了一个值得玩味的地方。我们欣赏落日，最喜欢看什么？大部分人肯定愿意看绚烂的夕阳彩霞铺满天空的样子，但"白"是将一切耀眼的色彩结成凝重、一切喧嚣归于平静的状态。

在减除了冗余之后，可以看到世界的本真，而作者说"欲穷千里目，更上一层楼"，这两句与"白日依山尽，黄河入海流"无缝对接。因为看不到千里之外黄河入海的样子，所以自然而然地说出"欲穷千里目"。那么"更上一层楼"呢？宋代人沈括《梦溪笔谈》中说鹳雀楼有三层高。或许王之涣写这首诗时，是在二楼。他要看到更远的风景，要追寻更远的远方，就要踏上新的高度。所以，诗歌的三、四句不仅仅是脱口而出的补充，更是诗人积极向上的乐观探索精神的体现。若要进一步深究，"欲穷千里目，更上一层楼"或许还蕴含了更多的哲理，诸位可以自己去体会。

王之涣的这首诗是对隐含空间的描述，那么，唐人实写广袤国土的作品又是怎么突出时代精神的呢？我们来看一首王维的作品。王维被后世称作"诗佛"，他的山水诗被认为颇有禅意，但他写边塞、朝堂的作品却十分有向上的时代精神。开元二十五年（737年），唐王朝大胜吐蕃军队，唐玄宗命王维以监察御史的身份慰劳将士，察访军情。此去路途遥远，不过不走那么远的路就写不出《使至塞上》，诗说：

单车欲问边，属国过居延。

　　　　征蓬出汉塞，归雁入胡天。

　　　　大漠孤烟直，长河落日圆。

　　　　萧关逢候骑，都护在燕然。

　　诗中，王维一落笔就说自己随着小车要前往边塞，那么前往哪里呢？"属国过居延"，居延在今天甘肃张掖的西北，在 20 世纪 30 年代到 80 年代，这里发现过上万支汉代的简牍，被称作"居延汉简"。属国过居延，并不是说归唐王朝管理的藩属国到了居延以外，而是王维自己经过了居延。"属国"在这里是典属国的简称，典属国是秦汉时期的官名，这里代指使节，也就是王维自己。唐人很喜欢用秦汉的典故代指自己的时代，关于这一点，我们下一节会专门讨论。回到这首诗，王维在首联交代事件与地理方向，讲明诗人要路过居延，远赴边关劳军。

　　颔联将自己的心理感受写出，说自己像蓬草一样离开汉塞，如向北飞翔的大雁一般落入了胡天。征蓬、大雁通常是游子漂泊的意象，在这里被诗人套用到了自己身上，可见他到达西北的艰难，心情也略显抑郁。但是不到寻常人难以到达的地方，又怎么能看到寻常人难以看到的风景呢？

　　颈联，也就是第三联，王维写出了一联千古名句："大漠孤烟直，长河落日圆。"这一联对句工稳，所写景观迥异于中原，写出了边关雄奇浑阔的风光。虽然是写傍晚，但整体格调又是向上的。沙漠瀚海，一眼望不到头，所以诗人用了一个"大"字来形容，简单却有力度。大漠本身偏静，远观很难发现其中的变化，但在整片无边的黄沙中，一柱烟升起。这烟是什么烟？诗人并没有明说，但除了烽燧的狼烟还有什么烟会在大漠中突兀地升起呢？这柱烟又用"直"字形容，给人以肃穆、劲拔之感。而孤烟本身带着的边塞战斗信息，又让全诗的硝烟味道更加浓郁。落日，本来是游子思乡的时间点，但长河落日并不让人感伤，反而带出一股绵延苍茫之气。《红楼梦》说到这两句诗时讲"直"字太没有道理，"圆"字又太俗，可是却无论如何都没有办法替换它们。你们觉得呢？尤其是到过大漠，看过黄沙孤烟、长河落日的朋友们，又怎么看呢？

尾联是实写，"萧关逢候骑"，萧关是地名，在今天的宁夏。诗人说在萧关遇到了前线的斥候，也就是侦察兵。侦察兵告诉王维，他要慰劳的对象"都护"大人还远在燕然山呢！燕然山在今天的蒙古国，就是杭爱山。在这里，燕然借指前线，并不是实指。这一句是否又和"大漠孤烟直"的烽火狼烟挂上钩了？说明战事还没有结束，将领还在前线奋战。你看，作者从长安不远千里奔向居延，又从居延来到萧关，空间移转已经不仅仅是长途跋涉可以形容的，但他要见的人却仍然在远方。大唐有多大？我们从诗人的叙述中就可以想象了。虽然王维旅途艰辛，心情抑郁，但结尾充满了战斗的气息，为保家卫国、征战沙场的将士唱出豪迈的歌，诗人在这里是与有荣焉的。在这样的诗歌中，我们感受到了唐人的自信和豪迈。

在王维的另一首诗中，也有这样的一种为国家自豪的咏唱。不过，书写对象不再是边关，而是京城长安。不仅是京城，还是京城中最核心的皇宫，大唐帝国最高权力的殿堂，大明宫。诗名有一点长，叫《和贾至舍人早朝大明宫之作》。这是一首七律，我们只看它的颔联和颈联。这两联正面叙述早朝大明宫的情景，诗歌写道："九天阊阖开宫殿，万国衣冠拜冕旒。日色才临仙掌动，香烟欲傍衮龙浮。"王维不仅是大明宫早朝的参与者、旁观者，也是记录者。他写早朝时，宫殿层层叠叠的大门——打开，就如九重天门一般深邃庄严。九，是阳极数，用在这里恰如其分地显出一种皇权的威严。而下一句，用了两个名词性代词，也就是衣冠和冕旒。冕旒是皇帝参加重要典礼的礼冠，就是有珠串垂下在面前的那种，这里指代皇帝一人。而衣冠，在这里指代的是士人与使节，万国衣冠，人数一定非常之多。众多人向着大唐皇帝行拜礼，形成一种人数上的多与少的反差，更进一步突出皇权的神圣与威严。同时，万国衣冠拜冕旒，也体现着大唐帝国的尊严。这个场面如果拍成影视剧，想必是要动用众多群众演员的大制作。但紧接着这个盛大的场面，作者用近距离的镜头，抓拍了早朝中的两处细节。一个是随着太阳升起而行动的"仙掌"仪仗，这种仪仗像扇子，用来遮风蔽日。日色才临，太阳刚刚升起，"仙掌动"，仪仗准时行动。这里体现的是早朝仪仗的训练有素、有条不紊，这当然也是大唐国力的外在体现。"香烟欲傍"是说御炉中燃烧的香料腾起轻烟向着皇帝穿着的龙袍浮去。这一句，体现了皇宫奢华雍容的气度。不难发现在王维的眼中，早朝的仪式体现出大唐的威仪，而他为他的大唐自豪、骄傲。

其实，我们还可以看到更多唐诗描述广袤国土上东南西北的城郭村寨，叙述山川锦绣、城市繁华、民胞物与。比如李世民的《帝京篇》、卢照邻的《长安古意》、刘禹锡的《竹枝词》，唐五代词中也可以看到白居易的《忆江南》等。品味这些诗歌中唐人的自豪与自信，让我们千载之后仍然免不了一再地想起大唐，想起大唐的波澜壮阔、开放包容。毋庸讳言，唐人的精神至今仍然浇灌着我们的文明之花，只要唐诗还在，我们会忍不住一遍又一遍地神游大唐！

秦关汉月，黄沙金甲：唐代诗人边塞诗的历史想象

前面我们讲了唐代诗人表现广袤国土的方法与诗人家国自豪的想象抒发。大家或许还记得王维《使至塞上》那句"属国过居延"的"属国"，是用秦汉时的典属国官名代指身为唐王朝皇帝使者的自己，是不是很有时空错乱的感觉？其实这并不是王维一个人的习惯，唐代诗人特别喜欢用汉代的各种事物来比拟自己的朝代。比如高适的经典名篇《燕歌行》起句就说"汉家烟尘在东北，汉将辞家破残贼"。但是在我们的印象中，汉朝的边患似乎是西北比较厉害一些，而隋朝和初唐都是在东北方向用兵，甚至因为征讨高句丽，还加速了隋朝的灭亡。高适生活的时代，开元年间唐王朝一直都在对东北的奚、契丹用兵。所以，高适诗中的"汉家""汉将"非常明显是在讲唐朝和唐军将领，这是非常明显的以汉喻唐用例。类似这样的诗其实数量很多。唐人还喜欢追忆汉代名人，用汉代典故，比如高适的《燕歌行》结句说"君不见沙场征战苦，至今犹忆李将军"，李将军就是汉代名将李广。高适说将士们战斗在边关沙场相当辛苦，希望遇到如

李广一样善待士兵、爱护士兵的将军。

《史记·李将军列传》是怎么说李广爱护士兵的呢？他得到赏赐时常分给麾下将士，所以他虽然当了四十多年的二千石官员，却家无余财。他平时与士兵一起饮食，领兵打仗，到了缺水少食的时候，但凡有水，士兵们不喝够，李广就不接近水；士兵们不吃好，李广就不尝食物。李广又非常擅长射箭，自身能力很强，人称"飞将军"。卢纶的《和张仆射塞下曲》就勾勒了李广射箭的本事。诗歌说：

> 林暗草惊风，将军夜引弓。
> 平明寻白羽，没在石棱中。

夜色幽深，风过森林，将军大半夜拉起了弓。第二天再去寻找带着白色羽毛的箭，却发现这箭深深地没入了岩石当中。这四句简洁地刻画了两个场面，形成一个完整的事件，具备连续的时间轴。头天夜晚李广弯弓射箭，第二天早上寻找到深入石头的箭。第一句写环境，第二句写动作，第三句叙述事由，第四句讲结果。这首五言绝句没有具体去写大场面和动作细节，而是直接通过结果表现李广箭术高明、臂力惊人。那可是石头啊！连岩石都能射穿，何况其他的东西呢？一般来说，绝句受篇幅限制，叙述事件都是事件的片段，发表评论大多也不绕圈子，直来直去。李广的武功一直到唐代还被诗人们念念不忘，王昌龄的七言绝句《出塞》也写到李广。我们一起来看看：

秦时明月汉时关，万里长征人未还。

但使龙城飞将在，不教胡马度阴山。

这首诗非常著名，明代人李攀龙认为这首诗是唐人七绝的压卷之作。我们先看后两句，"飞将"是李广，《史记·李将军列传》说李广在右北平郡时，匈奴称他为"汉之飞将军"，几年都不敢入该郡。所以诗人说，只要有李广在边关，就可以"不教胡马度阴山"。这其实是对《史记》记述内容的转写，同时也是对唐代边关和平的期待，"龙城飞将"并不是说李广本身，而是讲历代若有像李广这样又有能力，又爱护士兵的将领戍守边关，游牧民族就不会侵扰中原。我们再来看"秦时明月汉时关，万里长征人未还"，"万里长征"是极写戍边的距离之远，"人未还"，戍边之人还没有回来。没有回来有两种情况，一种是正在执行任务，暂时没回来，如果是这样，作者就是在写当时事；但还有一种情况是回不来了，前去戍边的人已经永辞于世了，这又可以结合首句的"秦时明月汉时关"来看。清代的沈德潜说："防边筑城，起于秦汉，明月属秦，关属汉，诗中互文。"（《说诗晬语》）这里说的"诗中互文"的互文，是古诗文中常见的修辞手法，上下文中相关词语互有省略，而意义上则互相呼应，互相补足，合而见义。所以"秦时明月汉时关"意思就是秦汉时代的月亮和关城，秦汉时代的月仍然是今天的月，使得时间一下跨越千年。秦汉时的关，仍然是今天的关城，使得空间一下子有了延续性，那么久远时代的空间到了唐代仍然还是一样的。一种苍茫的历史感瞬间涌上读者心头。而人，也是从秦汉以来就不断因万里长征而未还的人。李广在这里成了久长历史中抵御异族入侵的将领的代表，一个象征符号。所以，唐代诗人动辄写到李广这位飞将军，尤其在边塞诗中真是俯拾皆是。除了让唐人时常惦记的李广之外，唐诗中还有不少其他汉代人物，比如王昭君、马援，感兴趣的朋友可以在读唐诗时略加注意。

唐代诗人除了喜用汉人名字典故之外，地名典故也是常用的，比如龙城、阴山、碣石等，我想跟大家分享的是一个西域的地名，你们一定也非常熟悉，就是楼兰。我们同样举王昌龄的一首诗为例。王昌龄《从军行七首》其四说：

青海长云暗雪山，孤城遥望玉门关。

黄沙百战穿金甲，不破楼兰终不还。

《从军行》是乐府旧题，但这首诗是七言绝句。七言绝句篇幅简短，不可能面面俱到，所以往往是片段化的叙事，这首诗也是这样，前两句紧贴题目，呈现了壮阔的边疆风貌。青海地区是当时唐朝与吐蕃多次交锋的沙场，诗人说，青海湖上长云蔽日，使得远处绵绵不断的祁连雪山也显得山色黯淡。再往西北，有座孤城守候在河西走廊，遥望着玉门关的方向。如果从现实生活中来说，青海、玉门关相隔数千里，是没有办法在诗人的眼前同时出现的。但诗人可以想象西北边陲那大片国土的情形，这就是神游起到缩地成寸的效果。这两句所描述的壮阔又悲凉的边关景色正是后一句"黄沙百战穿金甲"发生的场所。黄沙二字承接前句，再次突出边关萧瑟悲壮的色调。百战是虚写，并不是说真打了一百场仗，而是形容战事的频繁，从侧面书写将士戍边之久。而穿金甲的"穿"字，同样点出战争的残酷与将士戍边之久，战争状况之惨烈、频繁，以至于护身的铠甲都磨穿了。前三句一直在书写悲凉萧瑟的环境、战争的频繁与惨烈，突出将士戍边之苦，到了最后用"不破楼兰终不还"的誓言做结，展现了唐军即便在那么艰苦的环境下，仍然精神饱满，誓死卫国！这个结尾就像一首曲子演奏到高潮的时候，戛然而止！那种震撼力就停留在这里，让人回味无穷。结尾这句的楼兰，是汉代的西域小国名，后来叫鄯善国，也就是今天新疆的若羌县。"破楼兰"为什么会成为唐人谈到戍边、谈到汉代时挥之不去的念想呢？这其实是个非常著名的汉代边关事件。汉昭帝元凤四年（公元前 77 年），平乐监傅介子为持节使，到楼兰公干，楼兰王深受汉恩，却背信弃义，勾结匈奴，劫杀汉朝臣民以及安息、大宛等国出使汉朝的使者，傅介子用计斩杀楼兰王，稳定了汉朝在西域的地位，《汉书》卷七十《傅介子传》对这件事记述得非常详细。所以斩楼兰、破楼兰也就成为想要建功立业、扬威边塞的诗人们喜欢挂在嘴边的故事。

　　李白、杜甫都曾数次用到"斩楼兰"这个典故。我们看一下李白的《塞下曲六首》其一。诗是这样写的：

　　　　五月天山雪，无花只有寒。

　　　　笛中闻折柳，春色未曾看。

　　　　晓战随金鼓，宵眠抱玉鞍。

愿将腰下剑，直为斩楼兰。

这首诗中，李白以旁观者的视角代边关将士立言。前四句写边关自然条件之艰苦。首句直白地写道，（农历）五月，天山仍然被白雪覆盖，雪导致周围没有花而只有寒冷。这两句明明白白就像在说话，告诉读者在中原已经春季结束、繁花开尽的五月，在快要接近汗流浃背的夏天的五月，边关却依旧寒雪堆山，没有温暖的春风。他又说"笛中闻折柳"，明明没有春天，为什么会有柳呢？这里是说边关的将士们吹起悠扬的笛子，演奏着《折杨柳》曲子。古人有折柳送行的风俗，听折柳曲，大约也会联想起为自己折柳送行的人吧。诗人由折柳曲又联想到春色，只有寒冷的五月天山又哪里来的春色呢？所以诗人又说"春色未曾看"。你看，在这四句中，诗人层层堆叠，将天寒春未至的环境反反复复讲出了很多层的意思。一是天山地名代表的遥远边关；二是雪所代表的寒冷季节，再加上诗人特别强调的"无花"，加重了雪积边关的萧瑟与艰苦感觉；三是吹笛，让人联想到春风不度玉门关，再次重申春色未曾看，又一次勾勒边关的萧瑟环境。再有，《折柳曲》所蕴含的思乡之情，虽然没有明说，但使人真切感受到征战之人的思绪，恰如《夜上受降城闻笛》中所说的"一夜征人尽望乡"。诗人从实景写到虚景，从现实环境和心理感受等多个方面反复强调征战环境之苦。

李白又写"晓战随金鼓，宵眠抱玉鞍"，看上去又是金又是玉的，似乎富贵又吉祥，但连上"晓战"和"宵眠"就完全不是这么回事了。早晨跟着军鼓奋力前行，晚上抱着马鞍睡觉，正写出将士们出征风餐露宿、戍边之苦。在艰苦的环境之外，又加上征战本身的困苦，其实怎么看都觉得挺惨的，可是李白却在最后两句，用"愿将腰下剑，直为斩楼兰"将前面的困难叙述全部翻转。整篇作品读到这里似乎就忘记了五月寒冷、春风不来、战鼓眠鞍的苦，而会赞叹将士们昂扬的战斗精神和征战必胜的信念！楼兰在这里又被借用了。斩楼兰，并不是斩这个地方，而是用傅介子斩楼兰王的典故说建功立业。唐人又一次将汉人的丰功伟业写进了诗里。

其实我们再去读唐诗的时候，或许可以注意一下唐人眼中的汉代。在唐人眼中，汉代究竟是怎样一个让人自豪又向往的时代啊！

山水清音，坐看云起：唐代诗人的山水观看与想象

我们从边塞回到内地，看看唐人写大唐的山山水水时又有哪些有意思的联想。王维对广袤国土的自豪书写，我们之前已经讲过了。这里我想跟大家分享一首他写内地名山的作品，那就是《终南山》这首诗。终南山在今西安南边二三十公里的地方，是汉水和渭水的分界处，离唐代的长安非常近。《新唐书·卢藏用传》记载卢藏用想入朝做官，就隐居在终南山，借此抬高自己的名望，最后达成了做官的愿望，也因此留下了"终南捷径"的成语。王维怎么来写这座山呢？他说：

太乙近天都，连山接海隅。

白云回望合，青霭入看无。

分野中峰变，阴晴众壑殊。

欲投人处宿，隔水问樵夫。

"太乙"是指终南山主峰太白山，这里用来指代整个终南山，说它离长安非常近。"天都"是传说中天帝所居，所以常用来指代首都。但王维用这个词让人看到、听到"天"字时第一反应是天空的"天"，这又突出了终南山高的一面，像是高到要抵近天空了。这是明写离都城近，又暗写终南山高。第二句"连山接海隅"则是写终南山的面积之广，他说终南山一山连着一山，可以一直连接到海边。从长安一直到大海边上，王维这个想象十分跳跃，但这不是正好说明终南山的连绵不绝吗？你看，这两句所写都有明暗两层意思，一层是明面上的，说终南山离皇城长安非常近，跟一座座山峰相连可以延伸到海边；暗里还包含着对终南山高、广的想象。这两句是总写。

接下来两句就是明写太乙之高直插云霄了。他说身在山中再去回望来时路，白云却像屏障一样把周围给闭合了、关上了。原来能够看得到的薄薄的青霭，这会儿却又看不见了。这大概是因为身在山中，云霭环绕，诗人与之过于接近反而没有办法望见。那么，回望、入看之前，诗人所处的位置呼之欲出了，我们可以非常清楚地知道他是在山外，在远处看终南山时见到其云环雾绕。

到了第三联，写终南山的广阔。他说爬山时走着走着到了终南山的中峰，两边竟然就不是一个分野了。分野，是古代人按天上星宿的位置划分天下方位的结果。分野变了，就是变了区域。这里特别突出了终南山范围的广，不经意间就出界了。而且在众多的山峰、山谷间，阴晴状况是全然不同的。这一情景，在山中的诗人实际上是看不到的，但这样写再次突出了终南山的面积之广。读到这里，大家会认为王维这首诗似乎就是用不同的方法、从不同的角度去说终南山的高大和广阔。

最后一联是具体的场景叙述，他说"欲投人处宿，隔水问樵夫"。玩累了，天黑了，要找地方住，于是隔着水向砍柴的樵夫打听。你看，山再广阔，没有水，就少点灵气，这里就写到水。山再高，没有人，就缺点人间气息，这里就写到人。这一句让整首诗不全是写一个东西，一个意思，而又有了新的味道。从另一个角度上说，这一句也再次强调了诗人之前对终南山的高、大的描写。与终南山相比，个人是渺小的。这里就作了高大与渺小的对比。你再看，王维并没说直接去樵夫近处拉着他问住处。为什么呢？当然是因为山高水深，离得太远，不方便过去啊！这是不是又一次突出了终南山的高大和范围之广？你看，王维对终南山的描述，对终南山的想象多么出神入化，所以这首诗，一般的唐诗选本都会选的。

杜甫也有一首写山之高大的，也是一般的唐诗选本都会选的作品，但写法和王维不同。这首诗就是《望岳》。

岱宗夫如何？齐鲁青未了。

造化钟神秀，阴阳割昏晓。

荡胸生层云，决眦入归鸟。

会当凌绝顶，一览众山小。

杜甫这个时候二十多岁，他四处漫游，游历到了齐鲁之地，登泰山而作。从诗歌的题目就可以看出其山之高大，也可以看出杜甫写作的位置是在山外。等到了山中自然就不用"望"了，望也望不见，而小山坡也没有望的必要。只有在离高山有一定距离时才需要抬头去观看山岳，这个"望"字十分准确地传达了这个信息。

那么我们来看一下这首诗的首联，杜甫也告诉了我们地理位置，但和王维"太乙近天都"的描述句不同，他说"岱宗夫如何？齐鲁青未了"。起句是个问句，岱宗到底怎么样啊？次句回答，从齐到鲁都看不尽它苍青色的山体。你看，王维是直接说终南山从长安连绵不断，可以和其他山一起连到大海边上。而杜甫采用提问的方式。"岱宗"，就是泰山，而"岱"字有代替、代谢的意思。葛晓音教授鉴赏此处曾说："古人认为泰山处于东方，是万物生长、春天开始的地方。所以望不到尽头的青色，既是自然景色的描绘，又显示了春天从岱宗开始的意义。"她非常好地介绍了"青"与"岱宗"的关系，及其背后体现的人文含义。

紧接下来杜甫说："造化钟神秀，阴阳割昏晓。""造化"，在这儿就是"自然"。造化钟神秀，诗人说大自然钟爱泰山，将神奇、秀美都赐予了泰山。"阴阳"是指山的南北两边，古人以山南为阳，山北为阴。光线照在不同的位置，泰山南北两侧明亮度也随之不同，杜甫用"昏晓"来形容这种不同。昏是黄昏，晓是白天。各位可以想象一下昏、晓的差异。"造化钟神秀"是杜甫在评价自己观望泰山的感受，多么神奇，多么秀美！而"阴阳割昏晓"是个陈述句，描写眼中所见。这是不是和王维变着花样说终南山高、大有很大的不同呢？不过写山岳之高，王维和杜甫都借助"云"这种山中常见的物象来表达。

"荡胸生层云，决眦入归鸟"，杜甫说他心情无比激动，云海翻涌，就像从胸中生出。这当然是想象，是不合情理的写法，可是就是这种不合情理的想象才更突出了云海带来的震撼感。而"决眦入归鸟"说诗人瞪大眼睛看归鸟，眼睛似乎要爆裂开来。你想，在山上云海间，要追踪一只鸟的行踪，是不是不太容易？也难怪诗人说眼眶欲碎。有了观云海、望归鸟，《望岳》的"望"字才有落脚处，这两句实际上是点题。尾联两句，诗人化用了孔子"登泰山而小天下"的话，说"会当凌绝顶，一览众山小"。"会当"，表明凌绝顶这件事还没有发生，是一种想象。想象将来有一天会登上绝顶，去看那泰山下的一众小山。这两句还寄托了作者的雄心壮志和自信，也成为后来人们激励、劝勉自己的好句子。全诗浑然一体，并不造作，却给人很大的感染力。

看了两首写山的诗，我们再看一首写水的名篇。孟浩然有一首《望洞庭湖赠张丞相》，诗说：

八月湖水平，涵虚混太清。
气蒸云梦泽，波撼岳阳城。

　　　　欲济无舟楫，端居耻圣明。

　　　　坐观垂钓者，徒有羡鱼情。

　　读完之后，大家很容易发现这首诗的前四句和后四句写的不是一个事情，对吧？是的！这是一首干谒诗，是孟浩然呈献给张丞相，希望得到提拔、帮助的诗。张丞相，有人说是张九龄，有人说是张说，不论是谁吧，总之前四句并非诗人要表达的重点，可是这非重点也写得摇曳生辉、气象万千，足见诗人文采飞扬。起句"八月湖水平"，点明时间，点破题目"望"和"湖"。一眼望去，湖水看不到边际。八月，正是长江流域的丰水期，大大小小的河流汇聚到洞庭湖，一定会让湖水的面积扩大。我不知道各位有没有过把湖看成海的经历，其实鄱阳湖、洞庭湖都有这种视觉冲击效果，甚至有时候我们在武汉看东湖也有这种错觉。他说湖面四望，到处都是水，看不到岸，所以周围是平的。洞庭湖是我国第二大淡水湖，古人从前没有实地测量，但也有"八百里洞庭"的说法，足见其水域面积之广。作者说"涵虚混太清"。太清，就是天空。洞庭湖烟波浩渺，四望之下是天水相接、天水相融的情景。前两句，写出了洞庭湖的浩瀚阔大。

　　诗人接着说"气蒸云梦泽，波撼岳阳城"，这里有一虚一实两个地名，云梦泽是虚的，古时候长江中游有云梦泽，是楚国的大泽，后来淤积成了陆地，其地大约在今天的洞庭湖北岸。而岳阳城是当时可以见到的、实实在在的城市，所以是实写的地名。虚写的地名，"气蒸"的气本身又看不见，作者所写的其蒸腾之状大概是想象的，可是却写出了洞庭湖水量的充沛，写出了湖水对周围土地的滋养和影响。而岳阳城因为是实体，有城墙，所以诗人说湖水荡起的波浪拍打着岳阳城的城墙，像要晃动整座城市。而"波撼岳阳城"又与前一句"湖水平"形成呼应关系。水天相接，水量充沛才有撼动城市的可能嘛！

说到这里，我们已经对洞庭湖的气势有了深刻的印象，而作者也将诗题前半部分的内容写完了。那么后面的"赠张丞相"，就是干谒的内容。他说了浩渺的洞庭湖水，很自然地就转到"欲济无舟楫"，说自己想要渡过湖，却没有船。这当然是借景抒情，说的其实是想要寻求做官的路径，却没有终南捷径。而"端居耻圣明"，是说他在太平盛世却闲居在家，因此感到很羞愧。这是向张丞相表明态度，希望入仕为官。而"坐观垂钓者，徒有羡鱼情"，用了《淮南子》"临渊羡鱼，不如退而结网"的典故。垂钓又与"洞庭湖"呼应。全诗可谓相当得体，不会让受干谒的人觉得非常突兀。

今天说的这三首诗，各有各的特点。王维《终南山》从不同的角度写终南山之高大、广阔；而杜甫《望岳》且评且写，表达了盛唐时代作者独有的自信与向上的盛唐精神；到了孟浩然这里，两个层次的意思非常鲜明，却又自然而然，含蓄不俗。

鄜州夜月，远书归梦：唐代诗人与亲人的生离死别

这一节主要赏读几首唐人怀念亲人的作品。说起对家人的

怀念，往往有两种情况：一种是分隔两地，不能常相聚；一种是阴阳两隔，再不能相见，也就是大家常说的"生离死别"。不论是哪种情况，总是人生不圆满的状态，是人们往古来今的哀伤。当然，美好而大团圆的作品，往往很难让人感动，人们喜欢咀嚼的也恰恰是这些人生的不圆满、生命的不完美。

杜甫的诗歌除了胸怀天下之外，他写思念亲人的作品也是非常打动人的。比如他的《同谷七歌》就哀唱道："有弟有弟在远方，三人各瘦何人强。生别展转不相见，胡尘暗天道路长。"又说："有妹有妹在钟离，良人早殁诸孤痴。"你看，杜甫就是个操心的大哥，对兄弟姊妹的天各一方无比感伤，对于妹妹寡居，外甥尚未成人，生活拮据、无依无靠的情况有很深的牵挂。这一组诗大约是写在安史之乱时期，当时杜甫自己也过着颠沛流离的生活，所谓"老妻寄异县，十口隔风雪"，所谓"烽火连三月，家书抵万金"，所谓"自经丧乱少睡眠，长夜沾湿何由彻"，等等，都是我们非常熟悉的句子。安史之乱那段时间，杜甫有很多类似的诗歌。你不难想象在杜甫身上对家庭的眷恋有多深。我们此处细讲的是《月夜》这首名作。杜甫在诗中写道：

> 今夜鄜州月，闺中只独看。
>
> 遥怜小儿女，未解忆长安。
>
> 香雾云鬟湿，清辉玉臂寒。
>
> 何时倚虚幌，双照泪痕干。

这首诗写在安史之乱前期，当时杜甫带着一家老小逃到鄜州（今陕西富县），寄居在羌村。但不久唐肃宗在灵武继位，杜甫就想去灵武归朝。让杜甫想不到的是他还没走多远，就被叛军抓住，送往沦陷于叛军之手的长安。在这座熟悉又陌生的城市，杜甫想为国尽力，又无能为力；想保全妻小，又天各一方，因此写下这样一首沉痛的思亲之作。这首诗是家国命运合二为一的咏唱，在思亲中，寄托了对天下太平的希望，具有浓厚的家国情怀。

诗人身处敌营险地，想念家中妻小，却并不直说，而是从妻子所在的位置开始。他说："今夜鄜州月，闺中只独看。"我们都知道全世界的月亮是同一轮，照见鄜州的月亮，也正照着诗人自己。他并不能穿越空间直接看到鄜州闺中的妻子，却想象着妻子在闺中独自看月。这大约是杜甫自己也在独自看月，这种由己及人、因己见人的写法到后来影响了不少作家。比如柳永的《八声甘州》"想佳人、妆楼颙望，误几回、天际识归舟"，就是其例。杜甫这首诗总共八句，其中有六句是想念妻子的。不过，第三四句写到孩子，他说："遥怜小儿女，未解忆长安。"这一联荡开一笔，却非常奇妙，能让思念妻子的情绪稍稍转移。试想，通篇写怎么思念妻子，从读者的角度看，是不是也挺压抑的？所以，稍微转一下注意力，但又没有离得太远。字面上说可惜孩子还小，还不知道回忆、思念长安，实际却是在说孩子还小，不知道思念我。那么我们很容易想起孩子身边的母亲，她是不是在思念长安，思念在长安的丈夫呢？

诗人接着说"香雾云鬟湿，清辉玉臂寒"。字面上看起来有点宫体诗的样子，不过，诗人更多地强调夜深雾重，以至于将其头发打湿；月光清寒，以至于令其手臂发冷。夜深人静的时候，正是思君怀人的时分。当然，这都是作者想象之词，可是却将闺中妻子独自思念杜甫、看月怀人的时间之久清晰地写了出来。而诗人多么怀念妻子，这还需要细说吗？于是杜甫写下"何时倚虚幌，双照泪痕干"。这是问句，又是希望，又是期待。"何时"，表明时间不确定，作者无法掌控，而"双照"与"独看"呼应，是一种期待。全诗婉转恳切，富于深情，也是千古怀人名作。

李商隐也是一位深情的诗人。他生在牛李党争时期，身为牛党却娶了李党王茂元的女儿，所以两头不得好。但他对妻子的感情很深，写过不少思念妻子的作品。比如我们熟悉的《夜雨寄北》："君问归期未有期，巴山夜雨涨秋池。何当共剪西窗烛，却话巴山夜雨时。"不过也有人考证说李商隐写这首作品时，他妻子已经过世，所以诗是寄给北方友人的。我们先放一放，看一首不太熟悉的，诗题叫《端居》。还记不记得前面提到的孟浩然《望洞庭湖赠张丞相》，里面也有一句"端居耻圣明"？端居，其实就是闲居的意思。

李商隐久别妻小，思念妻子，于是写下：

远书归梦两悠悠，只有空床敌素秋。
阶下青苔与红树，雨中寥落月中愁。

第一句很有意思，把"远书"与"归梦"并列起来说，但接的却是"两悠悠"。说远方的来信和回家的梦想这两件事都遥不可及，一下子就把家书难得、有家难归的感叹勾勒出来。"只有"是只剩下与之相伴的事物，这又有两桩，一是空床，一是素秋。床空，正见人未团圆。素秋，也值得一说。秋季，正是文士悲伤之际，草木摇落，冬季将至，一年将尽，行人欲团圆。而"素"字给人一种空冷孤寂的感受，写出的是秋天的霜色、月色。尤其是这二者中间的连接词，用的是"敌"。"敌"其实就是"对"，但为什么不用"对"字呢？刘学锴先生曾说敌不但有"对"的含义，还"兼传出空床独寝的人无法承受'素秋'的清寥凄寒意境，而又不得不承受的那种难以言状的心灵深处的凄怆，那种凄神寒骨的感受，更偏于主观精神状态的刻画"。这是非常有道理的。

诗人继续说："阶下青苔与红树，雨中寥落月中愁。"这一联，写的是两个物象和两个时空，但情感方面却是统一的。他说阶梯下的青苔和台阶旁的红树在雨中冷清寂寥，在月底惆怅感伤。青苔，大家都见过的。红树的"红"与"青"色彩对应，同时也呼应了上一句"素秋"。秋天终究还是色彩斑斓的，只是再斑斓的色彩，热闹也是别人的，在作者的眼中，这些美好的事物都是让人感伤和寂寥的。这就是王国维说的"有我之境，以我观物，故物我皆着我之色彩"。作者在最后一句，用"雨中""月中"并举，说的是无论天气如何，都令人感伤。你看，作者期待妻子的来信，思念归家而都没能如愿，又怎么会高兴呢？虽然是淡淡几笔，却写足了诗人怀人的情感。

如果说杜甫、李商隐的怀人思亲之作还有闺中人可怀，还有与闺中人相聚的日子可以期待。那么元稹的《遣悲怀三首》，所思之人就无从相聚，无从"双照泪痕干"了。这组诗是元稹在妻子韦丛过世之后所写的悼亡诗，他从日常生活中看到妻子留下的痕迹，回忆往昔，又将过去与今朝对比，所谓"昔日戏言身后事，今朝都到眼前来"，语言平淡而越发见其感伤。我们看这组诗中的第一首，作者说：

> 谢公最小偏怜女，自嫁黔娄百事乖。
> 顾我无衣搜荩箧，泥他沽酒拔金钗。
> 野蔬充膳甘长藿，落叶添薪仰古槐。
> 今日俸钱过十万，与君营奠复营斋。

元稹的结发妻子韦丛是太子少保韦夏卿的幼女，双方结婚时元稹还没有功成名就。所以他第一联用双方身份、地位的差异突出妻子韦丛婚前婚后的差别。结婚前是高门大户最宠爱的小女儿，这几乎是实写，而自从嫁给元稹这个"黔娄"，也就是普通百姓以来，什么事都不顺遂。其实元稹结婚时只是官职卑微，并不是平头百姓，这么写有夸张的成分，是在刻意突出双方社会地位的差距。而"百事乖"就是事事不顺，凡事皆与愿违。

接下来两联，元稹通过四个场景描写，突出了婚后他与韦丛窘迫生活中的些微幸福。这四个场景也不过就是"百事乖"中的一小部分罢了。他说："顾我无衣搜荩箧，泥他沽酒拔金钗。"韦丛看元稹没有适合的衣服，翻箱倒柜、想方设法要为元稹准备衣物，而元稹想喝酒却无钱，就缠着韦丛买酒，韦丛为了给元稹买酒就拔下了头上的金钗。这两个不同的角度又形成了一种对比，韦丛的善良、持家和对丈夫的爱意，元稹贫困潦倒和初为人夫的不体贴都写得清清楚楚、明明白白。这两句更像是元稹的自我审判，将自己以前干过的不体面的事情写出来，衬托韦丛的形象。这还没有写够他们当时的窘迫，他继续写："野蔬充膳甘长藿，落叶添薪仰古槐。"他们饭吃不上，要靠野菜充饥，连难以下咽的藿草也甘之如饴；买不起柴，连大槐树落下的叶子也成了韦丛翘首以盼的好东西。对于生活窘迫的叙述，其实苏轼也有过很好的书写，他在黄州写的《寒食雨》二首中有"空庖煮寒菜，破灶烧湿苇"，写的是类似的意思，很难说没有受到元稹的影响。

元稹反复强调自己与韦丛婚姻中韦丛的付出，以及自己未能尽责的愧疚。而写下这组诗歌时，元稹已经官至监察御史分务东台，算是高官了。他说自己"今日俸钱过十万，与君营奠复营斋"，真是语意沉痛，今天即便再高的俸禄，韦丛也难以享受到了，而自己所能做的只不过是为韦丛做几场法事。这首诗整体上说没有什么高深的句子，不过重情重意，所以陈寅恪先生在《元白诗笺证稿》中说："悼亡诸诗，所以特为佳作者，直以韦氏之不好虚荣，微之之尚未富贵。贫贱夫妻，关系纯洁，因能措意遣词，悉为真实之故。夫唯真实，遂造诣独绝欤？"

诗人们写思念亲人的作品还有很多，有人思念兄弟，如王维《九月九日忆山东兄弟》"每逢佳节倍思亲"；又有人怀念孩子，如李白《寄东鲁二稚子》"南风吹归心，飞堕酒楼前"，都是非常经典的作品。

近乡情怯，梅花开未：唐代诗人的怀乡书写与想象

　　故乡，对于我们意味着什么呢？我想每个人都有自己的答案。我们从小就在背诵"举头望明月，低头思故乡"，唐人给我们留下的关于思乡怀乡的诗数不胜数，总有一首会触碰到我们当中漂泊游子的心弦。

　　我们先来看第一首关于怀乡的诗歌，作者是宋之问。宋之问我们今天可能不太熟悉，但他和沈佺期曾经是红遍大唐诗坛半边天的人物。不过，他依附武则天的男宠张易之，在武则天去世后被贬谪泷州，也就是今天广东的罗定。后来他从贬谪地逃回，途经汉江时作《渡汉江》：

　　　　岭外音书绝，经冬复历春。
　　　　近乡情更怯，不敢问来人。

　　由于开发较晚，岭南在宋之问的时代仍属落后地区。这个地区气候湿热，山水凶险，北方士人大多畏惧前往。宋之问开篇就说，岭南是一个音书断绝的地方，连书信都收不到。他在这样的地方过了冬天，又经历了春天，总之感觉时间已经够久了，久到难以忍受了。你想，如果可以忍受贬谪地的生活，他还会逃回中原吗？在收不到书信的地方，作者与外界的联系几乎是断绝的，处于一种封闭状态。既然是"音书绝"，那就是无差别地断绝，连家人的消息、故乡的消息一概没有。再加上"经冬复历春"，他在那样恶劣的条件下度过了万家团圆的春节，

这对诗人来说无疑是一种精神折磨。

而以此为背景，引发了下文的"近乡情更怯，不敢问来人"。因为作者很久收不到家人的消息，而这时最可能传来家人消息的地方显然是故乡。所以，离家乡越近，就越可能知道家人的情况。我们不要忘记，宋之问是被贬谪到广东的，那么他的家人有没有受到牵连，会不会因为他的政治失意而生活无所依凭？这些事，他可能都已经在"经冬复历春"的久长时间中反复琢磨、牵挂过。所以，才会说"情更怯"。这个"怯"不是急切的"切"，是竖心旁加一个去字，胆怯的"怯"。宋之问可能特别担心会听到不愿意听到的消息，所以才不敢问"来人"。这个"来人"也可以说上一说。渡汉江，向北归乡，而来人从北来。诗人或许并不知道这个人或者这些人是从哪里来，但是有可能从宋之问的家乡来。所以诗人言而又止，止而欲言，想问又不敢问的矛盾心态跃然纸上。诗人的自我压抑实际上在这两句中极其真切地被记录下来，以至于我们千载之后读到，也为他提心吊胆。

来人是沟通故乡和诗人之间的桥梁，因为他们或许正好掌握着诗人想要知道的信息。王维的《杂诗》也写到过这种遇到家乡来人的场景。这是一组组诗，其中第二首写道："君自故乡来，应知故乡事。来日绮窗前，寒梅著花未？"这首五绝诗，短短二十个字，第一、二句却重复用"故乡"，似乎显得非常啰唆。因为绝句的篇幅有限，重复一次自然就少了其他内容的书写空间。君自故乡来，自然应知故乡事，这难道不是理所当然的吗？何必要多此一问呢？作者写来，却让人深切感受到一个离开家乡的游子对于故乡深深的眷恋，和面对来人急切想要知道故乡消息的心情。这和宋之问很不相同，宋之问是自我压抑，想知道却又不敢知道，因为他担心听到不好的消息，而王维这里似乎并没有这样的担心。但是问出来的话却是毫无道理的。你想，故乡有那么多的人和事值得问，王维却偏偏不问，反而问梅花开了没有。是不是毫无道理？不过，我以为这两句或许可以从两个不同的角度来考虑。一个角度是从绝句本身的体例去思考。绝句篇幅短小，所写的内容是极尽压缩之能事的，它书写的场景可能是跳跃的、片段式的。王维在诗中写的也许是两个不同时间点的场景，从问"应知故乡事"之后，或许诗人已经将家中大小事一一问清楚、问明白，想想还不过瘾，再追问一个可能还没问到的、自己又熟悉的事物，就是"寒梅著花未"。那么，这两个片段中间是有所省略的，当然这是从常规的角度考虑；另一个角度是从生活经验中理解诗人劈头盖脸直接问"寒梅著花未"这样一件无关痛痒的事。因为远在异乡，忽然见到故乡来人，想要问千百个问题，关于家乡的大事小情没有不想知道的。可是要从何问起呢？作者脱口而出的，或许就是自己最熟悉、最常见的东西。而绮窗前的寒梅，或许就是这样一件东西。或许作者日日在绮窗前读书，天天面对的就是这株梅花呢？不要忘记，我们在看古人诗词的时候，经常看到一个场景：要倾诉千言万语、要叮咛万种千般时，每每说不出话来。此时诗人们都是写"竟无语凝噎""相顾无言，惟有泪千行"，等等。而王维这里，好歹还问出了一句。这首诗，没有什么过多的语言技巧，就是纯白描，将事情记述下来。但正是这一连串的不加修饰，脱口而出，更见诗歌之自然。所以我们常说文学来自生活。我相信，王维一定在某个特定的时间点经历过这样的事情。

宋之问和王维这两首作品都是非常明确写他们自己的情感的，那么我们再来看两首代言体的诗歌。所谓代言体就是诗人以别人的身份，代表他人抒发情感。但是这两首诗又有些特殊，看上去并没有直接写诗人自己的情感，实际上我们却可以在其中看到作者的身影。这两首诗的作者就是中唐诗人李益。李益曾经在幽州节度使刘济的幕府工作，所以在边塞居住了十多年。他有一首《夜上受降城闻笛》，是代戍边将士所写的怀乡之作，诗歌说：

> 回乐烽前沙似雪，受降城外月如霜。
> 不知何处吹芦管，一夜征人尽望乡。

我们首先从诗歌的题目看，诗人夜晚登受降城，在城上听到笛声。受降城，就是唐代灵州的州治回乐县，在今天的宁夏吴忠附近，宋代的时候被废。在诗歌的起句，诗人说："回乐烽前沙似雪，受降城外月如霜。"这两句的地点其实是非常接近的，回乐烽是受降城附近的烽燧，应该是诗人登上受降城所能见到的地方，而此地的沙似雪、月如霜。诗人说城外烽燧前的沙色如白雪，这大约是月光下人们的视觉印象。城外沙色之所以如此，是因为如霜一般的月色照在大地上。前一句是讲结果，后一句是在说原因。雪和霜都是寒冷的物象，而沙似雪、月如霜，正写出受降城的冷寂孤寒。我忽然想起了谢灵运的一句诗：
"明月照积雪，朔风劲且哀。"你看，李益所写的景观是不是和
谢灵运诗中的非常接近？何止接近，近似到甚至境界都是一样
的哀伤。

　　诗人接着说"不知何处吹芦管"，这一句十分有深意。一
方面，诗人听到笛声，这是点题之句。听力通常比视力更被动，
不须特意去听，声音会自然而然地进入耳朵，毕竟声音的穿透
力是相当强的，难以找到声音来源，这也为结束句埋下伏笔。
另一方面是诗人在夜晚登楼，视力受到一定的限制，所以并不
能很好地观察笛声传来的方向。因此，他说"不知何处"，但仍
然知道有人在"吹芦管"。"管"是乐器中的吹奏乐之一，这里
显然是指代笛子。但作者用"芦苇"的"芦"字来修饰，那是
相当传神。芦笛，你或许可以把它理解为质量下乘的笛子。这
大约是诗人通过音色听出笛子的材质不甚好，正好说明演奏者
是处境贫苦之人。最后诗人道："一夜征人尽望乡。"征人就是戍
边之人，戍边之人都望乡，呼应了前一句，表明芦管声音所传
之广、之远，更加写出戍边将士思乡之切、望乡之苦。而登上
城楼的诗人望不望乡呢？当然，毫无疑问是望乡的，因为他自
己也是戍边将士中的一分子。他对戍边将士望乡的想象来自他
在刘济幕府的生活。

　　整首诗，前两句以景写情，奠定凄冷的基调。第三句叙事，
点题。最后一句是想象，但将前三句融为一体，又提升了全诗
的境界。将前三句的景、事提升到情的层面，不愧是唐人绝句
的名作。

李益代写征人思乡的诗不止这一首，《从军北征》也是以此为主题的。诗说：

> 天山雪后海风寒，横笛偏吹行路难。
> 碛里征人三十万，一时回向月明看。

我们先看诗歌的题目，"从军北征"，这说明诗人也是北征队伍中的一员。这首诗的叙述来自诗人自己的生活经历，而不是凭空想象。这首诗的环境叙写只有第一句，但相较沙似雪、月如霜更加苍劲有力，且信息量也更大。天山，讲地点；雪后，讲时间；海风寒，讲气候条件。作者说天山经过一场大雪之后，刺骨的寒风不停地刮向行军的将士。沙似雪、月如霜是相对细屑的物象，而天山、海风却是高峻挺拔、宽阔雄劲的。山高风急、天寒地冻烘托了行军条件的艰苦。将士们在艰苦的环境中只能吹笛娱乐，但吹出的曲子却是《行路难》。《行路难》是一个声情凄苦的曲调，《乐府解题》说这个曲调有"离别悲伤之意"。更何况吹笛者遍吹这离别悲伤之曲。想必将士们出征时，家人都曾唱此曲送行吧？于是"碛里征人三十万，一时回向月明看"。征人"三十万"是虚数，意思是征发的戍卒非常多。这么多人，同时回头看明月。结尾写得十分委婉，他没有像前一首那样点明"一夜征人尽望乡"。你看，杜甫看月是因为鄜州月与长安月是一样的，再往后面，到苏轼不是也有"千里共婵娟"的说法吗？婵娟也就是月亮嘛！那么就很好理解了，看月就是思乡怀人的另一种表达。李益这两首写征人思乡的诗歌实在相当精彩。

　　唐诗的数量多，内容多，读唐诗，是可以当作平生的兴趣的，欢迎你也成为一个唐诗迷！

汪　超

宋词与爱恋

导　语

　　英国历史学家汤因比曾经说，如果让他选择，他愿意生活在中国的宋朝。汤因比作为一个英国人，为什么会想生活在一千年前的宋朝呢？我想其中一个很重要的原因是宋朝创造了非常辉煌的文化。南宋大儒朱熹曾经骄傲地宣称："国朝文明之盛，前世莫及。"

　　著名历史学家陈寅恪先生也说过一句名言："华夏民族之文化，历数千载之演进，造极于赵宋之世。"也是说中华文化在宋代达到了最高峰。在辉煌文化的影响之下，宋代文学所取得的成就也是光耀千古。其中，与唐诗前后辉映的宋词，就是中国古代文学皇冠上一颗璀璨的明珠。

　　宋词的题材非常丰富，恋情词是其中最重要的一类。钱钟书先生在《宋诗选注》这本书的序言中曾经说过这样一段话："宋人在恋爱生活里的悲欢离合不反映在他们的诗里，而常常出现在他们的词里。……爱情，尤其是在封建礼教眼开眼闭的监视之下那种公然走私的爱情，从古体诗里差不多全部撤退到近体诗里，又从近体诗里大部分迁移到词里。"

钱先生这段话告诉我们，宋人在诗歌中是不怎么写爱情的，他们把恋爱过程中的喜怒哀乐都通过词表达出来。为什么会这样呢？我想这与诗词的文体特征有很大的关系。诗歌这种文体正统一些，而词呢，借用《楚辞》中四个字来形容就是"要眇宜修"，也就是说词这种文体有一种美，这种美是带着修饰性的一种很精巧的美，最适合表达温婉动人的爱情，因此爱情之花在词中开得最为繁茂。

接下来，根据恋爱的不同阶段，我们将宋代的恋情词分为五个部分，讲解十一位著名词人的十四首名篇。宋词中这些深情绵邈的恋情词，是宋人留给我们的宝贵的精神财富。学习这些作品，可以陶冶我们的情操，提升我们的境界，启悟我们的人生。

"多情却被无情恼"：追求中的惆怅苦恼

正像德国著名作家歌德所说，哪个少年不多情，哪个少女不怀春？爱情是人类社会生活最基本的内容之一，也是人类所有情感中最火热、最感人的部分。有的人只是因为一次偶然的相遇，便会魂牵梦绕，再也难以忘怀。北宋著名词人贺铸在他一首很有名的《青玉案》中就为我们记述了这样一次经历。这首词是这样写的：

凌波不过横塘路，但目送、芳尘去。锦瑟华年谁与度？

月台花榭，琐窗朱户，只有春知处。

　　碧云冉冉蘅皋暮，彩笔新题断肠句。试问闲愁都几许？一川烟草，满城风絮，梅子黄时雨。

　　在讲这首词之前我们先简单介绍一下贺铸。贺铸是个很有特点的词人。首先，他的长相奇丑，《宋史》说他"长七尺，面铁色，眉目耸拔"，人称"贺鬼头"。也就是说他的身材很高，皮肤很黑，眉毛又浓又黑，还是倒竖着的，在宋人的审美观念里，这是个典型的丑男，所以给他取了个绰号"贺鬼头"，意思是说他长得像个鬼一样。唐代也有个大诗人长得比较砢碜，就是写过"今朝有酒今朝醉，明日愁来明日愁"的晚唐诗人罗隐。当时的宰相郑畋有个宝贝女儿，特别喜欢罗隐的诗，连带着喜欢上了罗隐这个人，非常想嫁给他。父亲为了满足女儿的愿望，有一天就专门请罗隐来家里做客，叫女儿偷偷躲在门帘后面，看对不对得上眼，结果宰相女儿在门帘后看到罗隐的长相后，大失所望，不要说嫁给他的念头消失得无影无踪，就连对他的诗歌也不再感兴趣了。罗隐和贺铸两个人因为长相不佳而影响到了自己的爱情和仕途，但是可能也因此而成就了他们流芳千古的诗名。所以失之东隅，收之桑榆，坏事有时也可以变成好事。其次，作为著名词人，英雄豪气与儿女柔情这样截然对立的两面，在贺铸词中都有非常完美的体现。比如说他有一首词叫《六州歌头》，写的是他少年时在首都开封的豪侠生活，我挑几句各位体会一下："少年侠气，交结五都雄。肝胆洞，毛发耸。立谈中，死生同。一诺千金重。"意思是说我年少时豪气干云，遍交天下英雄，并与这些朋友肝胆相照，遇到不平之事，立马怒发冲冠。我们在站着交谈的过程中就定为生死之交，一言既出，驷马难追，从不违背自己的诺言。你看这首词是不是与众不同？这种写英雄豪情的词，在唐宋词中是比较少见的。

下面我们再看他这首写儿女柔情的词《青玉案》。每首词都有一个词牌（指填词用的曲调），最初的词都是配合音乐来歌唱的，有的按词制调，有的依调填词，曲调的名称即词牌。这首词的词牌《青玉案》取自汉代张衡《四愁诗》中"美人赠我锦绣缎，何以报之青玉案"，意思是说，美人赠送给我漂亮的衣裳，我回赠给她一个用青玉制成的盘子，象征洁白无瑕的爱情。早期填词时词的内容与词牌是有一定关联的，所以从贺铸这首词的词牌看，这是一首恋情词。词的上片起首三句"凌波不过横塘路，但目送、芳尘去"化用曹植《洛神赋》中"凌波微步，罗袜生尘"句意，写路遇一绝世佳人，步履轻盈，飘然远去。词人一下子就被其曼妙身姿、美丽容颜深深打动。"锦瑟华年谁与度"，他想如此青春美丽的女子，又是谁有幸和她共度美好时光呢？"月台花榭，琐窗朱户，只有春知处"，词人情不自禁地跟在佳人身后，待到佳人住处，才发现是一处花树丛绕、非常幽静的朱门大户之家。词的上片明里是写佳人，但暗处的男性主人公则更加典型，他多情、害羞，悄悄追步美人芳踪。多情少男，往往都有过这种经历！

"碧云冉冉蘅皋暮，彩笔新题断肠句。"过片[1]写时光流逝，

---

1 过片：又称过变，一首词分多段，每段叫作一阕，或一片，第二段的开头叫作过片。——编者注

佳人不可再见，词人只有用生花妙笔抒写内心的愁情。"彩笔新提断肠句"，词人在这里暗用江淹的典故，据《南史·江淹传》记载，江淹因为得到一支五色笔而变得才华横溢，妙句纷呈。词人在这里用这个典故是说自己才华不输江淹，以生花妙笔题断肠之句。词的末尾四句"试问闲愁都几许？一川烟草，满城风絮，梅子黄时雨"，就是所谓"断肠句"的具体内容，以"试问"句呼起，用三个比喻作答，化无形为有形，表现了愁思之多而纷乱、迷茫无边及连绵不休（这三句在空间上是广漠的，在时间上是前后延续的，"一川烟草"是二三月间，"满城风絮"是三四月间，"梅子黄时雨"是四五月间），新奇而不失自然，用笔轻灵飞动，历来脍炙人口，贺铸还因此而得了"贺三愁""贺梅子"的雅号。

贺铸这首词写的是路遇佳人而心中掀起无穷波浪。多情的少男少女有时未见其人只闻其声也会心生涟漪，苏轼的《蝶恋花》写的就是这样一种心理体验。词是这样写的：

花褪残红青杏小。燕子飞时，绿水人家绕。枝上柳绵吹又少，天涯何处无芳草。

墙里秋千墙外道。墙外行人，墙里佳人笑。笑渐不闻声渐悄，多情却被无情恼。

有的鉴赏家说这首词是伤春，有的说这是首哲理词。其实，如果我们摒弃常州词派以比兴寄托说词的鉴赏方式来看，这首词主要写的还是恋情，伤春或人生哲理不过是题外之意、弦外之音。清初著名文人王士禛在《花草蒙拾》一书中就说这首词"恐屯田缘情绮靡，未必能过。孰谓坡但解作大江东去耶"。"屯田"指的是柳永，因为他做过屯田员外郎这样一个官，所以人们用柳屯田指代柳永。"缘情绮靡"本来出自西晋陆机的《文赋》，意思是说诗歌的特性就是通过绮丽的形式来表达人的情感。王士禛的意思是说苏轼这首词，恐怕连柳永这样写恋情的高手也未必比得过，所以说这是首恋情词，前人也是早有体认。

词的上片写景，为下片人物的出场营造环境。首句"花褪残红青杏小"，写暮春景象，连最后一点残花也已凋落，树枝上满是刚刚生长出的小小的青杏果子，这是静景。次两句"燕子飞时，绿水人家绕"写人物的居住环境，有来往穿梭的燕子，有绕屋而流的清澈的溪水，非常活泼灵动的样子，这是动景。接着两句"枝上柳绵吹又少，天涯何处无芳草"写柳絮飘飞，芳草遍野，进一步渲染春天已逝。其中的"天涯何处无芳草"成为现代人失恋后的安慰剂。上片写景时充满了人生哲理，花褪残红、柳绵吹少，是一种美好生命的逝去，但同时，青杏、芳草又代表着新生命力量的旺盛，所以有一种人生哲理在里面。

词的下片写人，"墙里秋千墙外道。墙外行人，墙里佳人笑"，出现了两个人物形象，一个是佳人，一个是行人，他们被一堵墙阻隔着。写佳人突出其笑声，由笑声见其美丽可爱。行人则突出其多情，他驻足而听，深深地被打动，以致荡秋千的佳人早已离开，他还怅然若失地呆立在墙外烦恼不已，又是一个痴情公子的形象。所以你看，古人也和我们今天差不多，他们也会有怦然心动的时候，也会陷入自己非常喜欢却求而不得的苦境。

在万千人中发现了自己喜欢的人怎么办？大胆追求，不要轻易放弃，这是英雄词人辛弃疾早就告诉我们的，他在《青玉案·元夕》这首词中说：

东风夜放花千树。更吹落、星如雨。宝马雕车香满路。凤箫声动，玉壶光转，一夜鱼龙舞。

蛾儿雪柳黄金缕。笑语盈盈暗香去。众里寻他千百度。蓦然回首，那人却在，灯火阑珊处。

这首词题目叫"元夕"，所以有人说这是首节序词。[1] 又由于王国维在《人间词话》里说过一段有名的话："古今之成大事业、大学问者，必经过三种之境界：'昨夜西风凋碧树。独上高楼，望尽天涯路。'此第一境也。'衣带渐宽终不悔，为伊消得人憔悴。'此第二境也。'众里寻他千百度，蓦然回首，那人却在，灯火阑珊处。'此第三境也。此等语皆非大词人不能道。然遽以此意解释诸词，恐晏、欧诸公所不许也。"王国维所说的第一重境界是一种迷茫、孤独的境界，第二重境界是一种执着坚定、锲而不舍而又无怨无悔的境界，第三重境界是说人只要坚守，总会有惊喜。所以又有人把这首词当作一首反映人生境界的哲理词。其实热闹的元宵灯节只是背景，内容主要写的还是

1　节序词就是以时令节日、民俗风景为表现对象的一类词作，元夕即正月十五元宵节，故有人因此认为其为节序词。——编者注

一对青年男女在茫茫人海中找到对方时的喜悦之情，所以王国维也说他的"三重境界说"只是自己的理解，作者并不一定就认可这种解读。

　　词的上片写元宵灯节的热闹景象。开头三句"东风夜放花千树。更吹落、星如雨"想象奇特，用比喻的手法表现元宵节里各种花灯的流光溢彩。"东风夜放花千树"是说街道两侧的树上挂满了各式各样的灯，犹如繁花开满枝头；"更吹落、星如雨"描写焰火在天空中绽放。接下来四句"宝马雕车香满路。凤箫声动，玉壶光转，一夜鱼龙舞"写街上香车宝马，人头攒动，丝竹声美，好一派热闹景象。

　　词的下片前两句"蛾儿雪柳黄金缕。笑语盈盈暗香去"写在元宵节这一天，千金小姐美少妇，纷纷走出闺门。她们戴着美丽的头饰，穿着华贵的衣裳，浑身散发着醉人的芳香。在这样一个皓月当空、灯舞翩跹的美好夜晚，这些平时不大容易出门的女性们，说说笑笑，开心不已。她们一直玩到月亮西沉、漏残灯疏才慢慢散去。词的结尾三句"众里寻他千百度。蓦然回首，那人却在灯火阑珊处"奇峰异起，写男主人公在众多佳丽中，到处急切地寻觅着自己的心上人。他找啊找啊，往返寻觅千百次。正在焦急绝望之时，蓦然一回首，竟然发现她就站在那灯火稀落之处，当时的惊喜之情，无以言表。词至此也就戛然而止，留下无穷想象的余地。王国维的"三重境界说"告诉我们，恋爱亦如做事业，只要你为人真诚，确立目标后孜孜以求，就会有惊喜在前方等着你。

"走来窗下笑相扶": 恋爱后的温馨甜蜜

　　第一节我们了解了三首词，分别是贺铸的《青玉案》、苏轼的《蝶恋花》和辛弃疾的《青玉案·元夕》，这三首词都是宋词中的名篇。我们说爱情虽然美好，但是并非所有人的爱情之舟都是一帆风顺的，在修成正果之前，很多人在渴慕、寻觅、追求爱情的过程中都会经历心烦意乱、惆怅痛苦的阶段，这三首词可以说都反映了这一过程中的典型心态。但是，拨得云开见月明，当经过艰苦的追求过程后，爱情带给我们的是幸福与甜蜜。接下来我们就讲宋词中描写幸福爱情生活的作品。

　　中唐大文人韩愈在《荆潭唱和诗序》中曾经说："欢愉之辞难工，而愁苦之言易好。"意思是说开心的话很难把它写漂亮，而悲伤则容易写出名篇佳作来。因此中国古代文人喜欢写悲伤要远胜于写快乐，这在宋词中显得尤为突出。宋词中的泪水要远多于欢笑，宋词中的名篇也多是写哀伤叹惋的作品。可我们发现写热恋的宋词也有笑意满满的佳作，如欧阳修的《南歌子》：

　　　　凤髻金泥带，龙纹玉掌梳。走来窗下笑相扶。爱道画眉深浅、入时无。
　　　　弄笔偎人久，描花试手初。等闲妨了绣功夫。笑问双鸳鸯字、怎生书。

　　欧阳修这首词具有民歌风味，很活泼，也很好懂。上片通过外貌和语言描写，塑造了一个美丽可爱的女主人公形象。开篇两句"凤髻金泥带，龙纹玉掌梳"通过对头饰的描写显示出其身份的高贵与容颜的美丽。接着三句"走来窗下笑相扶。爱道画眉深浅、入时无"通过对女主人公动作和语言的描写来表现她和夫君之间的两情相悦。丈夫大约是在窗下的书桌前读书，年轻美丽的妻子一路小跑过来扶着丈夫的肩问：你看看我的妆画得漂不漂亮啊？多么恩爱多么温馨！注意这个"走来"不是今天走来的意思，而是一路小跑过来的意思，因为"走"字在古代就是跑的意思，她跑过来问才可体现想让夫君看到自己妆容的急切心情。下片"弄笔偎人久，描花试手初"写女主人公在写字绣花的过程中，与丈夫之间的亲热调笑，词人通过对这一生活细节的描写，将夫妻之间的柔情蜜意淋漓尽致地表现出来，也写出了女主人公娇羞俏皮的个性。这首词有几点值得注意：一是一首短短的词中出现了两个"笑"字，也就是"走来窗下笑相扶""笑问双鸳鸯字、怎生书"，这在宋词中不敢说绝无仅有，至少也是非常罕见的；二是在欧阳修之前的唐宋词中，很少有写夫妻恩爱的，一般多写文人与歌妓之间的感情，这首词可以说在这方面也开了先河。

　　毕竟是写夫妻生活，欧阳修这首词基本上做到了发乎情而止乎礼，没有太出格的描写，而处于热恋阶段写的词有时就比较露骨了。南宋前期有一位著名的女性词人名叫朱淑真，有一首《清平乐·夏日游湖》就写得相当大胆，这首词是这样写的：

　　　　恼烟撩露，留我须臾住。携手藕花湖上路，一霎黄梅细雨。

　　娇痴不怕人猜，和衣睡倒人怀。最是分携时候，归来懒傍妆台。

　　朱淑真生于官宦之家，自幼聪慧，博通经史，善诗画，精音律，也是一位才女。但正所谓"男怕入错行，女怕嫁错郎"，朱淑真就嫁错了人，她与只是一个文法小吏的丈夫志趣不合，婚姻不幸而抑郁早逝。当然，父母之命，媒妁之言，嫁错人也怪不得朱淑真，那时都是父母说了算，婚姻幸不幸福有时得看运气了。生不幸，死亦不幸，朱淑真去世后，她的父母居然将她写的文学作品付之一炬。可见朱淑真的父母和大诗人陆游的母亲一样，都是虎妈型而非慈爱型。朱淑真留传下来的作品集叫《断肠诗集》《断肠词》，我们都说肝肠寸断，从她集子的名称就可看出她命运的悲惨和内心的悲苦了。婚姻不幸的朱淑真，一定有过一段非常美好的恋爱经历，她把这番经历写进了词里，这就是我们上面提到的《清平乐·夏日游湖》。

　　这首词写的是少男少女约会时的激动、离别时的惆怅及离别后的百无聊赖。上片四句"恼烟撩露，留我须臾住。携手藕花湖上路，一霎黄梅细雨"在语序上是倒装，这四句按正常语序应该是"携手藕花湖上路，一霎黄梅细雨，留我须臾住，恼烟撩露"，意思是说我们这对恋人正手牵着手在满池荷花的湖边散步，没想到突然下起小雨来，这场雨让我们不得不暂时停下脚步，找了个能够遮风避雨的地方躲起来，真是让人烦恼啊！是不是真的让人烦恼呢？我觉得词人在这里是正话反说，对恋人而言，这其实是一场及时雨。为什么这么说呢？你看词的后面一段就明白了。"娇痴不怕人猜，和衣睡倒人怀"，情意渐浓，情难自持，女主人公也不管不顾了，她扑进爱人的怀里，尽情享受爱情的甜蜜。没有这场黄梅细雨，他们也许还在牵手散步呢！所以说这是一场及时雨，词人说"恼烟撩露"是正话反说。然而，恋爱的时光总是过得飞快，眨眼间就到分别的时间了，词的结尾两句"最是分携时候，归来懒傍妆台"写女主人公与心上人离别时难舍难分，回到家后百无聊赖，也不愿梳妆打扮自己。

朱淑真这首词简直是让我们大吃一惊！你看，一对热恋中的青年男女手拉着手在湖边散步，情意最浓时还禁不住搂搂抱抱呢！你确定这是宋人而不是我们今天的一场恋爱？在我们印象中，宋代不是对女性要求极为严苛吗？她们被要求足不出户，要藏在深闺人不识，要遵守三从四德的古训。可朱淑真这首词似乎在告诉我们：宋代绝非所认为的那样铁板一块、死气沉沉，宋人也是可以像我们今天一样大胆自由恋爱的。所以，这首词有特殊的认识价值。

上面我们讲的两首词都比较生活化、世俗化，按照中国传统观念来衡量的话，都是不太高雅而应该受到批评的。只是以我们今天的眼光来看，饮食男女，太正常不过了，我们应该为欧阳修、朱淑真们写出这种泼辣的作品大大地点个赞。

热恋中的少男少女都希望时间过得慢一些，能够多一些时间在一起。北宋著名词人秦观写过一首《鹊桥仙》，虽然写的是七夕节，却是要借此告诉年轻的朋友们，只要两人感情真挚，

坚贞不移，一次幸福的相会胜过终日厮守在一起。词是这样
写的：

> 纤云弄巧，飞星传恨，银汉迢迢暗度。金风玉露一相
> 逢，便胜却、人间无数。
> 柔情似水，佳期如梦，忍顾鹊桥归路。两情若是久长
> 时，又岂在、朝朝暮暮。

这是一首写七夕的词，歌咏的是天上牛郎织女的爱情。牛
郎织女的故事大家都很熟悉，传说天帝的孙女织女心灵手巧，
每天为天空织彩霞。有一天，她偷偷来到人间，嫁给了牛郎，
并且生了孩子，过上了男耕女织的生活。这件事惹怒了天帝，
把织女捉回天宫，只允许她和牛郎在每年的农历七月七日相会
一次。他们坚贞的爱情感动了喜鹊，无数喜鹊飞来，用身体搭
成一道跨越天河的鹊桥，让牛郎织女在上面相会。秦观的词歌
咏的就是这每年只能聚一次的鹊桥相会。

词一开篇就咏巧云，因为从神话的角度看，七夕的主角织
女本身就是在天上织彩云的。从自然气候的角度看，七夕正是
初秋时节，"七月七，看巧云"，天上的云彩变化多端，所以词
人说"纤云弄巧"。"飞星传恨"，那些闪亮的流星划破长空，仿
佛在传递着牛郎织女的离愁别恨。"银汉迢迢暗度"是说相隔遥
远的牛郎和织女今晚终于又千里迢迢来相会了。"金风玉露一相
逢，便胜却、人间无数"，词人不禁感叹道：在这美好的金秋时
节，牛郎织女相聚的美好一刻，抵得上人间千万次的相会。

下片接着高度赞扬牛郎织女的爱情，"柔情似水"是说他们的爱情如流水般缠绵不休。"佳期如梦"是感叹他们的相会如梦般短暂。"忍顾鹊桥归路"是说马上又要离别了，哪里忍心看归去的路呢？结尾两句"两情若是久长时，又岂在、朝朝暮暮"石破天惊，喊出了千古名言：彼此只要真诚相爱、永不变心，又哪里在乎能不能朝夕相伴呢！沈祖棻先生在《宋词赏析》中说："这首词上、下片的结句，都表现了词人对于爱情的不同一般的看法。他否定了朝欢暮乐的庸俗生活，歌颂了天长地久的忠贞爱情。这在当时，是难能可贵的。"其实不仅在当时，即使是现在，也弥足珍贵。

"执手相看泪眼"：离别时的难舍难分

上一节我们讲了表达恋爱时满心欢喜的宋词，其实这类词并不多，名篇更少，原因就是我们前面提到的韩愈说的"欢愉之辞难工，而愁苦之言易好"。当然，还有个重要原因是恋爱本是极私密的事，不太好意思写出来给别人看。所以宋代恋情词中写得多而且好的还是那些表达离别的忧伤和离别之后相思之苦的作品。

南北朝时有一个著名的文人名叫江淹，也就是我们很熟悉的一个成语"江郎才尽"中的那个江郎，他曾经写过一篇赋名叫《别赋》，里面有一句很有名的话："黯然销魂者，唯别而已矣。"意思就是说能够让人失魂落魄的，只有离别这件事。这说明离别会带给人们精神上巨大的冲击力，进而创作出一些名篇佳作来。

我们先来看宋代一首比较早的离别词名篇，柳永的《雨霖铃》：

> 寒蝉凄切，对长亭晚，骤雨初歇。都门帐饮无绪，留恋处，兰舟催发。执手相看泪眼，竟无语凝噎。念去去，千里烟波，暮霭沉沉楚天阔。
>
> 多情自古伤离别，更那堪，冷落清秋节！今宵酒醒何处？杨柳岸，晓风残月。此去经年，应是良辰好景虚设。便纵有千种风情，更与何人说。

我们先看看这首词的词牌"雨霖铃"。"雨霖铃"这个词牌据说与杨贵妃有关系，相传唐玄宗在安史之乱中逃跑到蜀，也就是今天的四川的时候，在雨中听到铃声而想起了杨贵妃，因此作了这支曲子，所以《雨霖铃》是一支让人感到哀伤的曲子，柳永用它来咏离别也就决定了这首词感伤的基调。

我们再来看看柳永这个词人。柳永才华横溢，个性鲜明，特别是他喜欢写一些俚俗之词，所以当时的上层人物包括皇帝、宰相都不怎么待见他，批评他不该写这些淫词艳曲，这对柳永的科举考试及仕途都产生了很大的负面影响。他考了几次才考中进士，做官呢也只做到屯田员外郎这样一个管农业的六品小官。所以柳永可说是一生仕途失意，四处漂泊。但是下层民众却很喜欢他，当时有句话叫"凡有井水处，即能歌柳词"，也就是说只要有人烟的地方就有人在唱柳永的词，从中可见他的词影响有多大。

然后我们再来看这首堪称是柳永代表作的《雨霖铃》。柳永这首词影响很大，梁启超曾称赞它与周邦彦的《夜飞鹊》是"送别词中双绝"。周邦彦虽然也是大词人，但他那首《夜飞鹊》在影响上讲还是无法和柳永的《雨霖铃》相提并论，所以我们可以说柳永《雨霖铃》是离别词中的一枝独秀。

开篇三个四字句共十二个字，点明了离别的时间、地点以及耳目之所闻见。"寒蝉凄切"写耳朵所听到的，是寒蝉发出的凄切的鸣叫声，这句话还暗示了季节是秋季。《礼记·月令》中有这样一句话："（孟秋之月）凉风至，白露降，寒蝉鸣。"孟秋就是初秋，意思就是说初秋时节，凉风会徐徐吹来，白露会从天而降，寒蝉会开始发出鸣叫声。因此这首词涉及的季节是秋季，具体月份是农历七月份。次句"对长亭晚"点明离别的地点是长亭。古代在道路两侧每隔十里设一长亭，五里设一短亭，供旅者休息，还设亭长一人来管理相关事宜。中国历史上有一个非常有名的亭长，那就是刘邦，他在打天下之前曾经做过亭长。靠近城市的十里长亭常常作为饯别的地方。"晚"告诉我们这次离别是在傍晚时分。"骤雨初歇"写天气，是一场暴雨刚刚停下来，为离别营造环境氛围。接下来三句"都门帐饮无绪，留恋处，兰舟催发"交代事件，心上人在都城门外的长亭设帐摆下酒筵给他饯行，这提醒我们这次离别发生在当时的都城开封的郊外。"无绪"，没有心情，面对美酒佳肴，两人都毫无兴致。正在难舍难分之时，船夫又催促赶快出发。送君千里，终

有一别，离别的时刻终于还是来到了，"执手相看泪眼，竟无语
凝噎"，两人泪眼相对，执手告别。"念去去，千里烟波，暮霭
沉沉楚天阔"，由别时想到别后，这一去路途遥远，去路茫茫，
怎能不让人断肠忧伤！

　　过片在上片的基础上生发无限感慨："多情自古伤离别，更
那堪，冷落清秋节！"将伤离别与悲秋结合起来，倍增伤感。
"多情自古伤离别"意思是说伤离惜别，自古皆然，比如我们前
面就提到的江淹在《别赋》中就说过："黯然销魂者，唯别而已
矣。"宋玉在《九辩》中就说过"悲哉！秋之为气也"这样的名
句，也就是说秋景是最让人悲伤的。柳永在此将古人最感悲伤
的两种情景结合起来，另开新境，遂成此堪与江淹、宋玉之说
齐名的第三种说法，即"多情自古伤离别，更那堪，冷落清秋
节"。接下来的三句"今宵酒醒何处？杨柳岸，晓风残月"非常
有名，南宋俞文豹在《吹剑录》中记载了这样一件事："东坡在
玉堂日，有幕士善歌，因问：'我词何如柳七？'对曰：'柳郎中
词，只合十七八女郎，执红牙板，歌'杨柳岸晓风残月'。学士
词须关西大汉，铜琵琶，铁绰板，唱'大江东去'。东坡为之
绝倒。"这段话的意思是说苏轼在翰林院做学士时，有一个幕客
很会唱歌，苏轼就问他：我的词和柳永词比起来怎么样啊？那
个人回答说：柳永的词只适合十七八岁的漂亮女孩子，手拿红
牙板演唱"杨柳岸晓风残月"，而您的词则须要关西大汉在铜琵
琶、铁绰板的伴奏下，演唱"大江东去"，苏轼一听不禁哈哈
大笑。所以这几句词既代表了柳永词的成就，也代表着与苏轼
"大江东去"不同的另外一种风格。这几句词由现实想到离别

后，今宵酒醒之后又身处何地呢？小舟泊岸处，唯有晓风侵袭、残月挂梢头，冷落凄清。景是虚景，情是实情，借虚景写深情，惝恍迷离，为千古名句。结尾四句"此去经年，应是良辰好景虚设。便纵有千种风情，更与何人说"，进一步推想此番离别后，无论过多久，也无论有多少良辰美景，都会因无人共赏而如同虚设，纵使有千种风情，也因无人共语而倍觉痛楚。词人层层铺叙，情景交融，虚实结合，有很强的艺术感染力。

我们再看秦观一首写离别的名作《满庭芳》：

> 山抹微云，天连衰草，画角声断谯门。暂停征棹，聊共引离尊。多少蓬莱旧事，空回首、烟霭纷纷。斜阳外，寒鸦万点，流水绕孤村。
>
> 销魂，当此际，香囊暗解，罗带轻分。谩赢得青楼，薄幸名存。此去何时见也？襟袖上、空惹啼痕。伤情处，高城望断，灯火已黄昏。

这首《满庭芳》是婉约派大家秦观的代表作之一。关于这首恋情词有两个故事：一个故事是关于秦观的老师苏轼的，苏轼看到这首《满庭芳》后非常喜欢，特别欣赏这首词的首句"山抹微云"四个字，于是戏作了两句诗："山抹微云秦学士，露花倒影柳屯田。"这个故事记录在宋代叶梦得《避暑录话》卷下。第二个故事记载在蔡绦《铁围山丛谈》卷四，是关于秦观的女婿范温的。范温有一次参加一个达官贵人组织的家庭宴会，这个官员家有一个歌妓，特别喜欢也特别擅长演唱秦观的词。

估计是范温各方面都比较普通，在酒宴中大家也不怎么理睬他，范温在这种场合也是显得比较局促，一句话也不敢说。等到大家酒酣耳热之时，歌妓就问："此郎何人耶？"范温立即站起来，叉手回答说："某乃山抹微云女婿也。"大家听了这话，都哈哈大笑起来，立马对他另眼相看。可见这首词特别是首句在当时影响很大。下面我们具体来讲解这首词。

词的上片描写离别时的环境和对往事的回忆。开篇"山抹微云，天连衰草"用两个四字对句发端，写别时所见，以秋天衰飒晚景衬托离情，情感真挚。"山抹微云"是说远处起伏的山峦有淡淡的云缭绕着，为什么这句写得好呢？因为动词"抹"用得工致巧妙，将绘画的技法引入景物描写，使词画意更浓，所谓词中有画也，这是仰视。次句"天连衰草"写地上的枯草铺展开去，与天相接，这是平视。第三句"画角声断谯门"，点明离别时的具体时间和地点。"画角"是古代一种管乐器，传自西羌，形如竹筒，本细末大，以竹木或皮革等制成，因表面有彩绘，故称画角，它发出的声音哀厉高亢。古代傍晚，城楼吹角，用来报时，所以"画角声断谯门"告诉我们时间是傍晚。"谯门"是建有瞭望楼的城门。所以"画角声断谯门"写的是城门上高亢悲凉的号角声刚刚停歇下来，画角声虽然停下来了，可带给人的悲凉的情绪却不会消失，这是从听觉的角度营造一种凄凉的环境氛围。"暂停征棹，聊共引离尊"，以下遂转入饯别。"棹"是船桨，这是用部分代整体，用船桨指代载人的船。古人远行，走陆路一般是早上天不亮就出发，走水路则是傍晚出发。我们前面讲了，这次离别是七月某天的傍晚，所以坐的是船，走的是水路。"暂停征棹"就是说让我们暂时不出发，先停留一会儿吧。停下来干吗呢？"聊共引离尊"，一起来喝一杯离别之酒吧，这是点明饯别主题。"引"是推杯换盏的意思，"尊"是酒杯。"多少蓬莱旧事，空回首、烟霭纷纷"，两个人边喝酒边回忆欢乐往事，如今俱化为纷纷烟霭，缥缈无踪。"蓬莱"，有人说是会稽，也就是今天绍兴的蓬莱阁，秦观曾在这里生活过，并在这里发生过一段恋情。其实蓬莱在古典诗词里出现，一般都指海上三座神山之一，三座神山指蓬莱、方丈、瀛洲，都是神仙住的地方，是仙境。所以词里"多少蓬莱旧事"我们理解成二人在蓬莱阁的旧日情事当然可以，可如果说这写的是当年两个人在一起快活似神仙的日子也没有错。这些美好的日子就如同这山腰的茫茫云雾一般，缥缈无头绪，转头成空。秦观抒发情感时从来不把话说尽，往往是点到为止，采取的方法则是以景结情，比如这里刚刚写对往事的回忆与感慨，立马用"斜阳外，寒鸦万点，流水绕孤村"三句来节制情感，使情感的抒发不致一泻无余，这样写的好处就是含蓄、有余味，又能够烘托凄凉，浓化别绪。晁补之曾称赞这几句说："虽不识字者，亦知是天生好言语。"为什么好呢？这三句虽然是化用隋炀帝的诗"寒鸦千万点，流水绕孤村"，但秦观在寒鸦、流水、孤村之外，另设一斜阳，空间景致的立体感更显强烈，画面的色彩、层次更加丰富，因此隋炀帝的诗显得比较平常，而秦观的词则绝妙。

　　下片写离别时的难舍难分和惆怅之情。过片直抒感慨，"销魂"形容人因极度哀伤而失魂落魄的样子，因离别在即，所以两个人看起来都是失魂落魄，心神恍惚。"香囊暗解，罗带轻分"两句是说互赠信物。香囊指盛香料的小袋子，古人把它佩戴在身上一方面可以让自己闻起来香一点，就像我们今天有人喜欢给身上喷点香水一样，另一方面是作为一种装饰物。罗带指丝织的衣带，也是一种装饰物。所谓"香囊暗解，罗带轻分"应该是指他们各自取下自己身上有纪念意义的贵重之物赠送给对方，好让对方随时想起自己来。"谩赢得青楼，薄幸名存"化用的是晚唐著名诗人杜牧《遣怀》中的名句："十年一觉扬州梦，赢得青楼薄幸名。"杜牧追忆十年前的扬州岁月，当时他三十一二岁，颇好宴游，与青楼女子多有来往，诗酒风流，放浪形骸，日后追忆这段时光，乃有如梦如幻、一事无成之叹。秦观在这里化用杜牧这两句诗，也有感叹自己人生不如意的潜意识在。清朝有一个词学大批评家周济，他在《宋四家词选》中说这首词"将身世之感，打并入艳情，又是一法"，针对的大概是这句话。"此去何时见也？襟袖上、空惹啼痕"句叹相见无期。结句"伤情处，高城望断，灯火已黄昏"写船已驶远，城不见而夜已深，然仍回首凝望，缠绵情思，一往而深。

我们这一节选取的柳永和秦观的两首作品，比我们前面介绍的作品的篇幅都要长，这是因为这两首词都是慢词，而前面的作品都是小令。唐五代至北宋初的词多为篇幅短小的小令，虽小却好，虽好却小。柳永开始改变这种格局，他创作了大量篇幅比较长的慢词，使得词这一文体的题材和内容都更加丰富。正是因为有了柳永这一开拓性的贡献，词在后来才又有了很大的发展空间，所以柳永是词史上第一位改革家，居功至伟。

柳永开始填制慢词后，后来的词人在他的基础上又不断发展完善慢词的创作，比如秦观的这首《满庭芳》和柳永的《雨霖铃》在创作手法及审美效果等方面都有很大的不同。柳永《雨霖铃》主要采取的是铺叙的手法，别前、别时、别后依次道来，时间线索非常清晰。秦观的《满庭芳》则将小令的写法移置进慢词的创作中，即情感的抒发不是一泻无余，而是情一点出，即用景物烘托渲染，使得慢词也如小令般含蓄有余味。

离情词的优秀作品实在太多，下面我们再讲一首女性词人写的离情词，李清照的《凤凰台上忆吹箫》：

> 香冷金猊，被翻红浪，起来慵自梳头。任宝奁尘满，日上帘钩。生怕离怀别苦，多少事、欲说还休。新来瘦，非干病酒，不是悲秋。
>
> 休休！这回去也，千万遍阳关，也则难留。念武陵人远，烟锁秦楼。惟有楼前流水，应念我、终日凝眸。凝眸处，从今又添，一段新愁。

这也是一首慢词长调。我们先说李清照这个词人。如果要问中国古代哪一位女性的才气最大，李清照恐怕是最好的答案，因为我们从小读书时就会被要求学习、背诵她的作品。李清照的前半生过得很幸福，她的出身虽然不是什么富贵人家，可父亲李格非是"苏门后四学士"之一，能够成为苏轼的得意门生之一，那自然是很有品位的人。李清照又嫁了个情投意合的人——赵明诚。夫妻二人每天品茗斗诗，玩点金石字画，搞点学术研究，生活高雅有趣得很。可惜这种生活在李清照四十四岁也就是靖康之乱时戛然而止，这一年北宋被金国灭了，两年后赵明诚也因病去世。从此以后三十年左右的时光里，李清照过的就是一种国破家亡的悲惨日子。这首恋情词《凤凰台上忆吹箫》是她前期的作品。

李清照的词主要是通过选本流传下来的，所以几乎每首词都是精品，这首词影响就很大。明朝的词学批评家茅暎在《词的》卷四中就说这首词"自然，无一字不佳"，也就是说这首词没有一个字不好。古典诗词往往是名句多而完篇少，说这首词每个字都好，是非常高的评价。另有一个批评家叫沈际飞，说这首词是"至文"，也就是最好的作品。下面我们就来看看这首恋情离别词为什么好。

词的开篇用两个四字对句营造出凄冷凌乱的环境氛围，映衬出主人公心情之不佳。"香冷金猊"是说香炉里的香料早已燃尽，也没有心情续上。"金猊"指用铜制成的兽型香炉。猊是中国古代神话传说中龙生的九子之一，外貌像狮子，喜烟好坐，所以人们用它的形象制成香炉，焚香时，烟从口出，有吞云吐雾的视觉效果。"被翻红浪"是说起床后也没有心情整理被子，红色被面的被子就那么凌乱地堆在床上，如起伏的红色波浪一样。这两句虽然是写环境，其实已有人在，只不过人还在暗处。接下来三句"起来慵自梳头。任宝奁尘满，日上帘钩"，人物直接出场了，意思是说梳妆盒上布满了灰尘，太阳都升起来照在窗帘上了，她虽然起了床，却不愿意梳妆打扮自己。为什么呢？词人接着告诉我们答案："生怕离怀别苦，多少事、欲说还休。"

原来是即将到来的离别让词人心绪不佳，使她不愿意打扮自己。"多少事、欲说还休"，纵有千言万语，话到嘴边又吞了回去。柳永在《雨霖铃》中说："执手相看泪眼，竟无语凝噎。"无语也好，欲说还休也罢，都说明了心情之复杂焦虑。"新来瘦，非干病酒，不是悲秋"，意思是说最近憔悴消瘦，不是因为酒醉伤身，也不是因为伤春悲秋，而是因为离别。清代著名的词学批评家陈廷焯在《云韶集》中说："上片警策处，'新来瘦'三语，婉转曲折，煞是妙绝，笔致绝佳，余韵尤胜。"对这几句评价很高。

词的下片由别时联想到别后。"休休！这回去也，千万遍阳关，也则难留。""休休"是罢了罢了的意思，表达的是一种比较绝望的情绪。阳关指《阳关曲》，是古曲《阳关三叠》的省称，又称《渭城曲》。因唐代著名诗人王维的《送元二使安西》诗而得名，后入乐府，以为送别之曲，反复诵唱，于是称之为《阳关三叠》。这几句词的意思是说：罢了罢了，丈夫这次离家远行，我就是千万遍地唱《阳关曲》，终究也是留不下来了。丈夫要外出做官，儿女情长只能退居其次，所以说"千万遍阳关，也则难留"。接下来"念武陵人远，烟锁秦楼"两句，用了两个典故。武陵人，用的是刘义庆《幽明录》中的刘晨、阮肇的典故，这个典故讲的是东汉永平年间，刘晨与阮肇去天台山采药，遇两仙女，邀至家中，食胡麻饭，睡前行夫妇之礼，半载返家，子孙已过代。后重返天台山寻访仙女，行迹渺然，已不见踪迹。这里用武陵人借指心爱的人即丈夫赵明诚。秦楼，又称凤楼、凤台。相传春秋时有个人名叫萧史，箫吹得很好，他能吹出凤凰鸣叫的声音来，秦穆公把女儿弄玉嫁给他，并且建了一座凤台让他们居住。后来某一天的傍晚时分，萧史吹箫引来凤凰，夫妇二人乘风而去。所以"武陵人远，烟锁秦楼"既写出了夫妻二人曾经在一起时神仙眷侣般的幸福生活，也写出了人去楼空后的孤独寂寞感。

　　词接下来写道："惟有楼前流水，应念我、终日凝眸。凝眸处，从今又添，一段新愁。"丈夫离开后，有谁知道我会终日凝视远方呢？恐怕只有这楼前的流水看得到吧！他这一走，我人生中又添新愁啊！注意，这里又出现了一个"念"字，和前面那个"念"字的用法是不一样的。"念武陵人远，烟锁秦楼"这个"念"是个领字，这个字一直贯到结尾，都是想象中人去楼空的情景。第二个"念"也就是"应念我、终日凝眸"中的"念"字则是个动词，有知道、了解之意。全词层层推进，逐层转深，将浓挚之爱写得力透纸背，真切感人。

"只有相思无尽处"：宋代的别后相思词

　　或者是离开家庭外出游学，或者是外出参加科举考试，又或者是远赴异地去做官，各种各样的原因都迫使宋代的读书人有时需要远离家乡、远离亲人，奔波于道途之中。当时的交通不像现在这么方便，这一外出，少则几个月多则几年都有可能见不到自己的亲人，他们往往把自己的思念之情通过文学作品特别是用词表达出来，因此，宋代的相思词不仅多，而且写得好。下面我们看一首晏殊的《玉楼春·春恨》[1]：

> 绿杨芳草长亭路，年少抛人容易去。楼头残梦五更钟，
> 花底离愁三月雨。
>
> 无情不似多情苦，一寸还成千万缕。天涯地角有穷时，
> 只有相思无尽处。

中国词史中有两对著名的父子词人，一是南唐的李璟、李煜这对帝王词人，再一对就是北宋前期差不多和柳永同时的晏殊、晏几道父子，其中晏殊做过宰相。

关于晏殊这首《玉楼春·春恨》词有一个故事：晏几道有一次对朋友蒲传正说："先君平日小词虽多，未尝作妇人语也。""先君"即先父，指的是已经去世了的父亲晏殊。"未尝作妇人语也"是什么意思呢？我想借用清代词学家田同之《西圃词说》中的一句话来做说明——"男子而作闺音"，也就是男性文人假托女性的身份、口吻，进行文学创作的文学现象。然后他的朋友说："'绿杨芳草长亭路，年少抛人容易去'，岂非妇人语乎？"意思就是说这两句词难道不是写的男女之情吗？晏几道立马反驳说："老兄你领会错了我父亲词的意思啊！你以为'年少抛人容易去'中的'年少'指的是年轻男女吗？如果按这样理解的话，那白居易的两句诗'欲留年少待富贵，富贵不来年少去'就容易解读了。"晏几道的意思是他父亲这首词中的"年

1　玉楼春：词牌名，又名"木兰花"。

少"指的是青春，父亲的意思是说青春易逝。蒲传正笑了笑没再辩解。记载这则故事的作者不赞同晏几道的辩解，他认为根据全篇的意思判断，晏殊词中的"年少"指的就是男女情事，与白居易诗歌是不同的，晏几道的辩解是错误的。

　　这首词写离别相思之苦。上片写离别之痛。首句"绿杨芳草长亭路"写景，点明离别的季节和地点，"绿杨芳草"正是阳春三月，虽生机勃勃却也是让古代文人无比伤感的时节。长亭我们前面讲过，十里一长亭，五里一短亭，是一个让人可以饯别的地方。暮春时节又是离别，自然让人黯然神伤，所以这一句虽是写景，景中却有情，此古人所谓一切景语皆情语也。次句"年少抛人容易去"，是说年轻的他决然而去，没有一丝留恋之意，这是直抒情怀。接下来的两句"楼头残梦五更钟，花底离愁三月雨"写的是心上人离开后，思妇的思念之苦。"楼头"也就是楼上，她送别心上人回到家，晚上做了个梦，这个梦被五更时分的钟声给惊醒了，所以成了个残梦，一个零乱不全的梦。也许正在梦中和心上人相见呢，没想到却被惊醒了，内心的苦恼可想而知。"花底离愁三月雨"，她听着窗外淅淅沥沥的春雨声，想到那些随雨飘落的美丽花瓣，更添离愁之苦。陈廷焯《白雨斋词话》卷五赞其"婉转缠绵，深情一往，丽而有则，耐人寻味"。

　　下片直抒胸臆。"无情不似多情苦，一寸还成千万缕"中的"无情"指的是上片的"年少"，"多情"指的是思妇，两句词的意思是说对方哪有自己苦啊，我的寸寸柔情化作了千丝万缕，蕴含着千愁万恨。结尾两句"天涯地角有穷时，只有相思无尽处"是用比较的手法突出相思之深、之苦。《蓼园词选》称赞说："末二句总见多情之苦耳。妙在意思忠厚，无怨怼口角。"这首词用白描手法写思妇的相思之情，婉转流利，虽然是代女性立言，却写出了恋爱过程中相思时典型的心理状态。

刚才我们讲了晏殊的一首相思词，下面我们再看一首晏几道的《临江仙》：

> 梦后楼台高锁，酒醒帘幕低垂。去年春恨却来时，落花人独立，微雨燕双飞。
>
> 记得小蘋初见，两重心字罗衣。琵琶弦上说相思，当时明月在，曾照彩云归。

我们先了解一下晏几道这个词人。晏几道出身了得，父亲晏殊、姐夫富弼都官至宰相，还有个姐夫杨察是礼部尚书，在今天属于省部级的官员。名臣范仲淹、欧阳修、韩琦等都出自他父亲的门下。他自幼聪颖过人，遗传了父亲优良的文学基因。按理说，晏几道应该有一个幸福的人生，可他太自我了。他的朋友黄庭坚在《小山词序》中说他为人有"四痴"："仕宦连蹇而不能一傍贵人之门，是一痴也"，所谓"连蹇"意思就是坎坷，这一痴是说他仕途坎坷却不愿意去找达官贵人寻求帮助，当朝达官显宦多为其父门生，晏几道却决不愿意低头示人，这说明他为人非常清高；黄庭坚说他第二痴是"论文自有体，不肯作一新进士语，此又一痴也"，意思是说他文章写得好，却不愿意为了迎合科举考试而写自己不喜欢的文体，这说明他不随流俗；

黄庭坚所说的第三痴是"费资千百万，家人寒饥，而面有孺子之色，此又一痴也"，是说他曾经很有钱，可到后来家人却忍饥挨饿，这说明他不善营生；第四痴是"人百负之而不恨，己信人，终不疑其欺己，此又一痴也"，意思是说无论别人怎么辜负他，他也不记恨别人，并且非常容易相信别人，这说明他为人胸无城府。他不仅痴而且狂，连苏轼去拜访他，他都找理由避而不见。痴狂使他仕途不畅，生活窘迫，但也成就了一个了不起的词人。晏几道和苏轼年龄相仿，二人对词的贡献都很大，晏几道是旧词风的终结者，是宋词小令第一人；苏轼是新词风的开创者，是婉约词风向豪放词风发展的关键人物。

晏几道在《小山词》自序中说："始时，沈十二廉叔、陈十君宠家，有莲、鸿、蘋、云，品清讴娱客。每得一解，即以草授诸儿。"也就是说晏几道有两个名叫沈廉叔、陈君宠的朋友，他们家有四个歌妓，分别叫莲、鸿、蘋、云，晏几道每次写了新的词就让她们演唱。晏几道和这些歌女之间应该是有非常亲近的关系，因为他在词中多次写到她们。这首词就是追忆歌女小蘋、抒发怅惘之情的。晏几道用这几个歌妓的真名入词，这在他之前词中不多见，在他之后因为词人追求典雅更是很少见。有明确而具体的思念对象，使得小山恋情词的情感更显真挚。

首二句"梦后楼台高锁，酒醒帘幕低垂"通过对外景和内景的描写，表现了如今居处的凄凉和人去楼空的落寞，也暗示出昔日的歌舞繁华和共处的欢乐。境界深远寥廓，故康有为赞其"纯是华严境界"（《艺衡馆词选》乙卷引）。"去年春恨却来时"句兜入"恨"字，点明春恨由来已久，承上启下。"落花人独立，微雨燕双飞"两句用古人诗句画出一幅暮春独立怀人图，落花、微雨，春意阑珊，一片迷蒙；人独立、燕双飞，两相对照，倍增怀思。其境凄迷，其情愁苦。谭献《复堂词话》赞此二句为"名句千古，不能有二，所谓柔厚在此"。陈廷焯《白雨斋词话》卷一亦称此二句"既闲婉，又沉着，当时更无敌手"。可是这两句词却是五代翁宏诗歌中的原话，晏几道一字不变地拿过来为己所用了，这种行为我们今天叫剽窃，可是古人却大加赞赏，因为这两句在原作中毫无名气，可被晏几道拿过来为他所用后却大放异彩。过片三句"记得小蘋初见，两重心字罗衣。琵琶弦上说相思"回忆当时初见情景，她穿着绣有双重心字图案的罗衣，弹奏着美妙的琵琶曲调。结尾两句"当时明月在，曾照彩云归"又回到现实。词人因见皓月当空，便又回忆起当年在月下陪伴她回去的情景，而今月依旧，人却不知身处何方，回应篇首，含蓄不尽，感慨无涯。整首词通过四幅画面，逐层表达了作者的思绪起伏和深沉忆念。

有的人是分开得越久想念得越厉害，有的人是刚刚分开就相思难耐，比如张先的《一丛花令》：

伤高怀远几时穷？无物似情浓。离愁正引千丝乱，更东陌，飞絮蒙蒙。嘶骑渐遥，征尘不断，何处认郎踪？

双鸳池沼水溶溶，南北小桡通。梯横画阁黄昏后，又还是，斜月帘栊。沉恨细思，不如桃杏，犹解嫁东风。

　　这首词的作者张先也是个很有故事的人。张先与欧阳修是同榜进士，晏殊为座主。他做过几任州府通判，也就是州府二把手，以都官郎中退休，所以后世称"张都官"或"张郎中"。又因为曾知安陆（今属湖北），故又称"张安陆"。两宋词人中，因词而得外号最多的是张先，他至少有"张三中""张三影""桃杏嫁东风郎中"这样几个外号，这说明他的词名句多。张先也是两宋著名词人中最长寿的词人，人生七十古来稀，像晏殊、欧阳修、王安石、苏轼都只活了六十五六岁，可张先历太宗、真宗、仁宗、英宗、神宗五朝，活了八十九岁，八十五岁还在纳妾。他前半生与老一辈词人晏殊、欧阳修有交往，后半生又和苏轼等过从甚密，既是宋词兴盛局面的开创者之一，又是联系两代词人的纽带。苏轼三十七岁在杭州才开始填词，与张先应该有很大的关系。张先今存词一百七十余调，共用了九十六个词调，平均不到两首就用一个新调，其中不少还是自度曲。论在词调方面的贡献，张先与柳永最大。二人的词集按宫调编排，是传世宋词别集中存唱本面目的仅有的两个集子。张先还率先使用题序，最早用词来唱和，日本著名学者村上哲见先生《唐五代北宋词研究》就认为词中唱和之风，始于张先，所以张先对词的发展是做出了开创性贡献的。

　　词的上片一开篇就用一个反问句"伤高怀远几时穷"来表示肯定之意，起到加强语气的作用，意思是说伤高怀远是无穷无尽的。在古代，登高望远是常有之事，伤高怀远也是常有之情。登高包括登山、登楼、登台、登塔等，古人写了很多登高诗名作，比如杜甫《登高》、陈子昂《登幽州台歌》等。主人公在这里登的是什么呢？我们带着这个疑问先往下读。伤高怀远为什么会没有穷尽呢？次句"无物似情浓"给予了回答：那是因为世界上没有任何事物比真挚的爱情更为浓烈的缘故。这是词人经过多次离别之后，写出的具有普遍意义的人生感慨。接下来就写具体的离别情事了，"离愁正引千丝乱，更东陌，飞絮蒙蒙"正面揭示离别主题，却又用景物描写、侧面烘托的手法来写离情。这几句还用到夸张手法，原本应该是纷乱柳丝、蒙蒙飞絮撩拨起人的离愁，这里却说离愁引得絮飘丝乱，正可见出离愁之深之厚。"嘶骑渐遥，征尘不断，何处认郎踪"揭示愁恨的由来，嘶鸣着的马儿跑远了，只留下一片扬起的征尘，心上人也是早已踪迹全无。

下片继续写登高所见所闻。"双鸳池沼水溶溶，南北小桡通"是俯视所见，池沼里有成双成对的鸳鸯在戏水，河流中有南来北往的小船在穿梭。一切景语皆情语，这里的"双鸳"反衬出女主人公的孤单，来去自由的小船亦可反衬自己与心上人此时的阻隔。"梯横画阁黄昏后，又还是，斜月帘栊"是仰观所见，直承首句"伤高怀远"而来，告诉了我们女主人公所登为楼阁，同时这几句又有个时间的变化，先是黄昏时分，然后是夜晚月光照着帘栊，"又还是"三字意味着主人公无论是黄昏还是夜晚，时光都难遣。正因为极端无聊，女主人公"沉恨细思，不如桃杏，犹解嫁东风"，她想来想去，终于想清楚自己还不如嫁给春风的桃花、杏花呢！真是怨极之语。南宋初的范公偁在《过庭录》记载了这样一则故事："子野郎中《一丛花》词云：'沉恨细思，不如桃杏，犹解嫁东风。'一时盛传，（欧阳）永叔尤爱之，恨未识其人。子野家南地，以故至都谒永叔。阍者以通，永叔倒屣迎之，曰：'此乃桃杏嫁东风郎中。'"也就是说欧阳修一听说张先来拜访自己，急忙出门迎接，以致把鞋子都穿反了。同样的故事在更早的东汉时发生过，蔡邕听说王粲来拜访他，赶紧去迎接，也是急得把鞋子穿反了。欧阳修还给张先取了个雅号"桃杏嫁东风郎中"。欧阳修为什么特别欣赏这几句呢？沈祖棻先生在《宋词赏析》中分析说："欧阳修极其推重这结尾的两句，正是因为它通过这个具体而新奇的比喻，表达了女主人极细微而深刻的心思，揭示了她在寂寞的生活中，有多少自怜自惜、自怨自艾在内。这位女主人对爱情的执着、对青春的珍惜、对幸福的向往、对无聊生活的抗议、对美好事物的追求，通过这一新奇的比喻，一下子都透露出来了。'妙'，就妙在这里。"

"生死两茫茫"：千古深情悼亡词

金代著名文人元好问在《摸鱼儿·雁丘词》中说："问世间，情是何物，直教生死相许？"明代著名戏曲家汤显祖在《牡丹亭·题词》中也说："情之所至，生可以死，死可以复生。生不可以死，死不可以复生者，皆非情之至也。"他们都热情地讴歌世间生死不渝的爱情。中国古代文人一般不愿意将对妻子的爱在文学作品中表达出来，而是深藏心底。只有当夫妻阴阳两隔时，他们才将对妻子深沉的爱诉之于文字，从而创作出许多震撼人心的悼亡名篇来，如诗歌中有西晋著名诗人潘岳的《悼亡诗》三首、唐代著名诗人元稹的《遣悲怀》三首，都是感人肺腑的名篇。其中很多诗句在今天都还颇有影响，如元稹《遣悲怀》中的"诚知此恨人人有，贫贱夫妻百事哀""惟将终夜长开眼，报答平生未展眉"。宋词中则有所谓悼亡"双璧"——苏轼的《江城子》和贺铸的《鹧鸪天》，都是文学史上有名的篇章。

我们先看苏轼这首词。苏轼的原配妻子名叫王弗，两个人结婚时王弗只有十六岁，苏轼也才十九岁。宋朝法律规定的最低结婚年龄为男方不得早于十五岁，女方不得早于十三岁，我们今天的法定结婚年龄是男二十二岁、女二十岁，所以古人比我们今天结婚要早得多。婚后二人伉俪情深，感情非常好。可惜在他们结婚第十一年的时候，年仅二十七岁的王弗在都城汴京因病去世，第二年六月归葬于家乡眉州，也就是今天的四川眉山。王弗去世后，苏轼的父亲苏洵对儿子说："妇从汝于艰难，不可忘也。"（《亡妻王氏墓志铭》）告诫苏轼不要忘了共患难的妻子。苏轼后来果然如父亲所教导的，一辈子都没有忘记结发妻子王弗。宋神宗熙宁八年（1075年）的正月二十日，此时距王弗去世已整整十年，四十岁的苏轼正在密州（今山东省诸城市）任知州，这天夜里，苏轼做了一个梦，梦见了王弗，词人因此而留下了这首脍炙人口的名篇《江城子》。顺便提一句，苏轼一共留存下来三百多首词，就名篇而言，其中有两个地方值得注意，一是黄州（今湖北黄冈），一是密州。在密州，苏轼除了有这首悼亡名篇外，还写过中秋词绝唱《水调歌头·明月几时有》，有人说"中秋词自东坡《水调歌头》一出，余词尽废"，这话当然说得绝对了些，可也能够看出这首词在词史上的地位之高。苏轼在密州还写过豪放词风的开山之作《江城子·密州出猎》，他自己曾得意地说这首词是"自是一家"，是不同于传统词风而具有开创意义的。所以在密州为官的时期是苏轼填词的一个高峰期。

下面我们来看苏轼的这首悼亡词《江城子·乙卯正月二十日夜记梦》：

> 十年生死两茫茫。不思量，自难忘。千里孤坟，无处话凄凉。纵使相逢应不识，尘满面，鬓如霜。
>
> 夜来幽梦忽还乡。小轩窗，正梳妆。相顾无言，惟有泪千行。料得年年肠断处，明月夜，短松冈。

这首词的前面有小序说："乙卯正月二十日夜记梦。"虽然只有短短的十个字，却为我们提供了非常丰富的信息。"乙卯"是宋神宗熙宁八年，苏轼这时四十岁，因与王安石政见不和，自请外放在山东密州做知州，所以"乙卯"两个字告诉了我们这首词的创作时间和地点。"正月二十日"告诉了我们写这首词的具体时间，是乍暖还寒的初春时节。"夜记梦"点明这是一首记梦词。在唐宋词中，梦境是经常被吟咏的对象，也出现了许多名家名作。文人之所以喜欢写梦，是因为现实的缺憾可以在梦中得到弥补。苏轼与王弗在现实中已阴阳两隔十年之久，无法再见，平日里词人久萦于心，思念至切，于是形诸梦寐。

　　词分上下两片。上片写词人对亡妻深沉的思念之情。首句"十年生死两茫茫"语淡而情深，要注意两个数目词的运用，一个是"十年"，点明时间之久；一个是"两茫茫"，是合生者、死者双方而言的，十年来，活着的人和逝去的人两无消息。词人想象去世的妻子也和自己一样在思念着对方，推己及人，可见二人感情之深厚。"不思量，自难忘"是正话反说，也是递进一层表达，不思量都难以忘怀，更何况是无时无刻不思念着呢！前三句从时间上说夫妻二人阴阳两隔时间之长，接下来两句"千里孤坟，无处话凄凉"则从空间上说二者距离之远，想去祭奠倾诉都不可能。苏轼此时在密州做官，也就是今天的山东诸城，距王弗安葬的四川眉州相距近两千公里，所以是千里孤坟。"千里"与"孤坟"又形成数目上多与少的对比，进而创造出一种凄凉冷落的境界。"纵使相逢应不识，尘满面，鬓如霜"三句是说自己宦途奔波，风尘仆仆，头发花白，容颜渐老，假想夫妻即使能够再度相逢，对方恐怕也不认识自己了，这里面有无穷感慨在。

　　日有所思，夜有所梦，正是因为词人在白天里的无穷思量，才导致晚上的梦里相逢，因此词的下片接写梦境。梦，本来是朦胧恍惚的，苏轼在一首诗中就曾说："人似秋鸿来有信，事如春梦了无痕。"春梦醒了也就忘了，不会留下任何痕迹，可苏轼在初春时节做的这个梦却是如此真实、如此清晰。"夜来幽梦忽还乡。小轩窗，正梳妆"，他梦见自己回到了家乡，一下子就看见了爱妻正在窗前梳妆打扮。所谓"士为知己者死，女为悦己者容"，词人没有选择其他的生活细节，而是梳妆打扮这一生活细节，可见当年夫妻共同生活时的温馨甜蜜。好不容易梦中相见，原本应该互诉衷肠，可万千话语，不知从何说起，无穷悲慨，化作倾盆雨。

"料得年年肠断处，明月夜，短松冈。"词的结尾三句写梦醒后的感慨。为什么每次想到亡妻都会肝肠寸断？在那明月照耀之下，长满小松树的山冈上，亡妻的坟墓孤置于天地之中，其情何堪？苏轼在此所营造的凄冷之境，对南宋姜夔词的"冷境"当有所影响。有的鉴赏家认为此三句乃生者为死者设想之辞：她为什么伤心落泪呢？想必是在那故乡的短松岗上，孤坟一座，月明之夜，倍感凄凉吧！此解亦可通。

这首词是唐宋词中最早写夫妻间真挚爱情的名篇，之前写女性的词多半是写歌妓，词人也多以谑浪游戏之笔出之，这首词可以说把写女性的词的品格大大提升了一步。

下面我们再来看贺铸的悼亡名篇《鹧鸪天》：

> 重过阊门万事非，同来何事不同归？梧桐半死清霜后，头白鸳鸯失伴飞。
>
> 原上草，露初晞，旧栖新垅两依依。空床卧听南窗雨，谁复挑灯夜补衣？

苏轼的《江城子》是妻子去世多年后的悼亡之作，贺铸的《鹧鸪天》写的则是妻子刚刚去世后的悲痛。一杯是陈酿，一杯是新酒，同等醉人。

贺铸出身贵族，是宋太祖贺皇后的族孙，所娶也是宗室之女，所以他的夫人姓赵。赵夫人勤劳贤惠，贺铸《庆湖遗老诗集》卷二载有《问内》一诗，"内"指内人，也就是妻子，这首诗也就是写他问妻子一个问题，然后妻子回答这样一件小事。因为这首诗对我们理解贺铸的悼亡词很有帮助，所以下面先简单介绍一下这首《问内》诗。全诗是这样的：

> 庚伏厌蒸暑，细君弄针缕。
> 乌绨百结裘，茹茧加弥补。
> 劳问汝何为，经营特先期。
> 妇功乃我职，一日安敢堕。
> 尝闻古俚语，君子毋见嗤。
> 瘿女将有行，始求燃艾医。
> 须衣待僵冻，何异斯人痴。
> 蕉葛此时好，冰霜非所宜。

这首诗的前四句为第一个部分，写的是妻子正缝补衣服。"庚伏"就是三伏，是一年中最热的时候，"细君"指妻子，所以一、二句"庚伏厌蒸暑，细君弄针缕"是说在一个天气闷热得可怕的三伏天里，妻子正在穿针引线。第三、四句"乌绨百结裘，茹茧加弥补"是说又黑又厚的衣服上本来已经打满了补丁，妻子还在上面缝补。诗人平实道来，却无意中告诉了我们他的妻子非常勤俭，也非常会生活。这么热的天，她却在缝补着冬天里才穿的又黑又厚的衣服。另外，这也从侧面告诉我们贺铸的仕途不得意，不然也不会穿这种补丁加补丁的衣服。诗歌接下来的两句"劳问汝何为,经营特先期"是诗人问妻子,为何这么早就缝补冬衣啊?后面全部内容都是他妻子的回答。她说:"妇功乃我职,一日安敢堕。"古代要求妇女要讲三从四德,所谓四德就是妇德、妇言、妇容、妇功,其中的妇功指的就是纺织、刺绣、缝纫等家务事。所以赵夫人说缝补本来就是我的职责,我是一天也不敢松懈。就像过去有个患大脖子病的女孩,要出嫁了才想起去求医,我们如果等到冬天来了再准备冬衣,那不和这个女孩子一样痴吗?所以这首诗写的是一件非常小的事,这也是宋诗的一个特点,唐代诗人不像宋人,日常生活琐事很少写进诗歌里,宋人是大事入诗,小事也入诗。所以贺铸这首诗写的是赵夫人冒着酷暑为他缝补冬衣的情景,所谓"贫贱夫妻百事哀",正因为共患难过,赵夫人去世后才更可见贺铸内心的伤痛,这也正是我们讲他这首悼亡词之前要先讲他的《问内》诗的原因。

接着来看这首《鹧鸪天》词。讲之前我先介绍一下贺铸与苏州的关系。贺铸一生曾两次到苏州居住,一次是因母亲去世到苏州守丧三年,期间他的妻子赵夫人去世。第二次是他晚年辞官不做之后又一次住到苏州来。上片起二句"重过阊门万事非,同来何事不同归"一开篇即下重语,用一个反问句加强语气。"阊门"指苏州城西门,词人在经过苏州城门的时候,感觉什么都不一样了,非常悲凉地暗自发问:当年你和我一起来到这里,现在为什么不和我一起回去呢?有的学者认为这首词是贺铸第二次回到苏州时所写,其实从字面意思上理解,我认为是贺铸第一次离开苏州时所写。从"万事非"三个字可以看出妻子去世给他带来的巨大打击。接着两句"梧桐半死清霜后，头白鸳鸯失伴飞"化用了唐代诗人孟郊的一首诗《烈女操》中的两句话："梧桐相待老，鸳鸯会双死。"传说梧为雄树，桐为雌树，它们会同生共死，所以说"梧桐相待老"。鸳鸯又称匹鸟。西晋时有个叫崔豹的人写了部书叫《古今注》，里面有句话是这样说的："鸳鸯，水鸟，凫类也。雌雄未尝相离，人得其一，则一思而至死，故曰匹鸟。"所以孟郊诗说"鸳鸯会双死"。贺铸在这里用梧桐树、鸳鸯鸟比拟自己和妻子的关系，说出了自己和妻子爱情之真挚深厚，又用梧桐的半死、鸳鸯的失伴来比拟自己的丧偶，暗含有自己因独活于世而对妻子的愧疚之情。

下片头两句"原上草，露初晞"是说他妻子坟墓周围的草刚刚被太阳晒干，"晞"是晒干的意思。这两句化用的是汉乐府民歌《薤露》两句诗："薤上露，何易晞！"《薤露》是一首追悼死者的哀歌，所以贺铸化用在这里就非常贴切。接着一句"旧栖新垅两依依"，"旧栖"，指他和妻子一起住了三年的房子，"新垅"指妻子的新坟，我即将离开苏州，这是最让我依恋不舍的两个地方啊！结尾两句"空床卧听南窗雨，谁复挑灯夜补衣"最为沉痛，也最为感人。"空床卧听南窗雨"让我们想起元稹《遣悲怀》中的两句诗："惟将终夜长开眼，报答平生未展眉。"他躺在床上，辗转难眠，听着窗外淅淅沥沥的雨声，不禁悲从中来：自己深爱的妻子去世了，今后还有谁为我挑灯补衣呢？这就与我们前面讲的那首《问内》诗联系起来了，他从妻子平时做的点点滴滴的事情中，选了一个最典型的场面——

挑灯夜补衣来写，表达了自己内心的无比悲痛和深切地怀念之情。这首词和苏轼的《江城子》是两首感人肺腑的悼亡名作，就感情的真挚程度而言，它们可能是宋词特别是宋代恋情词中的典范。

谭新红

《红楼梦》与爱恨

导　语

　　《红楼梦》是中国古典小说的巅峰之作，我要讲的关键词是"爱恨"。爱，好理解；恨，不是仇恨，而是遗恨、遗憾。

　　余英时先生曾经写过一本有名的书，叫《红楼梦的两个世界》。他说，在《红楼梦》当中，有大观园内的世界，也有大观园外的世界；大观园内的世界是一个乌托邦的世界、理想的世界，大观园外的世界是一个现实的世界。

　　我也想从两个世界的角度来讲爱恨。

　　一个是《红楼梦》外的世界。历来读者对《红楼梦》的接受和理解各不相同，有人痴迷《红楼梦》，百读不厌，这是一种爱，有人则对《红楼梦》提不起兴趣。广西师范大学出版社曾经做过一个调查，统计"死活读不下去排行榜"，其中《红楼梦》高居榜首，这也是一种遗憾。这一组，可算是《红楼梦》外的爱和恨；还有一个是《红楼梦》内部的爱和恨。小说里面所写的爱是什么？恨是什么？这里的爱恨和社会观念有什么联系？我想把《红楼梦》里的爱恨，放置在社会背景当中做些分析。接下来，将从五个方面来谈《红楼梦》与爱恨。

红迷与红学：开谈不说《红楼梦》，读尽诗书也枉然

《红楼梦》在中国社会有非常大的影响力，有很多痴迷于《红楼梦》的普通读者，也有很多痴迷于《红楼梦》的研究者。我们可以通过几桩小事，来感受一下《红楼梦》在中国社会的影响力。

第一个例证，是《红楼梦》有很多的续书，也有很多形式的改编。早在《红楼梦》成书之际，就有很多读者对这部小说的结局不太满意。有些作家就重新改写、续写故事情节，前前后后大概出了几十种《红楼梦》的续书，比如《红楼圆梦》《红楼复梦》《红楼幻梦》，或者《续红楼梦》《后红楼梦》《红楼真梦》，等等。这些续书往往对原著当中的人物结局做了一些改变，比如说有人在续书里面写宝玉后来娶了黛玉，满足了一部分读者的心愿；也有的续书里面写宝玉把黛玉和宝钗两个人都娶回来了，这也满足了一部分读者的心愿。不单单是有续书，20世纪以来，无论是戏曲还是影视剧都有对《红楼梦》的改编，有很多作品是我们大家都比较熟悉的。像电视剧《红楼梦》就有好几个版本，每一个版本出来以后都能够引起比较大的社会关注。尤其是1987年版的电视剧《红楼梦》，已经成为经典之作。我们现在说起林黛玉，很多人会想起陈晓旭扮演的模样；说起贾宝玉，就会想起欧阳奋强扮演的模样。这也是《红楼梦》

在当代社会具有持久影响力的一个例证。

第二个例证，是关于学术界对曹雪芹的一个判断。我们都知道曹雪芹很会写诗，在《红楼梦》里他给很多人物都拟写了很多的作品，他代贾宝玉写诗，代林黛玉写诗，小说里面人物的诗都是他代写的。但是除了《红楼梦》之外，曹雪芹自己有没有诗作留下来呢？我们好像没有见到过。其实除了《红楼梦》里代小说人物写的诗，曹雪芹自己还是留下了两句诗的。曹雪芹的一个朋友敦诚，写过一部书《鹪鹩庵笔麈》。这是一部笔记，在笔记里面他记载了一段话，大致的意思是，我曾经写过一部戏，叫《琵琶行传奇》。就是把白居易的《琵琶行》这首长诗改编成了一部戏，把一首诗改编成一个故事。结果这部戏写出来以后，收到了不少朋友的热情反馈。

敦诚在笔记里说，曹雪芹也作诗称赞了他。曹雪芹的评价应该是一首七言律诗，总共有八句。敦诚只记下了其中的两句："白傅诗灵应喜甚，定教蛮素鬼排场。"敦诚说这两句写得很好，"新奇可诵"。这两句诗是什么意思呢？白傅就是白居易，他晚年做过太子少傅，所以人称白傅。蛮素，是白居易的两个能歌善舞的侍妾。这两句诗说的是白居易若在天之灵看到这部戏，他一定很开心，会让小蛮和樊素也来演出一番《琵琶行》。敦诚在笔记里面还说，曹雪芹平时写的诗都是这个风格。只可惜他人生不顺，最后"坎坷以终"。这就是敦诚在笔记里面提供的一点信息。

直到 1971 年，突然发生了转机。这一年冬天，红学家吴恩裕先生收到了另一位红学家周汝昌先生的一封信，信里周汝昌抄录了曹雪芹的一首佚诗。这首诗一共有八句："唾壶崩剥慨当慷，月荻江枫满画堂。红粉真堪传栩栩，渌樽那斳感茫茫。西轩鼓板（也作"歌板"）心犹壮，北浦琵琶韵未荒。白傅诗灵应喜甚，定教蛮素鬼排场。"原来"白傅诗灵应喜甚，定教蛮素鬼排场"就是敦诚笔记里面记录的那两句。现在周汝昌给吴恩裕信中所公布的这首诗，貌似是曹雪芹的原作。这可是一个重大的发现！不过周汝昌也说，这首诗的来历并不清楚，是不是很可靠，也说不清楚。

吴恩裕老先生认为这是一个特别重要的学术信息，他再次向周汝昌询问这首诗的来历。周汝昌回信说诗是别人送过来的，抄在一张纸上，无头无尾，托人送到的。我当时不在家，送的人也没留下别的话。我也一直想要去找这个奇人，这个人太了不起了。只是没有找到这个奇人，我也不敢独自占有这首诗，现在我把它分享给你，你也别跟别人说，我们两人知道就行了。但是，信息的传播往往是超出人为控制的。一件事情，只要多一个人知道，那就有可能扩散开去。后来吴恩裕有三位学者朋友，他们到吴恩裕家里做客，在吴恩裕的书桌上发现了这首诗，感到很惊讶。吴恩裕说，我实话实说吧，这是周汝昌抄给我的，他还跟我约定了，说这首诗就我和他知道。但是现在既然你们三位都知道了，那我们五个人知道就行了，不要再传出去了。

但是曹雪芹佚诗的魅力实在是势不可挡，很快在公开出版物上面就见到了这首诗。曹雪芹的作品，时隔两百年重见天日，很多人都非常兴奋，无论是学者还是"红迷"：终于在《红楼梦》之外读到了曹雪芹的完整作品，尽管只是一首律诗，只有八句，只有五十六个字，那也非常有意义！

随后，有不少学者花了很大的力气来研究这首诗。吴世昌、徐恭时从这首诗的思想性、艺术性，以及韵律、技巧等方面加以考查，认为这是曹雪芹的原作。更重要的是，这首诗是思想性和艺术性的高度统一，是优秀诗歌的典范。我们将来如果还能发现曹雪芹的作品，就可以以这首诗作为标准，来判断其他新发现的作品是不是曹雪芹的。但是与此同时，也有一些红学家怀疑这首诗来历不明。我们想想，若要了解这首诗的真相，最关键的人物是谁？当然就是周汝昌了。是他把这首诗流传出来的，最可靠的信息还得要周汝昌出来说。但周先生沉默了好多年，也没有说这首诗到底怎么来的。不过他在1976年增订出版的《红楼梦新证》里却说这首诗是"时人拟补"，意思就是诗是当代人写的，这话让很多人摸不着头脑。周先生之前说不知道诗的来历，现在怎么知道这是"时人拟补"的？如果知道是"时人拟补"的，那"时人"又是谁？为什么不明确说出来？

越来越多的红学家开始怀疑这诗不靠谱。到了1979年的时候，周汝昌先生终于站出来了，他说这首诗其实不是曹雪芹的，是他自己写着玩的，而且写的水平也不行，"内容空泛"，"风格不对"。他想跟朋友分享一下，考一考朋友的眼力如何，没想到后来就这么传播出去了。

这个事情背后的是是非非，我们不去管它。从这个事情我们倒是可以感受到一个事实，就是《红楼梦》特别容易引起关注。从来没有哪一个作家、哪一部作品，能够让我们对零星的文献资料，对几十个字的信息有如此的关注。可以说，《红楼梦》有极大的魅力，甚至是一种魔力，让很多的学者、读者非常痴迷。这就是"开谈不说《红楼梦》，读尽诗书也枉然"，《红楼梦》特别容易触动中国人的兴奋点。

《红楼梦》迷雾："都云作者痴，谁解其中味"

《红楼梦》有很多的迷雾，比如说它的作者，一般认为是曹雪芹。可是曹雪芹是一个什么样的人，有什么样的事迹？我们知道的很少。我们只是从某些笔记的零星记载中知道，曹雪芹身材比较胖，头也比较大，肤色有点黑。笔记里还说，曹雪芹很能聊天，听他讲故事，"终日不倦"。我们可以想象一下，跟这样的人交朋友，一定是很快乐的事情吧。

同时也有很多人认为，《红楼梦》的作者可能不是曹雪芹。比如有人说，《红楼梦》的作者可能是冒辟疆。冒辟疆是明末清初的一个名士，一个才子。他是江苏如皋人，在如皋的家里他有东府和西府，还有一个水绘园。这是不是和《红楼梦》里的宁国府、荣国府、大观园很像？冒辟疆的爱妾董小宛，多愁善感，才华出众，又来自苏州，这是不是和林黛玉很像？还有人说《红楼梦》的作者可能是顾景星。顾景星是明末清初湖北蕲春人。《红楼梦》里面有很多的方言，据说可能是蕲春一带的。再比如说，司棋和迎春，她俩的名字组合在一起叫"棋春"，是不是和蕲春读音一样？顾景星的乳名叫"仙玉"，这是不是跟宝玉很像？顾景星自称"潇湘客"，而林黛玉号潇湘妃子，这之间是不是有些关联？诸如此类的一些说法并没有得到学术界的公认。

所以关于《红楼梦》的作者是谁，其实是一个比较有争议的棘手的问题。我们只能够采取一个比较折中的说法，说它的作者是曹雪芹。

再有一点，与作者问题相关，《红楼梦》的版本也很复杂。我们通常阅读的《红楼梦》，比较常见的可能是人民文学出版社的《红楼梦》，封面题签是沈尹默先生手书。那么人民文学出版社的《红楼梦》，底本是怎么来的？我们可以大致梳理一下。

《红楼梦》在早期的创作阶段，是作者一边写，一边就有朋友把它传抄出去，所以《红楼梦》早期是以抄本的形式在社会上流传的。到了乾隆五十六年，也就是1791年，有一个叫程伟元的书商和高鹗合作出版了《红楼梦》。这是《红楼梦》的第一部刊本，是正式的出版物。到了1792年，他们又对前一年的版本做了一些改动。1791年的本子叫作程甲本，1792年的本子叫作程乙本。这两个版本的特点是一百二十回，没有批注，没有评点。这两个版本出来以后，市面上流传的《红楼梦》，基本上就是这两个本子了。

到了20世纪，情况发生了一些变化，有一些新的本子被发现了。20世纪关于《红楼梦》版本的发现，有几个时间节点很重要。

一个是1927年。这一年，胡适得到了一个本子，这个本子名叫《脂砚斋重评石头记》。当时胡适听说有人要转让这个本子给他，他一开始还没当回事，可是等到亲眼见到这个本子的时候，他大吃一惊，觉得这是海内最古的《石头记》的抄本，于是花重金把这个本子买了下来。据说1948年国民政府的飞机载胡适从北平南下，匆忙之间，胡适带走的书只有两种，一是他先父的遗稿，二是《石头记》的抄本。这个本子后来收藏在美国康奈尔大学图书馆，到2005年被上海博物馆重金购回。这个抄本其实不完整，总共只有十六回。就是第一回至第八回、第十三回至第十六回、第二十五回至第二十八回，就这十六回，当中还有不少书页残缺。我们通常把这个本子称之为甲戌本，因为上面有评点、有批注，其中有"脂砚斋甲戌抄阅再评"的字样。甲戌是乾隆十九年，1754年。甲戌本也就是1754年的时候，脂砚斋抄写和评点的《石头记》。胡适为什么如此看重甲戌本？因为这是最接近曹雪芹原稿的本子。除了年代最早，这个本子的重要之处还在于它有很多脂砚斋的批语。比如第一回，"满纸荒唐言，一把辛酸泪。都云作者痴，谁解其中味"，这首诗的上方就有脂砚斋的批语，说"能解者方有辛酸之泪，哭成此书。壬午除夕，书未成，芹为泪尽而逝"。这一条批语的信息量非常大。之前大家都在查找曹雪芹的生卒年月，但都没有一个可靠的信息。现在甲戌本上面有脂砚斋的批注，说了"壬午除夕，书未成，芹为泪尽而逝"，就是乾隆二十七年壬午年的除夕，书还没写完，曹雪芹就去世了。虽然红学家对这条批注有很多不同的理解，但必须承认，这是一条很重要的信息。再比如，我们都知道《红楼梦》里面人物的名字与作品的寓意之间有一些关联。比如贾府的四个女孩，元春、迎春、探春、惜春，她们有一个谐音的意思，叫作"原应叹息"。这个意思我们怎么知道的呢？是甲戌本的批语透露出来的。可见这个本子很重要。

还有一个重要的时间点是1933年。这一年，又有一个本子被发现了，就是庚辰本，它的标题也叫《脂砚斋重评石头记》。因为第五册至第八册的封面书名下，标注了"庚辰秋月定本"或"庚辰秋定本"，所以我们把它命名为庚辰本。庚辰是乾隆二十五年，1760年。这是曹雪芹在世的时候脂砚斋批注过的本子，可以想见它的重要性。庚辰本比起甲戌本，它的部头要大很多。它有七十八回，前八十回基本保全，只缺了六十四、六十七这两回。这个本子后来被北京大学图书馆收藏。庚辰本的重要之处有很多。譬如，书里有一些信息让我们知道，这是曹雪芹活着的时候还没定稿的本子。举个例子，第七十五回中秋节，贾府举办家宴，大家玩的是击鼓传花的游戏。花停到谁的手里，谁就饮酒一杯，并讲个笑话。结果传到宝玉这儿来的时候，宝玉因为他父亲在场，不敢讲笑话。父亲限一个"秋"字，让其作诗，宝玉作了首诗呈给贾政看，贾政看了，点头不语。后在贾母的说和下，贾政奖励了宝玉两把扇子。贾兰看见宝玉受到了奖励，也写了一首诗递给贾政看，贾政看了以后也很高兴。那么宝玉和贾兰写了什么诗呢，小说里面没有写下来，而脂砚斋在旁边批了一句话："缺中秋诗，俟雪芹。"什么意思呢？就是说中秋诗暂时先空在这儿，曹雪芹后面要把它补上来。这就很符合创作的规律：写小说的时候，总是先写故事情节，具体的人物写了什么诗，后面再给他补上去。这说明庚辰本是曹雪芹活着的时候，还没有定稿的一个本子，它的重要性不言而喻。

当然 20 世纪还出现了很多带有脂砚斋等人批语的抄本。大量抄本、批点本的出现，极大地丰富了我们对这部小说的理解，也推动了红学的发展。可以说 20 世纪以来，所谓新红学的发展，是与抄本、批点本的不断发现有极大关联的。

回到前面的话题，现在通行的人民文学出版社的《红楼梦》，前八十回主要是以庚辰本为底本，再加上甲戌本等补配起来的。八十回以后的部分，就以程甲本和程乙本为底本综合校订。所以《红楼梦》的版本，它的复杂性就是有刊本，也有抄本，有完整的一百二十回的本子，也有八十回之前的那些回数不一样的各种本子。

《红楼梦》还有一个比较特别的地方，就是它有脂砚斋这样一个特殊的评点者。我们一般看小说，比如说看《三国演义》有毛宗岗的评点，看《水浒传》有金圣叹的评点，看《金瓶梅》有张竹坡的评点，这些评点者跟小说的关系，其实跟我们普通人和小说的关系没有实质的区别，都是一个读者记录的阅读感受。但是脂砚斋就不一样了。他／她好像跟曹雪芹很熟悉，对于小说背后的故事好像了解很多。而且《红楼梦》在第一回有一个暗示，就是说书里面写的都是假语存言，所以就有一个人叫贾雨村；而真正的事情被隐藏掉了，所以有一个人叫甄士隐。小说这么一说，会让很多读者觉得好奇：小说真实的故事是什么呢？有一个关键人物，就是跟曹雪芹关系很密切的脂砚斋。他／她提供了很多有参考价值的信息。比如在小说的评点当中，脂砚斋经常给我们一个暗示：事情是我亲身经历过的，这个事情就是真事。比如第十七回，宝玉带着奶娘、小厮们，一溜烟从园子里出来。庚辰本侧批："形容余幼年往事。"第二十二回，宝钗过生日，众人点戏，庚辰本眉批："凤姐点戏，脂砚执笔事，今知者寥寥矣，不怨夫！"如今知道这事的人已经很少了！第六十三回，写贾蓉与丫鬟胡调，丫鬟说"知道的说是顽，不知道的人……"庚辰本夹批："此语余亦亲闻者，非编有也。"脂砚斋似乎暗示，要知道《红楼梦》的真故事，脂砚斋是一把钥匙。有了这样的暗示，我们不得不对脂砚斋这个人重视起来。就像我们看鲁迅的小说《伤逝》一样，一般的读者看《伤逝》，都说这是关于男女恋爱的题材，是鲁迅唯一的爱情小说。可是周作人看《伤逝》，就跟我们不一样。他说《伤逝》这篇小说，是鲁迅借男女关系的断绝，来隐喻兄弟关系的中断。周作人的解读对不对呢？很难说。但他的解读特别值得我们重视，这是没有疑义的。脂砚斋也是如此。

《红楼梦》八十回以后是散佚了的，程伟元和高鹗他们补配的本子，很多人都不相信、不满意，所以就想探寻八十回以后真正的故事是什么。怎么探寻？可以从八十回之前的一些暗示来探寻。比如说第五回，写到了一些女子的判词，用诗谶的形式暗示了人物的结局。拿巧姐来说，她的判词是："势败休云贵，家亡莫论亲。偶因济刘氏，巧得遇恩人。"这大概就是指，巧姐在家道败落之后，是刘姥姥救了她。所以根据这些暗示，大致可以猜出人物最后的结局是怎样的。还有就是根据脂砚斋的提示，可以了解人物的命运。比如第二十二回，写元宵节那天，探春制作了一个灯谜："阶下儿童仰面时，清明妆点最堪宜。游丝一断浑无力，莫向东风怨别离。"谜底很容易猜，是风筝。脂砚斋在这里的批语是："此探春远适之谶也。使此人不远去，将来事败，诸子孙不致流散也，悲哉，伤哉！"意思是，探春将来要远嫁的。探春要是不远嫁，她一定会团结贾家人渡过难关，不至于"树倒猢狲散"。灯谜的暗示和脂砚斋的提示，让我们得以知道探春的大致结局。

所以《红楼梦》的阅读，有两种独特的方式：一种是索隐，探寻文字背后被隐藏的真故事是什么；还有一种是探佚，探寻八十回以后曹雪芹要写什么，和现在所能见到的后四十回可能有不少区别。无论是红学家还是红迷，对索隐和探佚都很感兴趣，这是两大热点问题。

不过主流的红学界对索隐和探佚，尤其是索隐不太看好。因为索隐的方法，往往不太科学，牵强附会比较多。举例来说，蔡元培不仅是教育家，做过北京大学校长，他还是红学家，写过一本书，叫《石头记索隐》。他为《红楼梦》里的很多人物都找到了原型。例如，刘姥姥是谁呢？是汤斌，清代初期的一个大臣。证据是什么呢？汤斌很清廉，死的时候只剩八两银子。幸好有人捐了二十两银子，他才得以安葬。这里一个八两银子，一个二十两银子，在《红楼梦》里也出现了。第六回，凤姐给了刘姥姥二十两银子；第四十二回，凤姐又给了刘姥姥八两银子。你看，这是不是跟汤斌的事情对上了？可是，这里总是让人感觉不对劲。就靠这一个八两银子，一个二十两银子，能把刘姥姥和汤斌联系起来？胡适就给蔡元培的索隐泼了冷水，他说："这八两有了下落了，那二十两也有了下落了；但第四十二回王夫人还送了刘姥姥两包银子，每包五十两，共是一百两；

这一百两可就没有下落了！因为汤斌一生的事实没有一件可恰合这一百两银子的，所以这一百两虽然比那二十八两更重要，到底没有'索隐'的价值！"

胡适的质疑是有道理的，索隐常常不靠谱。但是，我们也要理解。为什么读《三国演义》，读《水浒传》，读《西游记》，大家不会去索隐，偏偏读《红楼梦》就想着索隐？这是因为《红楼梦》本身确实有很多让人迷惑的地方，什么甄士隐（真事隐）、贾雨村（假语存），真真假假，很难说清楚。"都云作者痴，谁解其中味"，比起其他小说名著，《红楼梦》的迷雾要大很多，厚很多。

《红楼梦》之爱："开辟鸿蒙，谁为情种"

《红楼梦》是一部写爱的小说，书中的爱可以说是古典小说里最深情的。

这里说的爱，既包括爱情，也包括各种宽泛意义上的爱，比如对亲人的爱，对他人的爱。但因为爱这个话题涉及面太广了，我们暂且把它限定为男女之爱，以及对于女性的关爱。马克思曾经说过，"人和人之间的直接的、自然的、必然的关系是男女之间的关系"，"从这种关系就可以判断人的整个教养程度"。恩格斯也曾称赞过傅立叶的名言："在任何社会中，妇女解放的程度是衡量普遍解放的天然尺度。"所以我们做这样的限定，应该是能够从爱这个话题中看出一些文化价值的。

我们先看一看其他小说名著是怎么描写爱的。比如《三国演义》，它对于女性其实没有多少关注，对于男女之爱也没有什么兴趣。小说里面有一个女孩子叫貂蝉，年方二八，有才有貌。这样的女孩，如果是在《红楼梦》当中的话，她的戏份可能会比较多，贾宝玉很有可能会特别喜欢她。但是在《三国演义》里面，她只要完成王允交代的政治任务就可以了。她周旋于吕布和董卓之间，最终让吕布杀了董卓。这个政治任务一旦完成，貂蝉就没有存在的价值了。她最后下落如何？《三国演义》里面竟然没有写到。在吕布死了以后，曹操把吕布的妻女送到许都。评点家毛宗岗忍不住问了一句："未识貂蝉亦在其中否？自此之后，不复知貂蝉下落矣。"貂蝉也在其中吗？作为一个普通读者，毛宗岗很关心貂蝉的命运。后来中央电视台制作的电视剧《三国演义》，给貂蝉安排了一个结局——让她乘车远去，还给她配了一支曲子："貂蝉已随着那清风去，化作了一片白云……"毛宗岗的关心，电视剧的设计，都有一种柔软的关爱在里头。而这种柔软的关爱，在《三国演义》中是很稀有的。

《水浒传》也是如此。一百零八个好汉中虽然也有三位女性，一丈青扈三娘、母大虫顾大嫂、母夜叉孙二娘，但她们其实已经男性化了。而好汉之所以成为好汉，有一个基本原则，就是不近女色。如果哪个好汉对女人感兴趣，那是会被人笑话的。宋江就说过，但凡好汉犯了"溜骨髓"三个字，好生惹人耻笑。所以你看梁山的头领，晁盖虽然身强力壮，但是坚决单身，不娶老婆，终日只是"打熬筋骨"；宋江只爱学使枪棒，"于女色上不十分要紧"。头领如此，众好汉大多也是这个品性。

比较例外的有个王矮虎，喜欢女色，大家都瞧不起他。《水浒传》的一个价值取向就是，好汉不能和女性走得太近。所以好汉们的共性，就是对女性没什么兴趣。

到了《西游记》里面，男女关系往往成了被调侃的对象。猪八戒对异性比较感兴趣，在"四圣试禅心"那一回，他急着要找对象，结果出了大洋相。西行的路上，他念念不忘高老庄，有比较重的家庭情结。这样的表现，在佛门团队当中是很滑稽的。反之，孙悟空对男女之事没有兴趣。有一次孙悟空变成牛魔王，去向铁扇公主借芭蕉扇。铁扇公主看见丈夫回来了，就倒酒给他喝，拿果子给他吃。孙悟空为了不露出破绽，只好假意奉承，做了一些只有丈夫才应该做的表情和动作。这里面其实就是一个喜剧效果而已。而唐僧在女儿国，不为女王的美色所动，一心向佛。倒是后来的电视剧"自作多情"，加了不少戏。女王要唐僧睁开眼睛看看她，唐僧则说："贫僧已许身佛门，并与大唐天子有诺在先，还望陛下放贫僧西去，来世若有缘分……"这时，女王说了一句："我只想今生，不想来世。"这话让很多观众很感动。还有那插曲《女儿情》里唱的，"说什么王权富贵，怕什么戒律清规，只愿天长地久，与我意中人儿紧相随"，简直就是爱的宣言。只不过，这是后人想象和添加的，和《西游记》原著没有关系。

我们可以看到，古代的小说名著，对于男女关系，对于女性人物，要么是不太在意，要么有不少调侃的意味。倒是《金瓶梅》花了很多笔墨来写男女关系，写女性人物，它与《三国演义》《水浒传》《西游记》并称为明代"四大奇书"。《金瓶梅》

里的爱，主要是性爱。《金瓶梅》从性爱出发来理解人生和社会，理解欲望和死亡，这样的角度和立场，和另外三部"奇书"是很不一样的。

不过我们现在提得比较多的，不是"四大奇书"，而是"四大名著"，《红楼梦》取代了《金瓶梅》。为什么能够取代？单从写爱的角度讲，《红楼梦》中的爱超越了之前的几部名著，它写出了爱的丰富性。

《红楼梦》中的爱，有几个层次。

第一个层次的爱是仁爱。仁爱是儒家伦理的一个基础。儒家是提倡爱的，同时儒家也认为，爱的对象是有区别的，在儒家看来，人与人之间的关系仿照血缘有亲疏远近的区别。这叫作"爱有差等"。我们讲宝黛爱情，可能很多朋友会觉得，他们爱得很深，林黛玉在贾宝玉心中当然是要排在第一位的。爱情至上嘛，很多爱情题材的故事都是这样。但其实我们看看《红楼梦》，林黛玉在宝玉心中的地位只能排第四。在小说第二十八回，贾宝玉对林黛玉说，其实我心里有些事情很难说出口，但是你将来会明白的。除了老太太、老爷、太太这三个人，第四个就是妹妹你了，如果有第五个人的话，我就发个誓。宝玉明确地告诉黛玉，你在我心里是排第四的。有的朋友可能觉得奇怪了，黛玉应该排第一啊，她怎么只排第四呢？更关键的是，黛玉竟然不生气。她是那么容易生气的女孩，一点小事就可能会引发她的情绪，但是今天听了宝玉这话，她一点儿也不生气。这就是仁爱的观念，它建立在血缘和亲情的基础之上。祖母，父亲，母亲，这样的关系当然是排在恋爱对象之前的，这里没有爱情至上。我们现代人可能会问："我和你妈同时掉进河里，你先救谁？"林黛玉是绝对提不出这样的问题的，在她看来，这个问题一定是既蠢又坏。我们有的年轻朋友，谈恋爱的时候头脑发热，好像如果失去了这个恋人，天都塌下来了，要寻死觅活，甚至还觉得，我这样的爱和《红楼梦》里的爱是一样的。其实不一样，是你没有理解《红楼梦》。你的父母、你的祖父母，对你来讲是更重要的。男女之爱，它不可以超过血缘和亲情的关系，这是儒家的观念，也是宝玉和黛玉的观念。所以宝玉后来去考举人，他给王夫人跪下来，磕了三个响头，满眼流泪。为什么要磕头？因为他觉得，母亲养了他一生，没有什么好报答的，只有这一次去参加考试，中个举人回来让母亲高兴，就算完成一辈子的事情了。宝玉虽然厌恶八股文，对科举考试没有兴趣，但他还是去考，因为他把人生当中需要尽到的一份责任，要完成的一个任务，放在很重要的位置。

《红楼梦》的第一百二十回，那天贾政在船上，忽然看见船头有一个人，站在雪地里，光着头，赤着脚，身上披着一领大红猩猩毡的斗篷，向贾政倒身下拜。贾政还没看清，准备问是谁，那人已经拜了四拜。贾政迎面一看，不是别人，却是宝玉。宝玉还没说话，那一僧一道就夹住他，三个人飘然登岸而去。宝玉出家去了，临走前为什么要给贾政磕头？这源于他内心的仁爱观念。血缘亲情极其重要，无可取代，这是第一个层次。

第二个层次的爱是博爱。博爱与墨家的兼爱有相通之处。墨家认为，爱应该不分亲疏远近。所以兼爱与博爱有些相近，都强调爱的普遍意义。比如说宝玉看见一个女孩龄官冒着雨在地上写一个字——"蔷"（贾蔷是龄官的心上人），随之就想，看女孩的模样这般单薄，心里不知道受着怎样的煎熬，恨不得能替她分一点过来。对于龄官这样的弱女子，宝玉有一种同情心。再比如平儿，挺聪明清秀的一个女孩，被贾琏和凤姐欺负。宝玉见了很伤心难过，不禁潸然泪下。能为平儿做一点事情，他感到很满足。这就是一种博爱。宝玉不是要跟龄官谈恋爱，也不是要跟平儿谈恋爱。他对龄官、平儿，都有一种发自内心的同情和亲近。

其实不仅是对人，宝玉对世间万物都有爱的心态，都有爱的眼光。有一回宝玉跟大家说，你们都不知道，不只是一树一木，只要是天下的东西，都是有情有理的，都跟人一样，是有灵性的。对于一棵树，一株草，天上飞的鸟，水里游的鱼，宝玉都以一颗温柔的心来感受它们。有一次两个老婆子在议论，说宝玉是一个糊涂虫，中看不中用，有点呆。他没事的时候，看见燕子就跟燕子说话，看见鱼就跟鱼说话，看见星星和月亮，就在那儿长吁短叹、咕咕哝哝的，你说这样的人是不是很傻？这两个婆子是以世俗的眼光来看宝玉的，她们不能够理解宝玉。无故寻愁觅恨，在世俗眼里是不可理喻的。这种呆里呆气，也就是脂砚斋所说的"情不情"。什么是"情不情"？第一个"情"是动词，以情相待。不情，是名词，没有感情的东西。没有感情的东西，宝玉也以感情对待它们，这是很了不起的境界。

第三个层次是前世因缘。宝玉和黛玉的爱是爱情。爱情是怎么发生的？它有一个前世因缘，那就是《红楼梦》的一个神话源头：西方灵河岸上的神瑛侍者，看见三生石畔有一株绛珠仙草，于是经常就拿甘露来灌溉。绛珠仙草觉得，受了他的雨露之惠，没有办法来报答，等他下世为人的时候，我要跟着他走一遭，要把我一生所有的眼泪都还给他。所以宝黛爱情的基础，离不开这个前世姻缘。看起来很玄乎、很神秘，可是爱情不就是这样的吗？你也不知道为什么，就会爱上这个人。说不清，道不明，这是一种神奇的感觉。《红楼梦》告诉我们，这种感觉也许来自前世的缘分。

除了前世姻缘，宝黛爱情还有一个现实基础。这是第四个层次。现实基础就是三观一致。唯有三观一致，才有可能真正地互相吸引。大观园的那些女孩，她们对于世道社会也有一些议论。比如史湘云有一次就说，宝玉啊，你现在年纪不小了，就算不出去读书考举人、考进士，也应该经常和那些做官的人交往，多参加一些应酬，将来朋友之间总有个照应。一天到晚跟我们混在一起，这样不好的。史湘云的观念是什么？作为一个男性，你要有自己的人生，有自己的未来，要向外拓展人生，要在社会上有自己的立足之地。这话好像也不错。结果宝玉很反感。林妹妹就从来不讲这些东西。宝玉说，"林姑娘从来说过这些混账话不曾？若他也说过这些混账话，我早和他生分了"。

宝黛之爱的现实基础，就是他们有一致的三观。具体来说，就是厌恶仕途经济。他们一心一意地享受感情生活，对外在的功名利禄是没有兴趣的。这样的爱具有很强的超越性，跟以往小说里面写得很不一样。

《红楼梦》之恨："试看春残花渐落，便是红颜老死时"

《红楼梦》给我们展示了多层次的爱，同时也展示了恨。这里的恨不是仇恨，而是遗恨的意思。《红楼梦》里的遗恨大致说来有三种。

第一种遗恨是男女之间难以完全契合的情感。

贾宝玉和一群女孩子生活在大观园，大观园是一个自由的天地。在以往的文学作品当中，我们可以看到，男女相恋在空间上面是很不容易的。像《西厢记》里面，"待月西厢下，迎风户半开。拂墙花影动，疑是玉人来"，看上去很美，但是这里面有冒险的成分，是偷偷摸摸的，不符合通常的伦理规范。大观园提供了一个自由的、日常的恋爱空间，谈恋爱不需要冒险，只要双方自愿即可。正因为有了自由，双方在精神层面的期待也会比较高，都固执地去寻求精神和情感上的完全一致。

宝黛二人确实也找到了他们的契合点，那就是对仕途经济的厌恶。但即便如此，他们也很难达到情感上的完全契合，互相之间有很多的不理解，有很多的误解和猜疑。宝玉渴望把心掏给林妹妹看，可是心怎么拿出来呢？自己的这身臭皮囊是一道不可逾越的屏障，很难沟通，势必导致孤独。宝玉很孤独，黛玉其实也很孤独，他们的孤独，是两个人无法完全沟通、无法完全契合的遗憾。那一次在梨香院，宝玉深深感受到了一种孤独，就是龄官一心都在贾蔷的身上，她没有注意到宝玉，冷落了宝玉。其实龄官和贾蔷，又何尝真正达到了完全契合的境界？但是在宝玉这样一个外人看来，贾蔷和龄官很幸福，他们融为一体了，他们把宝玉隔开了。在这样的一种状态当中，对爱的期待越高，对于纯粹情感的期待越理想化，就越容易产生深深的孤独感。所谓纯粹的爱，只能够是远距离的、想象中的，一旦发生近距离的、现实的接触，隔膜总是难免的。

宝黛什么时候有过纯粹的爱呢？大概是在西方灵河岸上的三生石畔。那个时候，绛珠仙草和神瑛侍者之间也许有一种纯粹的爱。而当他们下世为人之后，因为生命的无常、世事的纷扰，要想回到最初的模样，其实已经不可能了。

第二种遗恨，青春和美总极其短暂，容易流逝。

宝玉也好，黛玉也好，包括大观园里的女孩子们，他们都处于人生最美好的年龄阶段。在这样的青春年华，他们不需要考虑很多现实问题，可以专注于情感的世界、艺术的世界。但是我们都知道，这样的状态是非常短暂的。时间不可能凝固，它在一点一点地流逝，这就意味着青春也在一点一点地逝去。

美好的青春总是如此短暂。当林黛玉看到花儿被风吹落，她要去葬花。为什么葬花？就是留恋、怀念这样的一种美好，这样的一种青春。葬花的时候，她哭得很伤心，"花谢花飞花满天，红消香断有谁怜？……花开易见落难寻，阶前闷杀葬花人……尔今死去侬收葬，未卜侬身何日丧？侬今葬花人笑痴，他年葬侬知是谁？试看春残花渐落，便是红颜老死时。一朝春尽红颜老，花落人亡两不知！"由花想到人，怎能不悲伤难过！黛玉在那儿低吟哽咽，宝玉听了，也很伤心。他痴倒在山坡之上，怀里的花落了一地。宝玉有什么伤心事？他想到黛玉花容月貌，将来也会到无可寻觅之时，这怎叫人不心碎肠断？既然黛玉终将回到无可寻觅的时候，再想想其他人，宝钗、香菱、袭人，她们也终将归于无可寻觅之时。而那时的宝玉自己又会在哪里？他自己都不知身将何处去。这里的花，这里的柳，这里的园子，又会归于谁呢？想到这些问题，宝玉陷入了巨大的虚无之中，不知道人生的意义到底在哪儿。

这个场面是感伤的。感伤，也是《红楼梦》的一个基调。之所以感伤，是因为美好的事物总是不可能长存于世。历代的文学作品，还没有如此深刻地表现过时间和生命的矛盾，以及由此而来的伤感。在曹雪芹的笔下，一切美好的东西都是短暂的，青春作为生命最灿烂的体现，更是如此。黛玉"花谢花飞"的千古绝唱，宝玉痴情聆赏之后的痴倒，早已经预示了这样的事实：他们必将为爱的不能永恒而不安。但是什么东西是永恒的？相对于生命来说，没有生命的东西才可能永恒。对永恒的无限期待，其实会消磨掉生命的激情。

既然青春、爱情像春花一样明媚鲜艳，那么它就总会有飘零和凋谢的时候。是体验瞬间的绚烂多彩，还是哀怨它的转瞬即逝；是把握短暂的生命热情，还是咏叹没有可能的所谓永恒？宝黛之爱，包括他们的价值取向，实质上是一种害怕长大、拒绝成熟的赤子崇拜。所谓赤子崇拜，就是希望永远处在孩童的状态，处在孩子般的状态，不想长大，害怕长大。他们向往的是一个虚幻的乌托邦，永远也不可能指向圆满的归宿。但是这种向往本身也是真实的，人类生存的困境在这里得到了很好的隐喻。

第三种遗恨，凡庸的日常生活无法回避。

人总要面对世俗的生活，而宝玉是什么样的心态呢？他七八岁的时候，说出了一段让人感到惊奇的话。他说，女儿是水做的骨肉，男人是泥做的骨肉，看到女儿就觉得清爽，看到男子就觉得浊臭逼人。在宝玉看来，世界本来是洁净的，是没有被污染的。那些功名利禄、仕途经济，让男人变得污浊不堪，唯一的净土只存在于女孩子中间。他觉得自己就很污浊，简直是"泥猪癞狗"，意思就是很粗鄙、很卑贱。所以他对那些女孩子，总是有一颗真诚的心、谦卑的心。

而黛玉看待这个世界，比宝玉要深一些，看得清楚一些。为了宝玉不被污浊的世界所同化，黛玉的眼泪可以说是"至死不干，万苦不怨"，她要用眼泪净化宝玉的世界。这样的境界，比起那些所谓才子佳人的爱情，不知要高出多少！但是，如此崇高的境界也蕴含着一种悲剧。什么悲剧呢？他们渴望的所谓纯净的生活状态，与现实是矛盾的。健康的生命总是和污浊相伴随，人不可能生活于真空之中。能够让人成长、成熟的是磨难，而磨难绝不可能是纯洁无瑕的。所以渴望纯洁和追求永恒是一样的虚无。

我们可以设想一下，随着时光的流逝，少年会长成青年，会成为中年，会日渐衰老。宝玉说过，女孩没出嫁的时候是颗无价的宝珠，出了嫁不知怎的，就变出许多不好的毛病来了，虽然还是个珠子，但是没有光彩，是个死珠子。等到再老的时候，连个珠子都不是了，就是个鱼眼睛。这是宝玉的一个观念，也可以说是一种"少女情结"。

但是另外一个方面，他听说林妹妹许配给他了，就一下子来精神了，觉得这是从古至今天上人间第一件畅心满意的事。这其实同宝玉的"少女情结"是矛盾的。黛玉没有嫁的时候是颗宝珠，光彩夺目，等到嫁给宝玉之后会不会成为死珠子，会不会成为鱼眼睛？最初的少女林妹妹，成了太太，成了奶奶，失去光彩了，宝玉会不会厌倦死珠子、鱼眼睛？

我们可以想象一下，假如宝黛真的结合了，他们会有怎样的人生处境。他们可能会生几个孩子，对这些孩子当然要承担无可推卸的责任。如果他们有一个儿子的话，这个儿子跟宝玉当年一样，喜欢女孩子的胭脂，一天到晚跟女孩子在一起玩耍，无所事事，没有追求。作为父亲的宝玉，他会不会焦虑？极有可能，宝玉会活成贾政，那种乏味的父亲的样子。而作为母亲的黛玉，也不可能闲来就在那儿多愁善感。在孩子成长的过程中，一个合格的母亲不应该缺席。幸运的是，《红楼梦》原稿八十回以后的部分散佚了，我们现在所能看到的是后人续补的。如果这里有什么让我们不满意的，我们也可以说，这不是曹雪芹的原意。

所以程伟元、高鹗整理的《红楼梦》，让林黛玉早早地死掉，让宝黛二人不必面对冗长的、缺乏诗意的人生，或许是最好的结局。他们的爱，他们的青春，不需要谈论仕途经济，只经营情感、享受艺术的生活状态，就这样定格。至于后来怎样，《红楼梦》给不出圆满的答案。而这样的缺憾、这样的伤感，恰恰是《红楼梦》的永恒魅力之所在。

爱恨与社会："世事洞明皆学问，人情练达即文章"

我们前面讲的主题是"《红楼梦》与爱恨"，这也接近于《红楼梦》在第一回的自白，叫作"大旨谈情"。所谓"大旨谈情"，意思就是这部小说主要是关于"情"的，它有个曾用名叫《情僧录》。我们对《红楼梦》的理解，也基本上是沿着这样的思路，比如我们说，宝黛爱情是全书的主线。但是，关于这个话题也有另外的看法。对《红楼梦》的理解，也有不同的思路。

《红楼梦》的第六回，刘姥姥进荣国府，她很羡慕贾府的繁华，感觉吃的穿的都好高级。但王熙凤说，你不知道啊，外面看着锦衣玉食的，殊不知大有大的难处。又比如说，黛玉曾经说过一句话：但凡家里的事，"不是东风压了西风，就是西风压了东风"。再比如，我们很多朋友会把《红楼梦》的第五回看成是全书的一个总纲。第五回"游幻境指迷十二钗，饮仙醪曲演红楼梦"这一回，对很多女子的命运有暗示。比如"二十年来辨是非，榴花开处照宫闱。三春争及初春景，虎兔相逢大梦归"，说的是贾元春。再比如，"凡鸟偏从末世来，都知爱慕此生才。一从二令三人木，哭向金陵事更哀"，说的是王熙凤。根据这些判词，我们可以探究人物的最终命运。所以一般认为，第五回在《红楼梦》中具有总纲的性质。

第四回"薄命女偏逢薄命郎，葫芦僧乱判葫芦案"，写贾雨村到应天府上任以后，接到一件人命官司。贾雨村本来想秉公执法，结果有一个门子给他递眼色，贾雨村心中疑怪，就暂时"休庭"。那个门子是一个小沙弥，曾和贾雨村同在葫芦庙里安身。门子就跟贾雨村讲，这个打死人的薛蟠，背景很不简单。什么背景？就是他抄的纸条上写的："贾不假，白玉为堂金作马。阿房宫，三百里，住不下金陵一个史。东海缺少白玉床，龙王来请金陵王。丰年好大雪，珍珠如土金如铁。"这几句话，就是一个"护官符"，说的是金陵最有权势的四大家族，做官的可不要轻易动他们。动了他们，官位就难保了。而这个案件的主犯薛蟠，就是贾史王薛四大家族中薛家的人。贾雨村一听，原来这么回事，幸亏拿到了这张"护官符"，于是徇私枉法，胡乱判了此案。

四大家族是"一荣俱荣，一损俱损"的关系，书里虽然只写了贾府一家的衰败史，其实写的是以四大家族为代表的封建官僚政治的衰败史。这是从社会的、阶级的角度读《红楼梦》，看到了中国传统社会的一些关键问题，而这些与"大旨谈情"没有多大的关联。

其实《红楼梦》里面，关于爱恨之外的话题，确有很多表述。就拿第五回来说，宝玉被秦可卿带到房里，他看到一副对联，上面写的是"世事洞明皆学问，人情练达即文章"。宝玉很不喜欢这副对联，因为这里面有劝人不要躺平、劝人努力追求仕途经济的意思。宝玉虽然不喜欢，但是我们完全可以说，"世事洞明皆学问，人情练达即文章"也是《红楼梦》展示给我们的一个窗口，一个认识中国社会的窗口。

从《红楼梦》看中国社会，可以有很多角度，也可从多个侧面看。我们再举一个例子，《红楼梦》写了贾府里复杂的亲属关系，而这些亲属关系的核心，其实是中国传统的宗法制度。

宗法制度的基本原则是嫡长子继承制，嫡长子可以继承家族的财产和权力，《红楼梦》对这个问题是有很多反映的。

比如，《红楼梦》写了三次中秋节。第一次是贾雨村要考试，他趁着酒兴吟了一首诗，"天上一轮才捧出，人间万姓仰头看"。第二次是在第十一回，简单提了一下，说秦可卿上个月中秋，还跟着老太太、太太们玩了半夜。

第三次中秋节比较重要，是在七十五回，回目叫作"开夜宴异兆发悲音，赏中秋新词得佳谶"。八月十四，宁国府那边办了一场家宴，贾珍带着他的妻妾喝酒，吃水果，吃点心，喝酒赏月，好不开心。到了半夜的时候，忽然听到墙角下有人长叹。贾珍忙问是谁，但是没有人答应。明明四下无人，哪来的叹息声？贾珍再看月色时，感觉也没有以前那么亮了。这一段是末世之音，预示着一种走向，贾府开始走向衰亡。这天是八月十四。八月十五，荣国府这边由贾母召集，也办了一场家宴。这次家宴不是很热闹，王熙凤、李纨都没参加，因为她们生病了，而贾赦、贾政都参加了，其实挺无聊的。于是贾母就说，咱们玩击鼓传花的游戏吧，花落在谁手里，谁就罚一杯酒，再讲个笑话。头一个被罚的是贾政，花停在他手里了。他吃了酒，讲了笑话。第二个是宝玉，宝玉没说笑话，作了一首诗。到第三个，这花就落在了贾赦手里。贾赦吃了酒，开始讲笑话。说有一家子，儿子很孝顺。妈妈生病了，到处找医生看不好，于是请了一个会针灸的老婆子。这婆子其实不懂脉理，只说是心火，用针灸一下就好了。儿子慌了，说心脏见铁就死，怎么能够针呢？这婆子说，不用针心，只用针肋条就可以了。儿子说，那肋条离心远着呢，怎么能治好。婆子说没事没事，你不知道，天下做父母的，偏心的多着呢。笑话讲完了，大家也都笑了。有个人有点尴尬，谁呢？贾母。老太太吃了半杯酒，过了半天，笑着说，我也得让这婆子针一针就好了。

贾母是不是很偏心呢？这个不重要，重要的是贾赦觉得贾母偏心。荣国府里，贾赦是长房，按理说该住正房，却住在别院；贾政是二房，住的是正房，贾母也跟着二房住，这就不合常理。作为长房的贾赦不受重视，非常边缘化。全家人从贾母开始，都很疼爱宝玉这个二房的次子。这与通常的宗法伦理也不一致。接下来的击鼓传花，传到第四个人贾环那里。贾环见贾政在跟前，他也不敢说什么笑话，也写了一首诗。贾政看了以后有点不高兴，觉得这里面好像有不爱读书的意思。贾赦拿过来把诗瞧了一遍却连声叫好，说这诗很有骨气，咱们这样的人家，读书方面何必多费工夫，我喜欢他这诗，不失咱们侯门的气概。然后贾赦让人拿了很多的东西赏赐给贾环，还说以后就这么作诗，将来这世袭跑不了是你的了。

看看，贾赦硬是跟贾政唱对台戏。贾赦还说了，咱们这样的人家，跟寒门是不一样的。穷人家一定要"雪窗荧火"，刻苦读书，将来金榜题名，才能扬眉吐气。咱们这样的人家，读一点书就可以了，反正做官是跑不掉的。没有必要花那么多工夫，还弄出一个书呆子。这里的书呆子大概指的是宝玉。贾赦为何嘲讽宝玉，赞扬贾环呢？因为贾环是偏房生的，在贾府里不受待见。同样被冷落的贾赦，对贾环有种惺惺相惜的感觉。正好有机会，他自然要反击一下。

就从中秋节的这些细节，我们能够感受到贾府里暗流汹涌。贾母偏爱贾政这一方，作为长房的贾赦，在家族里面没有存在感，这种不符合宗法制度的实际情况，导致了很多家庭矛盾。从这个事例我们可以看到，《红楼梦》虽然花了很多的笔墨来写爱，写恨，但小说不只是写爱恨，它也能够让我们真切地理解中国的传统社会。

清朝道光年间，松江有个叫朱昌鼎的人，特别爱读《红楼梦》。有一天，别人问他，你最近研究哪门经学啊？朱昌鼎回答，我研究的经学，比一般的经学少了一横和三折。繁体字的"經"，去掉一横和三折，不就是一个"红"字嘛。他的意思是，我研究的是"红学"。这本来是一句开玩笑的话，没想到，"红学"在后来真成了一门学问。其他的几部名著，虽然也有人提出"三国学""水浒学""西游学"之类的说法，但总没有"红学"深入人心。《红楼梦》能够成为一门独立的学问，与其中的"大旨谈情"有关，也与其中的"世事"和"人情"有关。这是一部说不尽的经典小说。

鲁小俊

夏篇　儒学里的中国

路岐之险夷，

必待身亲履历而后知。

——王阳明

《论语》与仁

导　语

> 子曰：“君子道者三，我无能焉：仁者不忧，知者不惑，勇者不惧。”子贡曰：“夫子自道也。”（《论语·宪问》篇第二十八章）

大家知道，孔子是中国最具代表性的文化巨人，而要了解孔子以及儒家的思想，《论语》是极其关键的依据。《论语》，主要是孔子弟子及其后学对孔子言行的追记，也有一些内容是对孔子弟子言行的记录。这本言行录篇幅不大，仅一万多字，但它却是中国历史上影响最大的一部书，也是了解中国传统文化不可绕过的一部核心经典。《论语》关乎道德、修养、政治、学术、历史等多个方面，在海内外影响深远。

《论语》是以“仁”为根本观点的，这一点我们要铭记。从始至终，“仁”都是孔子用来要求自己、教导学生的重要内容。在《论语》的语境中，“仁”的基本含义是仁爱，主要指有德行。其实，在《论语》以前，《左传》中就已经出现过“克己复礼，仁也"这样的提法。但是，把"仁"这个词作为一个重要的思想概念提出来并且加以充分阐发的，是孔子。从此开始，"仁"成为整个中国哲学史、思想史的中心范畴之一。

我们学习《论语》之"仁"，可以领略儒家思想的核心，尝试像孔子那样，修养完美的人格，实现和谐的人际关系，追求充实而智慧的人生。

孔子与《论语》

古今说"仁"

说到"仁"这个字，也许你会想到妙手仁心、仁者无敌、为富不仁、仁者不忧、仁者乐山、杀身成仁，等等，这些成语中的"仁"，通常指人与人之间的友爱、互助、同情，以及设身处地为他人着想的能力和行为，大致都属于道德范畴。

和许多字一样，今天我们理解的"仁"字的内涵，也不是凭空产生的，而是有它的意义来源。

"仁"这个字，在湖北省荆门市郭店村出土的战国时代楚国竹简中有出现。在这批竹简中，有一篇被称为《缁衣》的竹简，里面就出现了"仁"这个字。上海博物馆所藏的《缁衣》和《性情论》两篇竹简文献，里面也都有"仁"这个字。

在上面提到的这些文献里，"仁"字的写法是比较接近的，下面是心灵的"心"字，上面是身体的"身"。这与我们今天"仁"的写法是不同的。我们今天的"仁"字是从"人"从

"二"的。

上面简单介绍了"仁"字的意义，以及"仁"字的一些出土文献情况。下面我们回到正题，继续聚焦《论语》这部中国文化的核心经典来讨论"仁"。

在讨论《论语》之前，我们当然要了解《论语》中最关键的人物，也就是孔子。所以，我们先从孔子其人说起。

孔子其人

孔子名丘，字仲尼，春秋时鲁国人，故里在今天的山东曲阜。孔子的祖先本是宋国的贵族，从孔子的六世祖孔父嘉开始就以孔为氏，这是孔姓的起源。孔子的祖辈从宋国迁到鲁国之后，地位比起在宋国时是大不如前了。

《史记·孔子世家》里讲，孔子生于鲁襄公二十二年，也就是公元前 551 年。据说孔子刚出生时，头顶的中间是凹下的；又因其母颜氏曾去曲阜东南的尼山（原名尼丘山，因避孔子讳称为尼山）向神明祈祷求子，然后怀了孕。所以父母给孔子起名为丘，字仲尼。大家知道，"仲"是排行第二的意思。

孔子三岁丧父，二十岁不到母亲也去世了。在这个时期，孔子曾做过"相礼"，从事"儒"这一职业。"儒"本是古代从巫、史、祝、卜中分化出来的一种社会职业。巫史祝卜，指的是古代从事求神占卜等活动，掌管天文、星象、历数、史册等职责的人。当时能从事"儒"这一职业的人，都得有一定的文化礼乐知识，他们主要为贵族人家主持婚丧祭祀等礼仪。

孔子真正步入仕途是从很卑微的小吏做起的。他二十岁时当了"委吏"，也就是仓库管理员，他在这个岗位上兢兢业业，管理统计准确无误。后来又当了"乘田"，也就是去管理牧场牛羊，他牧养的牲畜繁殖兴旺，这个工作做得也很出色。孔子还有个优点，就是敏而好学，学无常师，不耻下问，有不懂的地方就向大家虚心求教，所以，孔子很快地系统掌握了礼乐文化。

孔子在三十岁之前，就开始聚徒办学了。孔子对文化的传承和他打破教育垄断、创办私学是分不开的。孔子的志向很大。有一次，他向弟子们说："各人说说各人的志愿，好吗？"子路说："我希望自己有好车、好马、好皮袄，和朋友们一块儿享用，就是他们用坏了，我也不抱怨。"颜渊说："我希望自己有长处也不自满，自己有功劳也不夸耀。"这时子路便转而问孔子了："您的志愿是什么呢？"孔子说他希望老人能过安稳日子，朋友相信他，年轻人怀念他。

孔子身处乱世，他有志于改造眼前的世界，可是，这一切并不顺利。当时，鲁昭公讨伐贵族季孙氏失败，流亡到了齐国，孔子看不下去，也离开鲁国，来到齐国。他本想在齐国能有所作为，但是碰了壁。据说，当时齐国的君主齐景公很欣赏孔子，但是齐国实际的掌权者晏婴却认为孔子只是知道一些繁文缛节，反对齐景公重用孔子。后因齐大夫欲害孔子，他只好回到鲁国。

《史记·孔子世家》记载，约在鲁定公五年，也就是公元前505 年，"鲁自大夫以下皆僭离于正道。故孔子不仕，退而修诗书礼乐，弟子弥众，至自远方，莫不受业焉"。也就是说，孔子这个时候没有机会施展自己的抱负，于是在家乡专心整理古代文献，授徒讲学，弟子众多，远近闻名。直到孔子五十一岁，当时鲁国的君主鲁定公终于让孔子当上了中都宰。孔子在这里任职一年，政绩不错。于是第二年，孔子升任鲁国的"小司空"，做了掌管土木的副官。后来，孔子又升任"大司寇"，大司寇是负责国家司法、刑狱和治安的最高长官。

在春秋后期，鲁国不算强国，经常遭到邻国齐国的侵犯。齐国和鲁国之间曾举行过一次著名的会盟，叫夹谷之会。孔子在夹谷之会上，以过人的政治智慧帮助鲁国取得了军事上的胜利，并且让齐国答应归还侵占鲁国的郓、汶阳、龟阴之土地。鲁定公十四年，孔子五十六岁，他出任司寇之职摄行相事，代理鲁国最高行政事务。在他代理国相事务的三个月中，卖羊羔、猪的人，不随意抬价；男女行人都分开走路；人们道不拾遗，夜不闭户；从四方来到城邑的客人不必向官吏请求，全都获得接待，如同回到了家里。可见，孔子施政取得了非常好的效果。

当时在鲁国，把持朝政的是三家大贵族，分别是鲁国卿大夫孟孙氏、叔孙氏和季孙氏，他们都是鲁桓公的后代，所以合称"三桓"。孔子曾经拆除了其中两家贵族的城堡，并且想进一步削弱这三家的势力。但事情没那么容易，复杂的政治斗争再加上齐国的干预，孔子还是被迫离开了鲁国，带着弟子开始周游列国。

孔子和弟子们历经十四年颠沛流离的生活，最终在晚年还是回到了鲁国，与弟子们一起整理古代典籍《诗》《书》《礼》《乐》《易》《春秋》。

据说，在孔子六十九岁的时候，他唯一的儿子孔鲤死了。这个儿子出生时，鲁昭公送给孔子一尾鲤鱼，因此得名孔鲤，字伯鱼。孔鲤去世时五十岁，那时孔子六十九岁。白发人送黑发人，对孔子的打击很大。

孔子七十一岁时，他最得意的弟子颜回去世，孔子因此非常痛苦，大声哀叹。孔子七十二岁时，他最亲近的学生子路也死了。子路本在卫国做官，后来参与了卫国的内乱被政敌杀死，还被剁成肉酱。子路惨死的消息传到鲁国，孔子马上让人把家里的肉酱都盖起来。子路是孔子的早期学生，与孔子相处三四十年，二人师生情谊深厚，他的死对孔子而言无疑是又一次重大打击。

子路死后不久，孔子也于鲁哀公十六年（公元前479年）去世。每年的9月28日被认定为孔子的诞辰纪念日，在这一天，中国、日本、韩国等地都会举行大型的纪念活动，来表达对这位"至圣先师"的崇敬之情。

约观《论语》

《论语》的"论"字本义是"伦次"，"论"和"语"合起来的字面意思就是语言的论纂，即语录，是孔子弟子及其后学对孔子言行的追记，也有一些是对孔子弟子的言行的记录。孔子生活在春秋末期，而《论语》的成书时间，一般认为是在战国。

《论语》在流传中形成了不同版本。秦始皇焚书坑儒，《论语》也遭到禁毁。但进入汉朝一段时间以后，政府明令"大收篇籍，广开献书之路"。有些冒着生命危险藏留书籍的人纷纷向朝廷"献书",儒学及其典籍尤其获得统治者的青睐。这时,《论语》出现了三种版本。

第一个版本是《鲁论语》,也就是发现在鲁地的《论语》版本。《鲁论语》有二十篇。

第二个版本是《齐论语》,也就是发现在齐地的《论语》。《齐论语》有二十二篇。比《鲁论语》多了《问王》和《知道》两篇。《齐论语》本来已经失传,不过,2011年,江西南昌的海昏侯墓葬被发掘,历时5年多,墓葬中的《齐论语》终于重见天日了。

第三个版本是《古文论语》,共有二十一篇。《古文论语》的篇次与《鲁论语》和《齐论语》不同,文字差别也大。《古文论语》是汉景帝三年,也就是公元前154年,当时的鲁恭王刘余在大建宫殿时破坏了孔子的故宅,在墙壁中发现了这个本子。《古文论语》全书用先秦古文字(蝌蚪文)写成,相传是秦代焚书坑儒时孔子九代孙所藏。因此《古文论语》又称《孔壁古文》。

《鲁论语》《齐论语》《古文论语》的主要内容大致相同,但篇章顺序有别,用字也有差异。

到了西汉中后期,经学博士张禹以《鲁论语》为基本依据来确定篇目,融合了《齐论语》,编成《论语》的一个新版本。因为张禹被汉成帝封为安昌侯,所以这个版本称为《张侯论》。《张侯论》有二十篇。东汉灵帝熹平四年,也就是公元175年,大学者蔡邕手写"六经",刻石立于太学之前,这就是著名的"熹平石经"。熹平石经中,《论语》的版本就采用了

《张侯论》。

在汉代，《论语》和《孝经》是初学者必读的书，他们一定要先读这两部书，才能进而学习"五经"，也就是《诗经》《尚书》《易经》《仪礼》和《春秋》。《论语》在汉代的政治、文化地位非常高，它成为当时意识形态的一个有机组成部分，任何对《论语》的增删篡改都是非法的，这大大有益于增加《论语》所存资料的可信度。

到了东汉末年，著名学者郑玄以《张侯论》为底本，结合《齐论语》和《古文论语》来注解《论语》。郑玄注解的《论语》，逐渐成为通行的版本。我们今天看到的《论语》，就由此而来。今天我们讨论的《论语》，主要就是郑玄注解的《论语》。

郑玄注《论语》，包括二十篇，分别是：《学而》第一，《为政》第二，《八佾》第三，《里仁》第四，《公冶长》第五，《雍也》第六，《述而》第七，《泰伯》第八，《子罕》第九，《乡党》第十，《先进》第十一，《颜渊》第十二，《子路》第十三，《宪问》第十四，《卫灵公》第十五，《季氏》第十六，《阳货》第十七，《微子》第十八，《子张》第十九，《尧曰》第二十。

《论语》基本上每篇都以本篇第一章的头两个字作篇名，如第一篇"学而"，第二篇"为政"，等等。不过，第三篇的命名却不符合这个规律。第三篇的第一章，开头是"孔子谓季氏曰：八佾舞于庭"，可是第三篇却不叫"季氏"而称"八佾"，这是因为《论语》第十六篇就叫《季氏》，如果第三篇也叫《季氏》，那么就重复了。

仁者爱人

我们先一起领略一下孔子和《论语》的世界性影响力，然后来了解孔门弟子向孔子问"仁"，也就是孔子向弟子们解释"仁"的意义的具体场景。

孔子及《论语》的世界影响

联合国教科文组织把孔子列为世界十大历史名人之一，可见孔子的地位。

而《论语》，作为中华文化的代表，可能早在秦汉时期就已经传入了朝鲜和日本。日本的《大宝令》还把《论语》指定为日本学生的必修课。

到了 1594 年，也就是中国明代万历年间，来自意大利的传教士利玛窦将《论语》译为拉丁文。后来，这个拉丁文版的《论语》又被转译为意大利语、法语、德语、英语、俄语等多国语言，在西方各国广泛传播。

17 世纪末，比利时耶稣会士柏应理和殷铎泽等人把翻译过的《论语》和《大学》《中庸》编在一起，再加上他们写的《孔子传》，出了一本书叫《中国哲学家孔子》，又名《国王们的科学》。

18 世纪，法国著名启蒙哲学家伏尔泰非常推崇《论语》，他很欣赏《论语》里的格言，比如"己所不欲，勿施于人""以直报怨，以德报德"。伏尔泰说："西方民族，无论如何格言，如何数理，无可与此纯粹道德相比拟。"以伏尔泰为代表的早期启蒙哲学家大多数都认为，中国儒家思想是一种富含人本主义的伦理学。让这些西方思想家最感惊异的是，中国没有像西方基督教那样的宗教，但中国却有着良好的道德文明与社会秩序，这是怎么做到的呢？可以说，《论语》这样的书，为启蒙哲学家提供了对抗教权的武器，又提供了限制王权的武器。

在现代德国，有位著名的哲学家叫雅斯贝尔斯，他提出了"轴心时代"这个概念。雅思贝尔斯认为，从公元前800年到公元前200年，在北纬三十度左右的地区，诞生了苏格拉底、柏拉图、释迦牟尼、孔子、老子等先哲，人类精神文明获得了重大的突破。这一时期，大师云集，思想迸发，所以称为整个世界的"轴心时代"。

而中国文明发展到了轴心期以后，成为一个现世主义文明——大家知道，《论语》里说"未知生，焉知死"。而这个现世主义，也正是前面西方启蒙运动先驱对孔子哲学津津乐道的地方。

这种现世主义，就与孔子的"仁"有关。从始至终，"仁"都是孔子用来要求自己、教导学生的重要内容，贯穿于孔子和弟子不同时期的对话之中。

孔子释"仁"

《论语》里载有不少孔门弟子向孔子问仁的情况。颜渊、仲弓、司马牛、樊迟等弟子，都曾经向孔子请教什么是"仁"。对于这个问题，孔子有不同的回答。

比如，《论语·颜渊》篇的第三章讲道：

司马牛问仁。子曰："仁者，其言也讱（rèn）。"曰："其言也讱，斯谓之仁矣乎？"子曰："为之难，言之得无讱乎？"

司马牛向孔子问仁。孔子回答："仁人，他的言语迟钝。"司马牛说："言语迟钝，这就叫作仁了吗？"孔子说："仁德做起来不容易，说话能够不迟钝吗？"

在《论语·子路》篇的第二十七章里，孔子又说："刚、毅、木、讷，近仁。"也就是："刚强、果敢、质朴，而言语不轻易出口，有这四种品德的人近乎仁德。"

而在《论语·阳货》篇的第五章里，子张向孔子问仁。

孔子曰："能行五者于天下，为仁矣。""请问之。"曰："恭，宽，信，敏，惠。恭则不侮，宽则得众，信则人任焉，敏则有功，惠则足以使人。"

孔子说："能够处处践行五种品德，便是仁人了。"子张追问："请问是哪五种品德？"孔子说："庄重，宽厚，诚信，勤敏，慈惠。庄重就不致遭受侮辱，宽厚就会得到大众的拥护，诚信就会得到别人的任用，勤敏就会工作效率高、贡献大，慈惠就请得动人去做事。"

由上面这些问答，大家可以发现，同样是问仁，孔子针对不同的学生有不同的答复。这是为什么呢？可能主要有两方面的原因。

　　一方面，孔子从来没有全面地解释过"仁"是什么。他往往从具体的对话中，针对不同的境遇和谈话对象，采用不同的方式，提到"仁"的各种表现。因此，孔子在解释"仁"的时候，有不同的表述和不同的侧重点。这种情况不同于西学的思想和哲学著作，西方的著作往往在开篇就对重要概念下定义。孔子虽然说过，"吾道一以贯之"。但是，我们不能把孔子的思想作为一个严密的体系来对待。我们对孔子的"仁"的理解，要以体悟的方式，在《论语》中去多方面地体会。

　　另一方面，大家都知道，孔子因材施教。孔子在教学的时候，往往会运用启发、诱导的方法，采取有针对性的教育。他善于帮助并且调动学生们学习的主动性和积极性。孔子对待同一个或同一类的问题，比如什么是仁德、什么是政治，都会根据提问者的资质、年龄、性格、经历、能力、心理特点、思维状况等，随机点拨，做出不同的回答或者提示。

　　孔子能够因材施教，这实在是一种人性化的教育方法。通过因材施教，孔子不仅能够启发学生的智力，还能激发出学生内在的德性。如果你读完了孔子与他弟子们的对话，就会发现：孔子是一位循循善诱的师长，而他的学生各有特性。学生子路，果敢决断，但是鲁莽急躁，孔子就劝子路三思而后行。学生冉有，多才多艺，但是性情和缓，孔子就教冉有闻义气而行，不要犹豫。孔子知道每个学生的个性，比如他还了解：子贡，通情达理；子张，偏激；高柴，愚笨；曾参，迟钝；子夏，迟缓。可以说，孔子对自己的学生了如指掌。

　　据说，孔子的弟子后来多达三千人，其中，贤人有七十二位。说到这里，你也许会好奇，孔子有这么多的学生，我们怎么记得住呢？我们来看《论语》里的一段话，之后你就会对孔门的杰出弟子有更深的印象，更容易分辨。

这段话在《论语·先进》篇的第二、三章里。

　　子曰："从我于陈、蔡者，皆不及门也。"德行：颜渊、闵子骞、冉伯牛、仲弓。言语：宰我、子贡。政事：冉有、季路。文学：子游、子夏。

孔子说："跟着我在陈国、蔡国之间忍受饥饿苦难的人，现在都不在我这里了。"他们当中，德行好的有：颜渊、闵子骞、冉伯牛、仲弓。善于辞令的有：宰我、子贡。能办理政治事务的有：冉有、季路。熟悉古代文献的有：子游、子夏。

可见，孔子的及门弟子中，人才大致有如下才能：德行出众、善言语、擅长政治事务、熟悉典籍。

根据这段话，后人认为，孔子设立了德行、言语、政事、文学四科，以这四科之学教授弟子。所以，这四科又称"孔门四科"。

仁者爱人

介绍完"孔门四科"，我们继续看孔门弟子问仁。在孔子的回答中，"仁"具有一个重要的特性，那就是"爱人"，仁者爱人。

《论语·颜渊》篇的第二十二章里记载：

　　樊迟问仁。子曰："爱人。"

　　这个对话里，孔子将"仁"解释为"爱人"，很直接。
《论语·乡党》篇的第十四节里记载：

　　厩焚。子退朝，曰："伤人乎?"不问马。

　　有一次，孔子退朝后，得知马厩被烧了，他首先问："有人
受伤了吗?"而不问马的情况。也就是说，孔子首先关心的是
人，而不是马匹。要知道，马在当时是十分贵重的财产。

　　在《论语·公冶长》篇里，第一章记载了一段话，也足以表
明孔子对人的同情和关怀。孔子提到公冶长说："可妻也。虽在
缧绁之中，非其罪也。"然后孔子"以其子妻之"。

　　在这里，孔子的弟子公冶长不幸被捕入狱。孔子发觉不是
公冶长的过错，不但丝毫没有看不起公冶长的意思，而且认为
可以把女儿嫁给公冶长，于是将自己的女儿嫁给了他。孔子对
于人的同情和关怀就是如此。

　　这种爱人、同情人、关切人的态度，是仁的一大主旨。后
来，《中庸》和《孟子》等经典对"仁"的解释，也离不开"爱
人"。比如，《孟子》说："仁，人心也。义，人路也。"也就是
说，"从人从二"的这个仁，是每个人的良心。"正义"的这个
义，是每个人的正路。

　　从文字学的角度来看，"仁"和"爱人"是分不开的。在东
汉学者许慎编著的《说文解字》里，"仁"字被分析为："仁，亲

也，从人从二。"徐铉注云"言己与人相亲爱"。也就是说，仁指的是自己与他人相亲相爱，产生彼此务必遵守的规范，相互体谅。在这个意义上，我们就可以理解，为什么古书里"从人从二"的这个"仁"，经常与个人的"人"相混写。

也许你会追问，仁者所爱的这个一撇一捺的人，究竟是什么"人"呢？在《论语》中，一撇一捺的这个"人"，有时所指范围很广，包括整个"人类"；有时，《论语》里的"人"指"他人"，和"己"是相对的。还有一种说法：清代学者刘逢禄认为，"人"和民众的"民"是不同的意思。"人"指大臣、群臣，"民"才是普通百姓。这种观点得到了杨伯峻的《论语译注》的认同。杨伯峻说，仁者所爱的"人"，指"士大夫以上阶层的人"。

不过，清代学者刘宝楠的《论语正义》却并不认同刘逢禄的观点。《论语正义》认为，《论语》有时说"人"，有时说"民"，这是为了避免重复，是修辞的问题，并不意味着"人"和"民"的含义有着根本的不同。

确实，"人"和"民"的意思有所不同，但并不是完全对立的。实际上，《论语》有不少篇章都反映了孔子关心下层民众，关心普通劳动者。他在继承商代、周代以来的文化传统基础上，是大力倡导人道主义的。

还需要指出的是，"仁者爱人"与基督教的"博爱"和墨子所说的"兼爱"有很大的区别。墨家提倡的"兼爱"，是没有差等的爱，爱的对象没有等级差别，不分亲疏远近。

而《论语》所表现的先秦原始儒家的"爱人"思想，是逐步外推而形成的"差等之爱"。《论语·学而》篇的第六章里说："弟子入则孝，出则弟（悌），谨而信，泛爱众而亲仁。"意思是，少年在家孝顺父母，出外敬爱年长的人，做事谨慎，说话信实，广泛地去爱众人，亲近有仁德的人。

"爱有差等"是人之常情。人对自己父母兄弟姐妹的爱是自然真挚的情感，孔子的"仁者爱人"是以孝悌为本，由近及远的。

批判"不仁"

孔子主张"仁者爱人"，所以，他往往会毫不留情地批评那些"不仁"的行为和思想。《论语》中有几段话反映了孔子的这一主张。

在《论语·学而》篇的第三章里，孔子说：

> 巧言令色，鲜矣仁。

孔子说："花言巧语，面貌伪善，这种人的'仁德'是不会多的。"他认为，只会做表面文章、表里不一的人，是不"仁"的。

在《论语·里仁》篇的第二章里，孔子说：

> 不仁者，不可以久处约，不可以长处乐。仁者安仁，知（智）者利仁。

孔子说："不仁的人不可以长久地居于穷困中，也不可以长久地居于安乐中。有仁德的人安于仁，因为实行仁德便心安，不实行仁德，心便不安；而聪明的人利用仁德，因为聪明人知道，仁德能带来长远而巨大的利益。"

在《论语·里仁》篇的第六章里，孔子说：

> 我未见好仁者，恶不仁者。好仁者，无以尚之；恶不仁者，其为仁矣，不使不仁者加乎其身。有能一日用其力于仁矣乎？我未见力不足者。盖有之矣，我未之见也。

孔子说："我不曾见到爱好仁德的人，也不曾见到厌恶不仁德的人。爱好仁德的人，那是再好也没有的人；而厌恶不仁德的人，他行仁德，只是为了避免不仁德的东西被加在自己的身上。有谁能够一天在仁德上面使用自己的力量呢？我没见过有谁力量不够的。这样的人也许还是有的，只是我不曾见到罢了。"

可见，孔子对仁德是大力赞扬的，而对"不仁"则是深恶痛绝的。

仁与礼乐

在《论语》中，孔门弟子向孔子"问仁"，而孔子特别强调"仁者爱人"。

"爱人"是"仁"的一个侧面，《论语》对"仁"还有其他要求。以下我们主要介绍孔子所谓的仁性与礼乐的关系，以及其中如何蕴含道德与制度之间、道德与艺术之间的有机互动。

我们首先来看，《论语》中仁性与"礼"的关系，也就是克己复礼。

克己复礼

在《论语·颜渊》篇的第一章里，孔门弟子颜渊向孔子问仁，孔子说："克己复礼为仁。一日克己复礼，天下归仁焉。"

克己复礼的"克"，是"约束"的意思。"克己"，就是克制、约束、修养自己。复礼，是指合于礼。"克己复礼"，就是用礼来约束自己，使自己的言行符合礼的要求。因此，孔子这里的回答是："约束自己，使言行合于礼，就是仁德。一旦这样做到了，天下的人都会认可你是个仁人。"

在《论语》中，和"克己复礼"很类似的还有一个说法，叫"约己以礼"。《论语·子罕》篇第十一章就写道：

> 颜渊喟然叹曰："仰之弥高，钻之弥坚。瞻之在前，忽焉在后。夫子循循然善诱人，博我以文，约我以礼……"

颜渊感叹着说："夫子之道，我们越抬头看，越觉得高；我们越用力钻研，越觉得深。我们看着看着，夫子之道似乎在前面，可忽然又到后面去了。（虽然夫子之道是这样高深，是这样不容易捉摸，可是）老师善于有步骤地引导我们，用各种文献来丰富我的知识，又用一定的礼节来约束我的行为……"

在《论语·子路》篇的第十九章里，弟子樊迟向孔子问仁。

子曰："居处恭，执事敬，与人忠。虽之夷狄，不可弃也。"

孔子说："我们平日里，容貌态度要端正庄严，工作要严肃认真，对待别人要忠心诚意。这几种品德，就算是到了周边'夷狄'所在之处，也是不能废弃的。"我们前文曾经提到清代学者刘宝楠编著的《论语正义》。《论语正义》是中国古代注释《论语》的集大成之作。对于《论语·子路》篇这里所说的"居处恭，执事敬"，《论语正义》评论说，"居处恭，执事敬"体现了克己复礼是仁的一种礼义。君子坚持礼，君子执行礼，就是君子修养自己的过程，在这样的一个过程中，君子可以丰富自己内在的德性。

所以，"克己复礼"说明了仁性与"礼"之间的关系。我们可以说，"仁"是道德的要求，而"礼"是制度的要求。礼，是礼乐宗法制度，包括礼仪、礼制、礼器等因素在内。在《论语》的语境中，"礼"主要指西周时期的礼文、仪节。

其实，在孔子生活的礼崩乐坏的春秋乱世，人们经常提到的是"礼"，而不是"仁"。比如，《左传》中，礼出现得更频繁。《左传》中，"礼"字一共出现了462次。而且，《左传》还不止有这462个单独的"礼"字，它里面还出现过和"礼"有关的词语，比如"礼书""礼经""礼秩""礼义"。和"礼"比起来，《左传》中"仁"就要少得多。《左传》里，"仁"字出现了 33 次，比"礼"字要少 429 次。而且，《左传》把"礼"提到了最高的地位。比如，《左传》记载，鲁昭公二十六年（公元前 516 年），晏婴对齐景公说："礼之可以为国也久矣，与天地并。"晏婴这句话的意思是，以礼治国由来已久，这种传统几乎和天地并存。

孔子也很重视礼。孔子曾经提议，要用礼来代替刑法。孔子认为，如果人们不遵守这些礼仪规范，就会导致社会上出现暴力、混乱和一些残忍的行为。

不过，孔子虽然尊崇礼，但是他却很反感礼的虚文化和形式化。比如，在《论语·八佾》篇的第四章里，孔子说："礼，与其奢也，宁俭。丧，与其易也，宁戚。"孔子认为，礼与其奢华，不如俭朴；人的丧礼，与其铺排周全，不如内心对死者有着真切的悲哀。如果"礼仪"只是空有排场，而没有真情实感，那么还不如简单、真诚一点。

孔子主张用"礼"来约束自己，是为了加强自身的修养，扩大道德内涵，而不是为了博取众人的景仰。在孔子看来，如果谁行仁义之事或践行礼节只是装装样子，只是为了博取好评，那么这种人就是"小人儒"。而与"小人儒"相对立的，则是"君子儒"。君子儒，正心诚意，表里如一。

在《论语·阳货》篇的第十一章里还有一个说法："乡原，德之贼也。"所谓"德之贼也"，就是败坏道德的人。可见，乡原是个贬义的称呼，它指的是那种乡亲们都以为是老好人的伪君子，外表忠厚、老实、廉洁，实际上却是个虚伪、贪婪的人。

所以，礼的内涵和本质是尊重人，是礼貌、礼敬与礼让。如果礼没有仁德作为内核，没有真实情感，那么礼就是虚礼，人就是乡原。因此，《论语·八佾》篇的第三章说："人而不仁，如礼何？人而不仁，如乐何？"这句话的意思是，做了人，却不仁，那怎么来对待礼仪制度呢？做了人，却不仁，那怎么来对待音乐呢？换句话说，孔子认为，如果没有仁德，礼节和音乐就没有真情实感，最终只会沦为虚伪的形式和教条。

所以，如果说《左传》重视"礼"，那么《论语》无疑更加重视"仁"。《论语》中，讲到"礼"的地方有75处，而讲到"仁"的地方有109处。比如《论语·里仁》篇说"仁"的部分就比较多。

孔子"仁"的思想和"礼"的思想，在后世分别得到了发展。

儒家另一位代表人物——孟子，把孔子"仁"的思想发展为系统的"仁政"学说。孟子在政治上主张王道，反对霸道，而仁政就成为孟子所谓王道的核心内容。孟子为了给他提倡的仁政寻找哲学基础，提出了著名的"性善论"。大家知道，孟子认为，每个人都有先天的善端。

如果说孟子主要发展了孔子"仁"的思想，那么荀子则继承了孔子"礼"的思想。春秋战国百家争鸣结束的时候，荀子站在儒家的立场对先秦诸子有所批判，又有所继承，是儒家一位集大成的人物。在荀子的著述中，有一篇非常重要的文章，叫作《礼论》。

我们继续聚焦《论语》。在《论语》中，与"仁"对等的还有一个重要概念，就是"忠恕之道"。

忠恕之道

在《论语·里仁》篇的第十五章里，有孔子与弟子曾参的一番对话：

> 子曰："参乎！吾道一以贯之。"曾子曰："唯。"
>
> 子出，门人问曰："何谓也？"曾子曰："夫子之道，忠恕而已矣。"

孔子说："参呀！我的学说贯穿着一个基本观念。"曾参说："是的。"孔子走出去以后，其他学生就问曾参："这个基本观念是什么呢？"曾参说："老师的学说，只是忠和恕罢了。"

可见，孔子自己认可"忠恕"是他本人一以贯之的学说。那"忠恕"的内涵是什么呢？是"己所不欲，勿施于人"。在《论语·颜渊》篇的第二章里，弟子仲弓向孔子问仁，孔子有一个著名的说法：

> 子曰："出门如见大宾，使民如承大祭。己所不欲，勿施于人。在邦无怨，在家无怨。"仲弓曰："雍虽不敏，请事斯语矣。"

这里，孔子说："出门（工作）好像去接待贵宾；让百姓做事，好像去承担大祀典（都必须严肃认真，小心谨慎）。自己所不喜欢的事物，就不强加给别人。在诸侯国做事没有怨恨，在卿大夫家做事也没有怨恨。"仲弓说："我虽然迟钝，但也要践行您这番话。"仲弓名叫冉雍，字仲弓，所以他说"雍虽不敏"。

在《论语·卫灵公》篇的第二十四章中，孔子在解说"恕"的时候，再次强调"己所不欲，勿施于人"。

> 子贡问曰："有一言而可以终身行之者乎？"子曰："其恕乎！己所不欲，勿施于人。"

子贡问孔子："有没有一句话，可以终身奉行呢？"孔子说："大概是'恕'吧！自己所不想要的事物，绝不强加给别人。"

"己所不欲，勿施于人"，就是君子终身奉行的忠恕之道。你不希望别人羞辱自己，那就不要羞辱别人。尊重别人，是别人尊重自己的前提。忠恕之道，强调的是一种宽容的精神，是一种沟通的理性，是设身处地为别人着想的精神。

"己所不欲，勿施于人"，是"忠恕之道"有所不为的一面。

"忠恕之道"的另一面则是有所为。《论语·雍也》篇第三十章中，孔子说："夫仁者，己欲立而立人，己欲达而达人。"孔子认为，"仁"，就是自己立身，同时也启发别人，让别人也立身；自己通达了，也要帮助别人，让别人也能通达。这是"忠恕之道"有所为的一面。

依于仁，游于艺

在《论语》中，道德不仅与礼仪制度有关，也和审美有关。

《论语·述而》篇的第六章写道：

> 子曰："志于道，据于德，依于仁，游于艺。"

孔子说："目标在于道，根据在德，依靠在仁，而游憩于艺之中。""艺"指的是六艺，也就是古人说的礼、乐、射、御、书、数。春秋战国时期，读书人必须学习以上六种技艺，一般认为是：礼法、乐舞、射箭、驾车、书法和算术。这六艺也是孔子对弟子的主要教学内容。

其中的乐舞是一种审美活动，它以艺术的形式愉悦着人的性情。这种落实在审美活动中的"游"，把山水性灵的自然之美、艺术境界之美，以及道德信仰之美，都融会在人性的境界之中。

今天，说到孔子，你可能想到的是读书人不善劳作，四体不勤。但是，孔子其实是体育健将，而且他向学生传授的六艺包括射箭、驾车。一方面，根据史料记载，他身体条件本来就很好。《史记·孔子世家》说，孔子成年后的身高是"长九尺有六寸，人皆谓之'长人'而异之"，可见孔子身材十分高大，大家都惊讶这个人怎么这么高，所以叫他"长人"。

孔子不仅体育好，他还很懂诗和音乐。

在孔子那个年代，吴国有个公子叫季札，他是一个博学的、有艺术修养的人。季札不肯接受王位，他出使各地，一度到了鲁国。季札在鲁国听到了鲁国保存的周朝乐歌。季札能够中肯而深刻地评价他所听到的这些乐歌。比如，季札听到郑地的民歌，就批评说："这种音乐为什么这么细弱？很有享乐的气氛——这个小国有些危险了。"季札还听到了齐国的民歌，他很满意，夸奖齐国的民歌："很舒缓，很深远，真是大国的气派——这个国家的前途不可限量。"

季札在鲁国，除了周代的音乐以外，还见识到了前代的音乐歌舞。他最满意的是《韶乐》。这种音乐的乐器主要是箫。传说，《韶乐》是夏、商、周三代君主举行重大典礼时的宫廷用乐。季札听过《韶乐》后说："我已经见识到了最好的，再有其他音乐我也不想享受了。"

季札到鲁国的时候，孔子还很小。孔子长大以后，很是佩服季札。孔子后来对诗歌的批评就曾采取季札的一些见解。孔子也很欣赏《韶乐》。大家可能听说过，孔子后来在齐国听到了《韶乐》，然后"三月不知肉味"，只沉浸在《韶乐》里。

《论语》曾多次提到孔子对诗和音乐的见解。比如，《论语·八佾》篇的第二十章写道：

子曰："关雎，乐而不淫，哀而不伤。"

孔子说："《关雎》这首诗，快乐而不放荡，悲哀而不痛苦。"《论语·述而》篇的第三十二章还记载：

子与人歌而善，必使反之，而后和之。

孔子同别人一起唱歌，如果唱得好，一定请别人再唱一遍，然后自己也参与、唱和。

在《论语·泰伯》篇的第八章里，孔子又说：

兴于诗，立于礼，成于乐。

孔子说："诗篇使我振奋；礼，使我能在社会上立身；音乐，能使我的所学得以完成。"可见，诗、礼、乐，对于人格的培养是非常关键的。

孔子所谓的"乐"，它的内容和本质都离不开"礼"。因此，我们常常把"礼乐"连在一起说。"礼乐"成为一个固定的词。在孔子这里，礼和乐、文化和教育、道德和审美，都是相辅相成、相通的。而礼乐文化，正是中华文明的特质。

艺术，可以熏陶人的道德，成就仁性。在这一点上，孔子的思想跨越了时空，和某些西方哲人是非常相似的。德国著名的哲学家、剧作家席勒有部著作叫《审美教育书简》。席勒提出，审美是人通往道德的一条重要路径；感性的人要成为理性的人，首先应该成为审美的人。在中国的近代，蔡元培先生等人就倡导"美育"，提出以美学教育来提高国人的情操，最终实现教育救国。

为仁由己

上一节，我们介绍了孔子的仁性与礼乐有着怎样的关系，以及其中蕴含的道德与制度之间、道德与艺术之间的有机互动。下面我们来了解一下孔子眼中的"仁人"，同时也看看孔子对"求仁"有哪些主张。

孔子眼中的"仁人"

在孔子眼中，要成为"仁人"是很不容易的。比如，孔门的优秀弟子是"仁人"吗？孔子对这个问题就持保留态度。

《论语·公冶长》篇的第八章，孟武伯和孔子讨论孔门的几位优秀弟子是否称得上"仁人"。

孟武伯首先问孔子，子路有没有仁德。孔子说："不知道。子路啊，千辆兵车的国家，可以交给他军政的工作。至于他有没有仁德，我不知道。"

孟武伯继续问："冉求怎么样呢?"孔子说："冉求啊，千户人口的领地，可以让他当地方主管；百辆兵车的大夫封地，可以叫他当总管。至于他有没有仁德，我不知道。"

孟武伯又问："公西赤又怎样呢?"孔子说："公西赤啊，穿着朝服，立于朝廷之中，可以叫他接待外宾，办理交涉。至于他有没有仁德，我不知道。"

在孔子看来，这些优秀弟子都不算"仁人"。那么，忠诚、贤明的大夫可以称得上是"仁人"吗？

在《论语·公冶长》篇的第二十章里，子张问孔子："楚国的子文三次做令尹（令尹就是楚国的宰相），却没有很得意的样子；子文又三次被罢免，但他也没有很怨恨的样子。子文每次被罢免时，都认真交接工作。子文这个人怎样呢?"孔子说："子文，可算是尽忠于国家了。但是否是仁人，我也不知道。"

子张又问孔子："崔子（齐大夫崔杼）杀了齐庄公，陈文子觉得国家政治黑暗，待不下去，哪怕自己有四十匹马这么多的财产，也舍弃不要。他离开齐国，到了另一个国家，说：'这里的执政者同我们的崔子差不多。'于是离开。又到了一国，陈文子又说：'这里的执政者同我们的崔子差不多。'于是又离开。那您觉得，陈文子这个人怎么样？"孔子说："清白得很。但是，他这怎么能算是仁人呢？"

既然弟子不算"仁人"，贤良的大夫也不算"仁人"，那孔子认为自己是"仁人"吗？

在《论语·述而》篇的第三十四章里，孔子说：

若圣与仁，则吾岂敢？抑为之不厌，诲人不倦，则可谓云尔已矣。

孔子说："讲到圣和仁，我怎么敢当？我不过是学习和工作总不厌倦，教导别人总不疲劳，就是如此罢了。"

可见，对孔子来说，仅仅熟知礼乐制度，能够从政，还没有完全达到"仁"的要求。根据北京大学李零教授的统计，整部《论语》当中，被孔子认为符合"仁"这一标准的，只有六位，他们是：伯夷、叔齐、微子、箕子、比干和管仲。

例如，《论语·述而》篇的第十五章记载，子贡问孔子：

伯夷、叔齐，何人也？曰："古之贤人也。"曰："怨乎？"

曰："求仁而得仁，又何怨？"

子贡问孔子："伯夷、叔齐是什么样的人？"孔子说："是古代的贤人。"子贡问："（他们两人）是不是后来有埋怨、后悔呢？"孔子回答："他们求仁德，便得到了仁德，又怨悔什么呢？"

这里有个故事。伯夷、叔齐是商代末年孤竹君的两位王子。相传，孤竹君有遗命，立第三子叔齐为君。孤竹君去世后，叔齐让位给哥哥伯夷，但伯夷不肯接受；叔齐坚持遵守兄弟秩序，不愿打乱社会规则，也没有继位。他们兄弟二人先后前往周国考察。周武王伐纣的时候，这两人曾经扣马谏阻。武王灭商以后，伯夷、叔齐不愿吃周国的粮食，宁愿摘野菜为食，两人最终饿死在首阳山上。孔子认为，他们是有仁德的。

子贡和孔子的这一番对话有一个特别的历史背景，这里要牵扯出卫灵公的故事。孔子同卫灵公打了很多次交道。卫灵公的太子蒯聩怨恨自己的继母——卫灵公的夫人南子。南子也就是电影《孔子》里周迅饰演的那个角色。蒯聩企图刺杀南子，未遂，逃往宋国，后又逃到晋国的赵简子那里。卫灵公大为恼火，为此一度想攻打晋国，还曾经征求孔子的意见，但是孔子不赞成。不久，卫灵公去世，南子依照卫灵公的遗命，叫卫灵公的小儿子郢继位。但是郢却不敢答应，他说："太子蒯聩虽然逃亡在外，但太子的儿子——辄——还在，应该由他继承。"于是卫灵公的孙子辄被立为卫国的君主，这就是卫出公。

可是，在晋国的太子蒯聩还想回来继位，他得到了晋国赵简子的支持。那时，鲁国的阳虎也在晋国，赵简子便命令阳虎护送蒯聩回国。但是，卫出公却用武力拒绝了自己的父亲蒯聩。卫灵公的父子之争演变为第二代的父子之争。在卫出公被拥立的这一年——公元前492年，孔子整整六十岁了。当时，孔子的弟子中就有人怀疑孔子参与过拥立卫出公的政变。比如，冉有就问子贡："咱们老师是不是曾帮助过卫出公呢？"子贡说："让我去问问看。"

子贡是个聪明人，他不便直接问孔子，于是就借伯夷、叔齐这两个历史人物来探孔子的口气。当孔子表示赞赏伯夷、叔齐兄弟二人不争君位，肯定他们"求仁而得仁"之后，子贡心里就明白了，知道孔子不会参与父子、兄弟之间的争权夺利。子贡告诉冉有："咱们的老师是不会参与政变的。"

除了伯夷、叔齐，在孔子眼中，商朝末年的微子、箕子、比干也是仁人。《论语·微子》篇的第一章说道：

> 微子去之，箕子为之奴，比干谏而死。孔子曰："殷有三仁焉。"

微子是纣王的兄弟，名启。纣王昏乱残暴，微子便离开了纣王。后来殷商灭亡，被周取代，微子被周王封到宋地。

箕子是纣王的叔父，纣王无道，他进谏而纣王不听，于是箕子就装疯。纣王因此把箕子贬为了奴隶。比干，也是纣王的叔父，他力谏纣王。可是纣王说，我听说圣人的心有七个孔，便剖开了比干的心，比干就死了。所以孔子说："殷商的末年有这三位仁人。"

孔子眼中的第六个仁人是齐国的政治家管仲。《论语·宪问》篇的第十六章记载，子路问孔子："齐桓公杀了他的哥哥公子纠，公子纠的师傅召忽于是自杀。但是，公子纠的另一个师傅管仲却活着，管仲应该不算有仁德吧？"孔子回答："齐桓公多次主持诸侯间的盟会，停止了战争，这都是管仲的力量。这就是管仲的仁德。"这六个仁人中，微子、箕子、比干、伯夷、叔齐，都是品格高洁的人；而管仲促使桓公九合诸侯、一匡天下，做出了非常了不起的事业。

因此，孔子眼中的"仁人"，首先要依据礼乐文化和高尚的道德来完善自己。其次，"仁人"还要通过对一国领导者的影响，把仁德实施到全国，乃至天下。"仁"，既是道德的高标准，也是政治的实践。这种"仁"的观念，与孔子的政治理想紧密相关。

孔子求"仁"

可见，要成为"仁人"是很难的。这是否意味着，我们干脆放弃对"仁"的追求呢？并不是。因为《论语》还说——"为仁由己"。

孔子对那些追随自己、追求以仁为本的礼乐制度的弟子，不乏鼓励和鞭策。

例如，《论语·雍也》篇的第十二章写道：

冉求曰："非不说子之道，力不足也。"子曰："力不足者，中道而废。今女画。"

冉求对孔子说："不是我不喜欢您的学说，而是我的力量不够。"孔子回答："如果真是力量不够，你会走到中途才走不动，而现在你是还未用力就已经停止了。"

《论语·雍也》篇的第二十二章里，樊迟问仁。孔子回答："仁者先难而后获，可谓仁矣。"孔子认为，仁德就是要我们付出一定的努力，然后才有收获。

孔子还表示，仁德甚至值得用生命来守护。在《论语·卫灵公》篇的第九章里，孔子说：

> 志士仁人，无求生以害仁，有杀身以成仁。

孔子认为，志士仁人不会贪生怕死因而损害仁德，而是勇于牺牲来成全仁德。

"为仁由己"意味着一个人遇到事情，是做道德的选择还是做非道德的选择，都是自己给自己下命令的结果，而不是由他人或环境所决定的。道德是自己对自己下命令，是"由己"的，而不是"由人"的。

对"仁"的主动追求，折射出孔子对人的成长和人格塑造的关注。一方面，孔子追求学问，注重后天的知识学习和人性塑造。孔子认为，后天的学习可以直接影响性情的修养和人格的提升。

在《论语·述而》篇的第二十章里，孔子说：

> 我非生而知之者，好古，敏以求之者也。

孔子很谦虚地说:"我不是生来就有知识的人,而是爱好古代文化,勤奋敏捷去求得的。"因此产生了一个成语——"好古敏求"。

在《论语·阳货》篇的第七章,孔子还对子路说:

> 好仁不好学,其蔽也愚;好知不好学,其蔽也荡;好信不好学,其蔽也贼;好直不好学,其蔽也绞;好勇不好学,其蔽也乱;好刚不好学,其蔽也狂。

这段话的意思是,爱仁慈却不爱学问,弊病就是容易被人愚弄;爱耍聪明却不爱学问,弊病就是放荡而无基础;爱诚实却不爱学问,弊病就是容易被人利用,反而害了自己;爱直率却不爱学问,弊病就是说话尖刻,刺痛人心;爱勇敢却不爱学问,弊病就是捣乱闯祸;爱刚强却不爱学问,弊病就是胆大妄为。

在这里,"学"是实现仁德的重要桥梁。

另一方面,孔子强调仁的实践。《论语·学而》篇的第六章有体现这个主张:

> 子曰:"弟子入则孝,出则弟,谨而信,泛爱众而亲仁。行有余力,则以学文。"

这句话不仅体现了仁是一种差等之爱,还表明孔子所说的学习不单单指书本的阅读,还要从生活出发,首先要学习在世俗的生活中做人。在家里要孝顺父母和长辈，对兄弟姐妹要有慈爱之心；在对外交往中要遵守"信义"的原则，不说话则已，话一出口就应该讲信用；要像尊重自己的父母一样尊重别人的父母，要像慈爱自己的孩子一样慈爱别人的孩子。把这些生活中的事情都做好了，"行有余力"，然后就可以开始读书学习了。

在《论语·述而》篇的第三十三章，孔子再次谦虚地说：

> 文，莫吾犹人也。躬行君子，则吾未之有得。

在这里，孔子自称："书本上的学问，大概我同别人差不多。在生活实践中做一个君子，我还没有成功。"这既体现了孔子的谦虚，也说明他认为生活中的道德实践比掌握书本学问要难得多。

在《论语·卫灵公》篇的第三章，孔子向子贡透露了自己学问和行动的基础：

> 子曰："赐也，女以予为多学而识之者与？"对曰："然，非与？"曰："非也，予一以贯之。"

孔子说："子贡！你以为我是多多地学习又能够记得住吗？"子贡回答："对啊，难道不是这样的吗？"孔子说："不是的，我有一个基本的观念来贯穿它。"一以贯之，就是孔子以忠恕之道贯穿于整个学习和行动之中。

在《论语·卫灵公》篇的第三十三章，孔子讲到是否具备仁德对知识学习起到的关键性作用：

> 知及之，仁不能守之；虽得之，必失之。

　　孔子认为，知识是重要的，但是，如果学到了知识，却没有仁德来守护，那么知识就算是学到了手也会失去。只有首先做到了仁德的要求，在此基础之上，才有可能掌握学习的方向，才能够使学习到的知识发挥积极作用。

　　在《论语》里，孔子和弟子对"仁"的选择和坚持，尤其体现于他们面对财富和贫困时的态度上。

　　比如，《论语·里仁》篇的第五章，孔子就说：

> 富与贵，是人之所欲也；不以其道得之，不处也。贫与贱，是人之所恶也；不以其道得之，不去也。君子去仁，恶乎成名？君子无终食之间违仁，造次必于是，颠沛必于是。

　　这段话非常著名。孔子说："发大财，做大官，这是人人所盼望的；但用不正当的方法去得到它，君子不接受。穷困和下贱，这是人人所厌恶的；但用不正当的方法去抛掉它（这里的"得之"实际上是"去之"），君子不接受。君子抛弃了仁德，怎样去成就他的声名呢？君子即便是吃一餐饭的时间，也不会离开仁德。不论多么仓促匆忙，君子也一定和仁德同在，不论多么颠沛流离，君子也一定和仁德同在。"

在《论语·里仁》篇的第二章，孔子还说：

> 不仁者不可以久处约，不可以长处乐。仁者安仁，知
> 者利仁。

在这里，"约"的意思是"穷困"。孔子认为，不仅逆境对人是考验，顺境也是考验。没有仁德的人，经不起困顿、贫贱的考验，也经不起安逸、富贵的考验。

孔子很自豪地讲述自己和一些弟子能够坦然面对穷困，坚持君子风度。

在《论语·雍也》篇的第十一章，孔子赞扬弟子颜回：

> 贤哉，回也！一箪食，一瓢饮，在陋巷，人不堪其忧，
> 回也不改其乐。贤哉，回也！

孔子说："颜回多么有修养呀！一竹筐饭，一瓜瓢水，住在小巷子里，别人受不了那穷苦的忧愁，颜回却不改变他自有的快乐。颜回是多么有修养呀！"

在《论语·述而》篇的第十六章，孔子又说：

> 饭疏食饮水，曲肱而枕之，乐亦在其中矣。不义而富
> 且贵，于我如浮云。

在这里，孔子说："吃粗粮，喝冷水，弯着胳膊做枕头，也

有着乐趣。干不正当的事而得来的富贵，在我看来，就好像浮云一样。"

这里要解释一下什么是"饮水"。古代常以"汤"和"水"相对言，"汤"的意义是热水，而"水"就是冷水。所以，孔子说的这个条件是比较艰苦的，这也凸显了孔子的苦中作乐。

在《论语·子罕》篇的第二十七章，孔子又赞赏子路说：

> 衣敝缊（yùn）袍，与衣狐貉者立，而不耻者，其由也与？

孔子说："穿着破烂的旧丝绵袍子和穿着狐貉裘的人一道站着，却不感觉惭愧，这恐怕只有子路能做到吧！"说到这里，你可以想象一下，如果是你自己衣着简朴和满身名牌的人站在一起，你会自惭形秽吗？如果你依然很自信，那么祝贺你，你也值得孔子的表扬。

仁者不忧

我们介绍了孔子眼中的仁人，以及孔子"为仁由己"的主张。这一节，我们就来看看孔子是如何终其一生来追求"仁"的，看看他在这个过程中所展现的坚韧和豁达。

我们前面提到，孔子说："若圣与仁，则吾岂敢？"孔子认为自己没有达到"圣与仁"的标准，原因多半在于他没有能够顺利地实现自己的政治理想。

孔子想在鲁国实施政治理想，可惜政局动荡，齐人离间。《论语·微子》篇第四章说："齐人归女乐，季桓子受之，三日不朝，孔子行。"齐人送歌姬、舞女给鲁国，季桓子接受了，于是三天不问政事。孔子见状就辞官了，率领弟子离开鲁国，开始周游列国。

孔子奔走于卫、宋、陈、蔡、齐、楚等国之间，他不遗余力，向列国诸侯进言，传播自己的社会理想。但是他的政治主张却不被采纳，他屡屡受挫，颠沛流离。

《史记·孔子世家》记载了这么一个故事：孔子要通过郑国到陈国去，和弟子走散了，孔子一个人站在城东门外，有郑国人对子贡说：东门那儿有个人，他的额头像古代的帝王唐尧，脖子像皋陶，肩膀像郑国的大夫子产，腰以下像治水的大禹，然而却要短三寸，他样子狼狈，就像一只走离了家的狗。

这里解释一下，皋陶是传说中舜帝时期有名的掌管刑狱的官吏。郑国的子产是春秋时期著名的政治家，他的思想对孔子是有影响的。

子贡将郑国人这番话如实地告诉了孔子。孔子笑道：人的外形像什么，那不重要。但是说我像无家可归的狗，那还真是这样呀！真是这样呀！

这个"丧家狗"的故事，让我们感受到孔子的自嘲是悲凉的，也是豁达的。

孔子周游列国期间，遭遇了世人难以想象的困境、坎坷与磨难。据统计，孔子周游列国主要经历了三次大难。

一是过匡地被拘。

《论语·子罕》篇的第五章记载：

> 子畏于匡。曰："文王既没，文不在兹乎？天之将丧斯
> 文也，后死者不得与于斯文也；天之未丧斯文也，匡人其
> 如予何？"

"畏"是囚禁的意思。孔子离开卫国，经过匡地，不巧匡
这个地方正在闹乱子。被卫灵公驱逐的卫国贵族公孙戌这时占
据了匡地，这个地方正处于战时状态。所以匡城人当时很警戒，
他们见孔子带了这么多人来，就觉得形迹可疑。

《史记·孔子世家》说，匡地的人曾经被鲁国的阳虎掠夺和
残杀，而孔子长得很像阳虎。因此，匡人就误以为孔子是阳虎，
是过去曾经残害过他们的人，于是囚禁了孔子。

不过，也有人认为，孔子长得像阳虎这个说法不太合理。
于是有人提出了另一个解释。说孔子一行人经过匡地的时候，
给孔子赶车的弟子是颜刻。颜刻莫名其妙地用马鞭子指着城墙
的一个缺口说："我以前就是和阳虎从这个缺口进城里去的。"
匡地的人听见颜刻这句话，就误以为孔子他们是阳虎的同伙，
因此把孔子他们给包围了。

孔子被囚禁之后，他说："周文王死了以后，传下来的文化
不在我这里吗？天如果要消灭这种文化，那我也不会掌握这些
文化了；天如果不要消灭这种文化，那匡人能把我怎么样呢？"
这个故事在《庄子》的《秋水篇》也出现了，"孔子游于匡，宋人

围之数匝，而弦歌不辍"。孔子被囚禁，却依然以琴瑟伴奏而歌诵，保持着教化育人的精神，用礼乐来对抗困境。从此就有了成语——"弦歌不辍"。

孔子周游列国遇到的第二次大难是司马桓魋（tuí）要杀孔子。

《论语·述而》篇的第二十三章写道：

　　子曰："天生德于予，桓魋其如予何？"

桓魋是宋国的司马向魋，他是宋桓公的后代，所以又叫桓魋。桓魋追求奢侈，他要为自己造一个石椁。古人说"棺椁"，"椁"就是包住棺材的石套。桓魋的石椁造了三年还没有造成，工匠都累得病倒了。孔子看不过去，狠狠批评了桓魋。桓魋于是对孔子怀恨在心。

《史记·孔子世家》记载，孔子有次路过宋国，他和弟子们在大树下演习礼仪。桓魋就想趁这个机会杀害孔子，他派人来砍倒那些树。情况紧急，弟子们对孔子说："赶快跑吧！"但是，孔子并不慌乱，他说："上天赐予我美德，桓魋又能把我怎么样？"

孔子周游列国的第三次大难是在陈绝粮。《论语·卫灵公》篇的第二章说：

　　在陈绝粮，从者病，莫能兴。子路愠见曰："君子亦有穷乎？"子曰："君子固穷，小人穷斯滥矣。"

这里"穷"是困窘的意思。孔子一行人在陈国断绝了粮食，跟随孔子的人都饿病了，爬不起床来。子路很不高兴地来见孔子，说："君子也有困窘得毫无办法的时候吗？"孔子回答："君子虽然困窘，但还是能坚持；可是小人一旦困窘，就会无所不为了。"

在困顿中，孔子并不怨天尤人，而是乐观通达，似乎情况越糟糕，他越坚定。《论语·宪问》篇的第三十八章记录了这么一件事：

> 子路宿于石门。晨门曰："奚自？"子路曰："自孔氏。"曰："是知其不可而为之者与？"

子路在鲁城的外门住了一宿，第二天清早进城。晨门，也就是掌管城门的人，问："你从哪儿来？"子路说："从孔家来。"晨门问："就是那位明知做不到却偏要去做的孔氏吗？"晨门评价孔子"知其不可而为之"。

"知其不可而为之"，可以说是"不识时务"，但也可以说是坚忍不拔。《论语·微子》篇多次提到，有些隐士朝孔子的热心救世泼冷水。

比如《微子》篇第六章就说，孔子和弟子一起赶路，途中遇到两个人在耕田，于是孔子让子路向这两个人询问渡口。这两个人分别叫作长沮和桀溺。他们了解到子路的身份，便对子路说："社会纷乱，洪水弥漫，天下都是这样，谁又能改变得了呢？你与其跟着（孔丘那样）避开（坏）人的人，还不如跟着

（我们这些）避世隐居的人呢！"

子路回到孔子身边，就把长沮和桀溺的话告诉了孔子。孔子听完，叹息说：

> 鸟兽不可与同群，吾非斯人之徒与而谁与？天下有道，丘不与易也。

孔子的意思是，我们既然无法跟鸟兽待在一起，如果不跟天下人待在一起又跟谁在一起呢？天下如果太平，我也不会和你们一起来从事改变现实的工作了。

孔子的这番话，就体现了"知其不可而为之"的精神。在以孔子为代表的儒家看来，我们的世界确实存在着一些困境、危险和灾难，这是我们仅仅凭借个人力量难以抵抗和挽回的，这是令人无奈的事实。但明明知道了这些事实，孔子非但没有泯灭想要有所作为的意志，反而有了心理准备，更加勉励自己去发挥人的主动性，向困难发出挑战，去坚定地履行道德原则，实现人生理想。

和以孔子为代表的儒家相比，古代中国的另一些思想流派，比如道家和墨家的人生态度就不太一样。

道家有部著作，叫《列子》，相传是道家的代表人物列子，也就是列御寇所作。《列子》有一篇文章叫《力命》，假设了两个人对话，一个人的名字叫"力"，代表人力；另一个人的名字叫"命"，代表天命。结果争论之后，叫"命"的这个人占了上风。可见，道家认为，与其耗费人力去改变既定的事实，不如顺从命运的安排。而墨家是不相信命的。《墨子》有《非命》篇，"非命"就是否认天命，用我们今天流行的一个词说，就是提倡"逆天改命"。

但是，现实的困境是否认它就会消失的吗？人力一定可以战胜那个变化莫测的外部世界吗？墨家的这种"非命"思想，虽然口号响亮，有决心，但是过于天真，一旦遇到真正的困难，反而会因为事先没有做好心理准备，而迅速地逆转为失望的情绪。

而孔子的"知其不可而为之"，既承认了现实的残酷，同时又要奋力一搏，不认输。这样坚忍的人生态度，是一种富于幽默感的智慧，它可以提示我们当代人去积极面对人生的困境，预防挫败感和失落感。它告诉我们，我们可以为了一时的失利而沮丧，但我们不能为此一蹶不振，不能彻底崩溃。"知其不可而为之"是儒家现世主义的写照，它表示了一种仁者的豁达。

孔子周游列国，为理想奔走，却几乎一无所获。他晚年回到鲁国，仍然德高望重，但他的政治主张却往往得不到重视。他虽然有一腔治世的理想，却缺乏实现的机会。

但是，孔子依然孜孜不倦，始终坚持理想。在《论语·子罕》篇的第二十六章里，孔子说：

> 三军可夺帅也，匹夫不可夺志也。

孔子认为一国的军队可以丧失主帅，但是一个人却不能被强迫着放弃主张。

这里要解释一下"三军"。按照周朝的制度，诸侯中的大国是可以拥有上、中、下三军的。因此，后来就用"三军"来通称军队。

孔子如此豁达坚定，就在于"仁"的人生观——仁者不忧。在《论语·宪问》篇的第二十八章里，孔子说：

> 君子道者三，我无能焉：仁者不忧，知者不惑，勇者不惧。

这里，孔子自称"君子所行的三件事，我一件也没能做到"。哪三件呢？仁德的人不忧愁，智慧的人不迷惑，勇敢的人不惧怕。

孔子真的没有做到这三件事吗？未必。因为孔子说完这段话后，弟子子贡说，"仁者不忧，知者不惑，勇者不惧"这正是老师的自我写照呀。

怎么理解"仁者不忧"？梁启超先生曾经说，我们得着"仁"的人生观，就不会忧成败。为什么呢？因为我们知道宇宙和人生是永远不会圆满的。正因为这个永远不圆满的宇宙，才永远容得我们创造进化，我们所做的事，不过是在宇宙进化几万万里的长途中，往前挪一寸两寸，哪里配说成功呢？然而不做会怎么样呢？如果不做，便连这一寸两寸都不往前挪，那可真的是失败了。"仁者"看透这种道理，相信只有不做事才算失败，但凡做事，便不会失败。

所以，梁启超先生说，我们树立了"仁"的人生观，就不会忧虑得失。

因此，孔子的豁达，正来自他所信守的"仁德"。据说，孔子晚年回顾自己五十岁前后的经历，感慨道："五十而知天命。"这句话见于《论语·为政》篇。

需要思考的是，"天命"的内涵到底指的是什么？对此，一般认为有两种解释。

一种解释，是孔子在五十岁前后认为自己想做的事乃是上天所赋予的使命。这种自觉的使命感，就是"五十而知天命"。而孔子之所以能产生使命感，就是前面我们提到的，面对泼冷水的隐士，孔子却坚定地要去改善汹汹乱世。

对"五十而知天命"的另一种解释，是孔子尽管胸怀伟大的使命感，但结果却很不如意，他被迫离开故土，流落各国，经过长达十四年的颠沛流离，才返回鲁国。回顾往昔，于是慨叹。"五十而知天命"这句话，或许就蕴含着孔子对旧日的怀念——我孔丘当年以肩荷天赋使命的心志，大气凛然地投身于那一番理想的事业！可是，那番事业却始终运行不畅。但是，既然生而为人，就要活得正大光明，成功也好，失败也好，总须要选择某种事业作为个人的使命。

话说回来，孔子屡屡碰壁之后，也会有一些小情绪。但是，这只会让我们更加觉得，孔子是平易近人的，是有血有肉的。

在《论语·公冶长》篇的第七章，孔子说：

　　道不行，乘桴浮于海。从我者，其由与？

这里，孔子表示："我的主张如果行不通了，我想坐个木排到海外去，跟随我的恐怕只有仲由（子路）吧！"

古代把竹子或者木头编成排当船用，大的叫作筏，小的叫作桴，也就是现在的木排。

可见，孔子有着普通人的喜怒哀乐。他高兴起来，还会跟学生开玩笑。时光的流逝也会让他伤感，他在河边感慨时间像流水一样，一去不复返："逝者如斯夫，不舍昼夜。"但正是在这点点滴滴的话语和行动中，孔子展现出了"仁者不忧，知者不惑，勇者不惧"的特质。

最后，我们来看一下，孔门弟子是如何发扬仁德的。

对于孔门弟子来说，尽管一路艰险，但是能够跟随孔子，追求和坚守仁德，确实是人生的一种荣幸。

《论语·八佾》篇的第二十四章讲了这么一件事：

> 仪封人请见，曰："君子之至于斯也，吾未尝不得见也。"从者见之。出曰："二三子何患于丧乎？天下之无道也久矣，天将以夫子为木铎。"

仪，是一个地名；仪封人，就是仪这个地方的边防官。仪封人请求孔子接见他。他说："所有到了这个地方的有道德学问的人，我都是要和他们见面的。"于是，孔子的随行学生就请求孔子接见了他。这个边防官和孔子见面交谈之后，就对孔子的学生们说："你们这些人为什么着急没有官位呢？天下黑暗的日子也久了，圣人也该有得意的时候了，上天要让他老人家做民众的导师呢。"

这里解释一下什么是木铎。木铎是铜做的铃，这个铃铛的舌头是木头做的。天子每次要发号施令的时候，就会以木铎来提醒众人。因此，木铎就成为行政教的用具。后世也把教师比喻为木铎。我国有些师范大学，比如北京师范大学，就是以木铎的图案作为校标校徽的。所以，在仪封人看来，能当孔子的学生是一件很值得自豪的事情。

后来，不少孔门弟子确实也不辱使命，努力发扬老师孔子的精神。

在《论语·泰伯》篇的第七章里，孔子的学生曾子说：

> 士不可以不弘毅，任重而道远。仁以为己任，不亦重乎？死而后已，不亦远乎？

这里曾子指出："读书人不可以不刚强而有毅力，因为他负担沉重，路程遥远。以实现仁德于天下为己任，不也是很沉重吗？到死方休，不也是很遥远吗？""士不可以不弘毅"，就和武汉大学的"自强弘毅，求是拓新"校训密切相关。

在《论语·颜渊》篇的第二十四章里，曾子又说：

> 君子以文会友，以友辅仁。

曾子说："君子用文章学问来聚会朋友，用朋友来帮助我培养仁德。"

在《论语·子张》篇的第六章里，子夏说：

博学而笃志，切问而近思，仁在其中矣。

子夏认为："广泛地学习，坚守自己的兴趣；恳切地发问，多考虑当前的问题，仁德就在这中间了。"你可能知道，"博学而笃志，切问而近思"，正是复旦大学的校训。

可见，《论语》的确是中国大学校训的一座宝库。这足以证明，这种以"仁"为核心的道德依然适用于今天。

余婉卉

《大学》《中庸》与明德

导　语

　　"大学之道，在明明德，在亲民，在止于至善。"

　　"好学近乎知，力行近乎仁，知耻近乎勇。"

　　"凡事预则立，不预则废。言前定，则不跲；事前定，则不困；行前定，则不疚；道前定，则不穷。"

　　这些句子都来源于《大学》和《中庸》两篇。《大学》里面所追求的"修身""齐家""治国""平天下"，至今仍是我们对于儒家知识分子理想境界的高度概括。而《中庸》里面讨论的"三达德""五达道"也是儒家非常重要的核心概念。

　　那么，这两个文本到底蕴含了什么样的智慧？对我们今天的生活有什么样的意义？就让我们以"明德"这个词为讨论核心，来接近这两篇重要的经典文献。

大德敦化：明德的重要性

《大学》和《中庸》两个文本严格讲起来只能算两篇先秦散文，但是这两篇文章很重要，因为它横跨了儒学典籍的两大经典体系，一个是"四书"，一个是"五经"。

这两个文本最早出现在《小戴礼记》里面。有的人要问了，有《小戴礼记》是不是也有《大戴礼记》？答案是肯定的。西汉时期《大戴礼记》和《小戴礼记》是并行的，都在社会上普遍流传。《大戴礼记》为戴德所作，《小戴礼记》为戴圣所作，而戴德和戴圣是叔侄二人，他们一起跟着当时的经学大师后苍先生学礼，学到了种种先秦以来儒家关于礼的解释。他们将学到的这些知识结合自己长期学习的心得，编成了合集，戴德所编的就是《大戴礼记》，戴圣所编的就是《小戴礼记》。当时的《大戴礼记》是有八十五篇的，但是非常遗憾，它的流传有限，比较受人忽视，现今仅存三十九篇。这是因为东汉末年经学大师郑玄遍注群经的时候，他选了《小戴礼记》，所以《小戴礼记》被保存了下来并且得以广泛地传播。唐代孔颖达编《五经正义》，宋代编《十三经注疏》都是用的郑玄注的版本，我们本篇文章要讲的《大学》和《中庸》也出自此版本。

首先要注意，《礼记》，或者说《礼记》这类题材的书，它本来就是为了阐释"礼"，而非着重于礼仪本身。它涵盖了"礼"的起源、"礼"的意义、"礼"本身所蕴含的哲学思想。《大学》《中庸》是最早正式阐释"礼"的深意、论述"礼"的两篇文章。至于具体怎么行礼，儒家经典里有一部《仪礼》，

《仪礼》就说明了具体的礼仪流程是什么，如穿什么颜色的衣服、戴什么样的帽子、走几步、往哪个方向走、头应该怎么摆、手应该怎么摆。

《大学》和曾子

《大学》是《小戴礼记》中的第四十二篇。相传《大学》为春秋战国时期曾子所作。但是后来朱熹在作注释的时候，将其分为"经"和"传"两个部分，朱熹认为"经"这个部分是曾子作的，"传"的部分则是曾子的学生所记录的曾子思想。我们对此不做过多讨论。

曾子是孔子的学生。《论语》里面有很多关于他的记载，比如记载了曾子临终之前所说的话："启予足，启予手，《诗》云：'战战兢兢，如临深渊，如履薄冰。'而今而后，吾知免夫！"孔子对这个学生也有过评价，"参也鲁"。曾子的反应可能有点慢，属于不算特别灵敏的学生。曾子比孔子小三十多岁，对孔子学问的流传有很大的功劳，这是公认的。而且他对于孝德的发展和践行做出了突出贡献。在我们看到的《大戴礼记》，以及后来的《韩诗外传》《说苑》等儒家的很多经典中，有许多关于曾子言行的记录。曾子也是孔门的圣人之一，后世尊他为"宗圣"，和颜子、子思、孟子并为孔庙四配。颜子就是颜回，在《论语》里面，孔子对颜回是很看重的。《论语》记载颜回去世时，夫子"哭之恸"，并发出"天丧予"的感慨。为什么呢？孔子认为颜回死后，他的学问不知传给谁，"未闻好学者"。这说明孔子高度认可颜回在传承其学问方面的贡献。曾子被抬到跟颜回一样的地位，说明曾子的内在修为以及他对儒学传播的贡献是被后人肯定的。

《中庸》和"思孟"学派

　　《中庸》是《小戴礼记》中的第三十一篇。《中庸》基本上被认为是"思孟"学派的代表作之一。"思孟"指的是两个人，一个是子思，一个是孟子。子思名叫孔伋，是孔子的孙子，现学界多认为《中庸》是子思及其弟子们所作。子思开创的学派叫作子思学派，后世把他和孟子放在一起，叫作"思孟"学派。

　　思孟学派是讲心性的。在《汉书·艺文志》这部现存最早的目录学文献当中，曾经著录了子思二十三篇，但是现在已经亡佚了。而且思孟学派是否成立，这在历史上一直是有疑问的。为什么呢？因为荀子在评价诸子的时候，说思孟学派讲五行之说"幽隐而无说，闭约而无解"。但是，按我们后世的理解，五行一般与阴阳五行有关，是金木水火土、阴阳、太阴太阳这一类的，或者是跟术数、民间传统等紧密相关，怎么会是一个幽隐的东西呢？20世纪郭店简出土，里面就有反映思孟学派思想的《五行》篇，其中说道："（仁、义、礼、智、圣），形于内谓之德之行，不形于内谓之行。"即行于内的时候叫作"德之行"，不行于内叫作单纯的行为，这就阐释了何谓仁、义、礼、智、圣。由此我们可以了解到思孟学派倾向于将五行归于内心，但因为关涉人的内在心理情感等因素，所以显得比较隐微，缺乏清晰的解说，有时候显得难以理解。据此我们可对思孟学派的特色有基本的认识，总之，它也是儒家一支很重要的流派。

《大学》《中庸》的流传脉络

其实《礼记》中《大学》《中庸》两篇，当初在《礼记》广泛传播的过程中，本来只是经学体系中的两篇文章，并没有一个特别突出的地位。它们能获得今天这种地位是因为后来被纳入了"四书"。"四书"体系的出现与宋明理学的兴起有关。

虽然得益于郑玄当时选了《小戴礼记》，这两篇文章才能够广泛流传，但是值得注意的是，从东汉以后一直到隋唐，实际上是儒家的一个相对衰落的时期。在这八百多年间，魏晋玄学、佛教、道教兴盛。李唐王朝是以老子作为祖先的，所以当时道家和道教是排在第一的，《老子》《庄子》《列子》《文子》是当时的道家四书，并且家家必备，《老子》还是科举取士的必读书目。而佛教，尤其是大乘佛教，我们中国后来演绎的唯识宗、华严宗、法华宗、禅宗，都有自己的文本。佛经的广泛流传，也是中国历史上一场非常激烈的思想文化运动。在这八百多年间，儒家的学问相对地并不是那么兴盛，儒家的地位不能和两汉及宋明时期相比。

宋明理学，正是在这个背景下兴起的一场思想运动。在唐代已经有韩愈提出"性三品"说，李翱创作《复性书》，试图对抗道教和佛教的学说。而真正达到这个目的、完成这个愿望，要到北宋五子（周敦颐、邵雍、张载、程颢、程颐）和南宋朱熹的时候。北宋开始的宋明理学作为一场思想文化运动，它的目的实际上就是提高儒学的地位，提高儒学论著的深度和广度，试图对抗从隋唐五代以来就非常兴盛的禅宗、道家、道教，这主要表现在慢慢抬升四书的地位上面。最开始，程颢、程颐将

《诗》《书》《礼》《易》《乐》《春秋》列为"大经"，将《大学》《中庸》《论语》《孟子》称为"小经"，并认为儒学才是正宗的中华学术，佛教或者道教都属于非正统的旁门。

到南宋的时候，朱熹把《大学》《中庸》作了"章句"，成《大学章句》《中庸章句》，又对《论语》《孟子》作了"集注"，成《论语集注》《孟子集注》。后朱熹将四书合为一体，这就成了后来我们看到的《四书章句集注》。朱熹几乎把毕生精力都投入到了这部书里面，据说他临终之前还在删改《四书章句集注》。总之，四书的升格运动在北宋五子和南宋朱熹手里得到实现，四书从此成了一个经典体系。

但是在宋代的时候，《四书章句集注》也还未被列入科举取士的必读书目。它的地位的真正提升要到元代皇庆二年（1313年），这时科举考试明确规定将《四书章句集注》作为考试用书，就是我们讲的官方教材。从此以后，读书人必读《四书章句集注》，还要背得滚瓜烂熟，以便在科举考试里面拔得头筹。总之，此举措对古代的教育、古代的读书人、古代的民众生活产生了极大的影响，《大学》与《中庸》也被提升至空前地位。

这里要注意的是，只有《大学》和《中庸》两个文本是横跨了"五经"和"四书"两个体系的。"五经"是从先秦以来一直到宋代的经典流传体系，而从宋元以后一直到明清时期，则是以"四书"为主。有人开玩笑说，如果要参加宋以后的科举考试，"五经"可以学得马马虎虎，只要把《四书章句集注》背得滚瓜烂熟就能考得还不错。当然这是一个很功利的想法，但实际上确实如此。在当时文化普及的过程中，读《四书章句集注》的人可能比较多，有工夫再去读"五经"，并且研究《十三经注疏》的人相对来讲要少得多。今人批评儒家大多是批评朱熹在《四书章句集注》里面所表达的思想，某种程度上来说，"五经"等所代表的儒家思想是被"误伤"了。

为什么《大学》《中庸》可以横跨"五经"和"四书"两个体系？为什么能够横跨几千年，成为人人必读、广受推崇的文本？比如，至今仍广为人知的"三纲领八条目"——"明明德""亲民""止于至善"和"格物""致知""诚意""正心""修身""齐家""治国""平天下"；《中庸》里面讲的"三达德"——智、仁、勇，还有"至诚之道"；"五达道"，即"五伦"——君臣、父子、夫妇、兄弟、朋友，等等。再如许多格言："正己而不求于人，则无怨。上不怨天，下不尤人""博学之，审问之，慎思之，明辨之，笃行之""万物并育而不相害，道并行而不相悖""小德川流，大德敦化"，等等，基本都出自《大学》和《中庸》，可见它的思想深入人心。

为什么《大学》《中庸》有如此大的魅力？这与它们的核心思想有很大的关系，那么它们的核心思想是什么呢？

其核心思想应是明德，"明德"是什么样的德行？为什么"大学之道，在明明德"是《大学》开篇的第一句？《中庸》的最后一句"诗曰：'德輶如毛。'毛犹有伦。'上天之载，无声无臭。'至矣"为什么也在讲明德？"明德"为什么会成为《大学》和《中庸》两个文本都突出强调的一个核心要义？为什么"明德"能够横跨几千年，成为儒学里面一个意义深远的词？下一节，我们就进一步来阐释《大学》和《中庸》的核心思想。

止于至善：明德的内涵

上一节已经讲到，"明德"是《大学》和《中庸》两个文本的核心要义。毫不夸张地讲，"德"是儒家思想的关键词。究其来源，可以追溯到西周取代殷商的这段历史。

西周是孔子非常推崇的一个时期。孔子一辈子追求的理想是复兴周代礼乐文化，因为周代是人文思想大化流行的一个时代，孔子对于周代的"礼仪三百，威仪三千"终生向往。"甚矣吾衰也！久矣吾不复梦见周公！"孔子说："我现在年纪大了，身体各方面都衰弱了，所以我现在梦不见周公了。"这说明孔子以前经常梦到周公，也从侧面反映了他毕生以周公作为自己学习的模范。

周取代商，在上古历史上是开天辟地的事情。夏代、商代、周代是我们讲的上古三代。夏人比较朴实，商人重鬼，商时期的鬼神祭祀是比较多的。周取代商之后，对商代的天命观加以改造，提出了"以德配天"的思想。

小国周为什么能够取代大邑商？商代在当时属于正统王朝，而周只是西北边陲的一个小邦国，它能够以小小的地域和少量的人口取代商，靠的是什么？周人用"以德配天"来解释改朝换代。在以德配天的思想体系中，天命不会固定在一家一姓上面，不会永远让一姓之家父死子继，子子孙孙无穷尽地统治下去。天命是随着"德"而转移的。如果前朝德不够，那么新的王朝是可以取而代之的。这就是著名的汤武革命思想，核心就是"以德配天"。无论是王朝、家族，还是个人，都首先要"求德"，然后以"德"来配"天"赋予的地位、权利、荣誉……
周代认为商代的德已经不够了，而自己继承了"天德"，因此周
取代商是顺应天命。我们今天在观看有农民起义的影视剧里还
会看到"代天行道""替天行道"的口号，皇帝的诏书里面也讲
"奉天承运"，当然，这些"德"指政治上治理天下的"大德"，
而在《大学》和《中庸》里面，"德"讲的是"人"的方面。这
里就涉及儒学的一个核心思想：对人的重视。

　　孔子是很重视个人的。孔子在《论语》里面明确讲过："古
之学者为己，今之学者为人。"也就是说，上古以来的学者，学
习是为了完善自身，是为了完成个人的人格修养和道德修养，
而"今之学者"学习是为了获取功名利禄，为了博得众人的
称赞。结合《论语》其他记载可知，孔子更加推崇古之学者的
"为己"之学。孔子本人还比较强调"述而不作，信而好古"。
"述而不作"是指他没有创作任何作品，"信而好古"表达了孔
子对前代圣贤之言行非常崇信。孔子会对圣贤之言进行广泛地
收集与整理，切实履于生活，充分发展自己。

　　《大学》和《中庸》作为儒家思想中很强的一脉，实际是针
对我们个人的。这个"个人"不能单纯理解为单独的个体生命，
它包括了个人的身心，甚至包括了"灵"的部分，也就是我们
现在经常讲的"天人合一"。"天人合一"蕴含着一个道理：一
个人能够不断地完善自己的身心修养、道德修养和人格修养，
达到儒家讲的"圣人"境界，就是后来宋明理学讲的"为天地
立心，为生民立命，为往圣继绝学，为万世开太平"的境界，
也是陆九渊讲的具有"吾心即是宇宙，宇宙即是吾心"的宏阔

的思想境界。

　　心性修养是儒家思想非常重要的部分，也就是我们讲的"明德之学"。即使在佛教传入以后，佛经阐释也借用了《大学》《中庸》《论语》《孟子》《老子》《庄子》里面的词汇。对于《中庸》的阐释不是到宋明理学之后才有的，早在南北朝时期，佛教的一些学者就关注和解读了《中庸》。佛教的很多思想与《中庸》中的思想有关。如大乘佛教的入世精神是符合《中庸》的核心思想的——不仅要完善自己的身心修养，而且要将它扩充开来，去关怀帮助自己的家人，关怀帮助整个国家，乃至整个天下。不仅要出世，有一个比较超脱的精神修养，而且要入世，要能够治国平天下，这也就是儒家讲的"内圣外王"。

　　现在我们来看"明德"。《大学》第一句话是"大学之道，在明明德，在亲民，在止于至善"。实际上，在历代典籍，尤其是先秦和西汉文献里面，"明德"常与"天"共同出现。日月为明，而与日月齐辉的德性必定与天相联系，只要讲明德必定出现天，只要涉及人间之事，就会提古圣先贤，一般为尧舜禹汤这一类人物。比如《尚书·盘庚》里讲的"汤有明德在天"，《康诰》里面讲的"乃丕显考文王，克明德慎罚"，《黄帝四经》里讲的"正以明德，参之于天地"，《史记·鲁周公世家》里讲的"自汤至于帝乙，无不率祀明德，帝无不配天者"。

　　"明德"的"德"是一种至高的德性。"德"的表现就是"亲民"，能够让老百姓来亲近你，依附你，然后能够"止于至善"，"至善"中的善指的是像天地一样无不覆载、无不关怀、无不养育。皇天后土无私德，普天之下，不管是阴暗的地方还是光明的地方，不管是高的地方还是低的地方，天是无不覆盖的，地也是无不覆载的。"至善"是对天地德性的一个最高表达，也可以说是对"明德"这个价值体系的最高表达。《周易》里面讲"天行健，君子以自强不息。地势坤，君子以厚德载物"，《庄子·德充符》讲"天无不覆，地无不载"。

尽管《中庸》里面没有"明德"这个词语，但它最后一句讲："'德辅如毛。'毛犹有伦。'上天之载，无声无臭。'至矣。"德就像羽毛一样，但即使是小小的羽毛，我们也还是能看到其上经纬的形状，而德比羽毛还要轻。上天对万事万物的承载是没有声音、气味的，是没有形状的，甚至是看不到的。这就涉及我们中国古代非常重要的一个智慧，就是"无"。一般我们讲"无"的时候，多提释家和道家，佛教讲空，道家讲无，而儒家是讲人伦的，讲治国平天下，是要入世的。但是《中庸》里讲的"德"是"无声无臭"的，是无不覆载的，是跟天地一样的。阳光不会特意去宣称我要照射哪里，但是万事万物无不在阳光雨露中得以茁壮成长，这就是儒家推崇的最高德性。所以儒家的"德"与佛教、道教推崇的最高的"德"是有可类比之处的。

《中庸》开篇讲"天命之谓性，率性之谓道，修道之谓教"。"天命之谓性"，天赋予人的或者赋予万事万物的本质叫作"性"。天赋予万事万物的"性"中有一个至上的，即最高的德性，而最高的德性和天地、和"明德"、和日月是一样的，这是我们中国思想传统中非常重要的一个特色。

"率性之谓道"要求把德性扩展开来。"道"和我们讲的天地日月一样，是须臾不可离的，它时时刻刻都在你我身边，时时刻刻都能够体现。因此，如果一个人能够时时刻刻发挥天命所赋，能够把自己的"明德"充分地展现开来，并且时时刻刻不离开它，那么这个人就已经是得道之人，或者说是圣人了。这里天命的"性"、"率性"，实际上都是在讲修身养性。佛教里讲"明心见性"，道教里讲"练精化气"，也是在讲最高的"性"、"率性"，讲修身。《中庸》《大学》之所以能够受到儒释道三家的推崇，和它对于心性的阐释是有关系的。

从万物平等的关系来讲，人也是天地之间所生的一物而已，但是人和物有没有区别呢？当然有区别。儒家强调人的几希道德性，即中国传统学问里面经常强调的——人是万物的灵长，是五行之秀气，是天地之性。孟子讲过，"人之所以异于禽兽者几希"。人的体能比不过禽兽，人和禽兽的区别是人能够团结在一起，并且能够有羞耻之心，有是非恻隐之心，有德性。人有德性，就可以提高内在修养和心性的境界。

那么，"明德"如何在生活当中实践呢？

君子慎独：实现明德的现实途径

上一节，我们已经简单阐释了"明德"的内涵和它作为儒家核心要义的突出地位。这一节我们来谈论实现"明德"的现实途径。

"内圣外王"是一种理想的人格境界，最早出现在《庄子》里。后世对儒家有很多误解，比如讲儒学发展到宋明理学以后，只重视加强个人内在德性，但是缺乏事功，没有太大实际作用，以致明代灭亡的时候，士大夫"无事袖手谈心性，临危一死报君王"。近代以来，不少学者也持类似观点。但其实儒家思想是重视实践的。《大学》中讲"明明德"，第一个明作动词，强调要弘扬善良的德性，即重行动，这在孔子那里表达为"君子下学而上达"，子夏讲"百工居肆以成其事，君子学以致其道"。儒家非常强调知行合一，认为道德需要有力的实践来支撑。

那么，我们要怎样实践呢？在《中庸》里，孔子明确区分了人的才性，人有"或生而知之，或学而知之，或困而知之"。有的人生下来比较有灵性，能够明白道理；有的人通过学习来明白道理；有的人遇到困难，然后通过现实的打磨来通达大道。但是，孔子随后强调"及其知之，一也"，不管是生来就明白道理，或通过学习明白道理，还是在现实困境当中磨炼通达道理，实际上明白的道理是同一个。紧接着又讲："或安而行之，或利而行之，或勉强而行之，及其成功，一也。"如果是天生就能够通达于道的人，那么安于行道，一生以此为乐，这是最好的；如果通过学习明白了自己应该走的路，那就用力地朝这个方向努力；如果是勉强行至，尽管不能够完全通达大道，但能够约束自己，归正自己，勉强自己遵道而行，等到能够以此为心、以此为乐的时候，也就是成圣成贤的时候了。人的才性不同，但是通过现实的磨炼，通过学习和力行，都是能够通达于道的。

《中庸》里面还明确讲，天下的大道有三种——智、仁、勇。因为"智"和"仁"已经有很多阐释了，此处就不再详说。儒家强调仁爱、亲民，但儒家其实在最开始也非常强调"勇"。

在孔子时代乃至在宋代以前，对"勇武""勇敢"（英语里对应的词汇是 brave）的德行，儒家是很推崇的。在宋代以前，读书人骑马、射箭、驾车不在话下，上马能够打仗、下马能够做宰相。孔子本人能文能武，会射箭、驾车，还有卓越的军事指挥才能。孔门弟子里能文能武之人也非常多，例如，子路后来成为保家卫国的大将军，子贡是当时的国际大商人。儒家的尚武风范一直影响到后世。三国的周瑜、曹操、曹丕、曹植，一直到唐代的李白、杜甫，等等，基本上都通达武艺。世人熟知魏晋时期世家大族兴盛，士大夫涂脂抹粉，宁愿卧在牛车，也不愿忍受马上的颠簸，但其实当时高门大族里有不少人上过战场，甚至曾指挥作战。

到了北宋，宋太祖"杯酒释兵权"，对武将极其防范，并且在官员任用上采取"崇文抑武"的倾向，抬高文官的地位，抑制武官的地位，并增加科举取士的人数，与士大夫共治天下。慢慢地，民间也逐渐形成了"重文轻武"的社会风尚。宋代之后，文武轻重的问题一直影响了元、明、清三代。

儒家的勇虽然包括了外在的勇猛、勇敢，但是，我们中国历史上儒、释、道三家从来没有把武力作为最高的崇拜。我们强调以德服人，即便拥有强大的武力，拥有很强的作战能力，也要"修文德以来之。既来之，则安之"，让远方来归附。

《中庸》里面的"勇"，多指心性之学，它强调"知耻近乎勇"。在生活中，要多反省，知道哪里不对，并且感到耻辱，这就是"勇"，也就是说人要有羞耻之心。

历史上有这样一个故事。王阳明审理江洋大盗，对方杀人越货无所不为，但是王阳明相信他仍有天理良知、有羞耻之心。他让盗贼在公堂脱光衣服，最后只剩下一层衣服，王阳明让他也脱掉，江洋大盗死活都不肯脱了。众目睽睽之下赤身裸体是非常羞耻的，即便是十恶不赦的江洋大盗也是有羞耻之心的，他也有最后一点点良知没有泯灭，而他只要能够把这一点点羞耻之心扩充开来，能够时时刻刻反省自己，就像大庭广众之下所有人看着自己一样，那么他就会慢慢改正自己的缺点。

然而"知耻"不仅仅是因为违背某种社会规范或者习俗的约定而在大庭广众之下产生的耻辱感，更多涉及人对自己内心状态的及时反省。其实整体来讲，无论是独自一人还是与其他人相处，人内在的思想活动和心理状况并不为人所知，有的人可以做到喜怒不形于色。在这种情况下，儒家强调"慎独"是修身的一个基础。

"慎独"在《中庸》和《大学》里面出现多次。《中庸》里讲："君子戒慎乎其所不睹，恐惧乎其所不闻。莫见乎隐，莫显乎微。故君子慎其独也。"在形影模模糊糊，非常隐蔽，非常微小，甚至看不见、听不到的地方，君子仍然要保持戒慎恐惧之心。《中庸》还强调："君子之所不可及者，其唯人之所不见乎。"君子的过人之处就在于，即使在别人看不见的地方，他也能严格要求自己。后面还有一句："相在尔室，尚不愧于屋漏。""屋漏"指的是室内西北角的阴暗隐蔽之处。这涉及上古的祭祀，在上古的时候，屋漏之处往往会安设神位，人们平时在家里祭祀。"相在尔室，尚不愧于屋漏"，说的是在家里面对神位的时候，都没有惭愧之色。《大学》里讲，"所谓诚其意者，毋自欺也。如恶恶臭，如好好色，此之谓自谦。故君子必慎其独也"。君子慎独的状态，就像讨厌不好的气味，喜欢漂亮的人或事物一样，出自本心，自然而然地发生。然后"人之视己，如见其肺肝然，则何益矣。此谓诚于中，形于外"。你的内心必然会表现在行动或者相貌当中，所以我们有一句话叫"相由心生"，一个人的相貌和他的心境是有关系的，所以君子要"慎其独"。

《大学》里面还引过曾子的话："十目所视，十手所指，其严乎！"当一个人独处而别人看不见时，就好像有很多双眼睛盯着你、很多只手指着你一样，这是多么严密的监督啊！时时刻刻都好像有人在监视，周围好像坐满了人一样，你自然而然心生恐惧。就像曾子引用《诗经》说的"战战兢兢，如临深渊，如履薄冰"。曾子一辈子都是这样过来的，他非常小心谨慎，善于反省自己。时时刻刻地小心谨慎，是儒家"慎独"的一个最重要的体现。

时刻反省，时刻检查自己的是非、善恶、好坏，丝毫不欺骗自己，就是慢慢地走在了合乎道德的路上。《中庸》里面强调："诚者，天之道也；诚之者，人之道也。诚者，不勉而中，不思而得，从容中道，圣人也。诚之者，择善而固执之者也。""诚"是一个天然的状态，不用思考，不去勉强自己，他自然的行为已经合于道了，这样的人就是圣人。而一般的人只有"诚之"，"诚之"就是要选择至善的道德，并且下功夫坚持不懈地践行，要时时刻刻保持"慎独"，让自己循"道"而行，才能通达于"道"。

孔子这样评价颜回："回之为人也，择乎中庸，得一善，则拳拳服膺，而弗失之矣。"颜回就是符合中庸之道的，他只要得到一点点符合道德的东西，就"拳拳服膺"，时时刻刻都把它放在心里，不让其丢失。

《中庸》后面强调："人一能之，己百之；人十能之，己千之。"别人下一分功夫，自己就下百分功夫；别人下十分功夫，自己就下千分功夫。如果以此践行道德修养，某一天一定会豁然开朗，一定能够领悟"道"。这有点类似于禅宗里制心一处的状态，忽然大彻大悟，达到了某种境界。这实际上和"诚者，天之道也"是一样的，达到了那种境界以后，就会"不勉而中，不思而得"，自然地像发乎天性一样，能够把"道"表达出来，这样的人才是一个符合"道"、践行"道"的人。

做到了"诚之"，做到了"慎独"，努力地践行道，这些还不够。《中庸》里讲："成己，仁也；成物，知也。性之德也，合外内之道也。故时措之宜也。"人不仅要"成己"，还要"成物"。这里的"物"不仅包括一般的器物，还包括他人，只要外在于自己而生的，都属于"物"。

"成物"实际上涉及儒家对于"物"的一个观点。上古时期一直到秦汉，儒家倡导博学，"一物不知，儒者之耻"。尤其是以孔子、孟子为代表的儒者，都是百科全书式的人物。

"六艺之学"是儒家的教学内容。儒家"六艺"之学，最初指的是"礼、乐、射、御、书、数"。前面四项都是实践。"行礼"看似简单，实际上，如果要把每个细节都做到位，每个流程都做精细的话，就需要了解很多礼仪知识，包括音乐、舞蹈等。

《中庸》和《大学》从来没有忽略"实践"。所以《大学》才会讲："博学之，审问之，慎思之，明辨之，笃行之。"这是学习知识、具备各种才能的一个方法。在《论语》里，孔子强调要读《诗》来"多识于鸟兽草木之名"，因为这是了解外物特性的一个方式。了解外物的特性后才能够善待于物，才能够在农耕、狩猎、医学等方面有比较好的实践，也就是后面讲的"笃行之"——"明辨"以后一定要"笃行"。

《中庸》里面有句大家耳熟能详的话："君子尊德性而道问学，致广大而尽精微，极高明而道中庸。"君子不仅仅要有德性，还要有学问，不仅要有广博的知识，也要有细微的学问。"极高明而道中庸"，要追求非常高明的学问，但是也要在普通生活当中践行这些大道，实现这些大道。如何在日常生活中实现大道，那就要做到"温故而知新，敦厚以崇礼"。温习旧知识并从中获得新知，从而更好地面对新的环境、处理新的问题，且倡导以敦厚为基，崇尚礼仪。儒家实践"明德"，修炼自己，善待外物，"成己""成物"不仅要有德性涵养，还要有具体生活实践，这样才能够尽人性、尽物性，然后"参赞天地之化育"。

治国必先齐其家：明德与齐家

儒家重视家庭伦理，强调人伦，儒家精神从来没有抛弃俗世的生活。它强调"整齐人伦"，强调"三达德"，即仁、智、

勇，强调"五达道"，即君臣、父子、夫妇、兄弟、朋友五伦的
人伦要义。

儒家十分重视家庭教育。"子生三年，然后免于父母之怀"，
人不同于自然界其他生物，他需要三年的悉心照料才能够自主
行动，不然三年之内很容易夭折。从经验层面来讲，儒家强调
人最初德性的养成等人生体验，都是以家庭为起点。

中国古代历史上一般是大家族聚居在一起，现在南方的有
些村落，很多是由几个大家族或者某个大姓的世代子孙繁衍而
成的。我们历史上出现过三世、四世、五世、六世，甚至几百
口同堂的局面。《大学》里面非常强调孝、悌、慈这几类德行。

中国古代的儒家伦理当中不仅对忠、孝、仁、义这些德行
讲得比较多，而且对于夫妇的相处之道也是很强调的。比如，
《周易》里面讲"一阴一阳之谓道"，《中庸》里面讲"君子之
道，造端乎夫妇，及其至也，察乎天地"，《中庸》和《周易》
一贯相成，君子"道"的起点是从夫妇之伦开始的，到极致以
后，可以"察乎天地"。女子出嫁了以后她"宜其家人，而后可
以教国人"，这实际上是在强调夫妇之道是人伦的起点，有夫妇
才有父子，有父子才有兄弟，然后是朋友、君臣。

在夫妇之道之外，儒家还强调孝悌之情，强调兄弟之间要
和睦、谦让。

儒家为什么如此重视家庭呢？儒家认为先有夫妻，然后作
为夫妻的父母以身为表率，在"德、言、容、功"方面来教导
子女，那么夫妻、父子的人伦就整齐了，继而孝悌的人伦整齐
以后，和朋友、和君主或者和自己的同僚相处才有一个切实可

行的基础。《中庸》明确讲过："信乎朋友有道，不顺乎亲，不信乎朋友矣。"意思就是，取信于朋友的最基本要求是能够孝顺父母。如果对于父母没有孝心，这样的人是否能够真心对待朋友，要打问号。一个人和父母或者兄弟姐妹能够相处融洽，才能够真正地对朋友持忠信之道，一个人对朋友持忠信之道，才可能真正地对一个组织持忠信之道。所以儒家认为家庭是个人道德养成的起点，而良好习惯的养成也是发生在家庭里面，所以儒家强调，人不可能离开人类群体去生活，独自到野外和鸟兽虫鱼待在一起。一个人要在家庭中生活的话，就要对人与人之间的往来进行规范，然后规范自己的行为，养成自己的德性，这样才能够在现实经验层面上具备成圣、成贤的可能性。

　　这就是关于明德的实践途径的一个方面 —— 要培养良好的家庭伦理，形成孝悌仁义，尊重德性。

君子中庸：明德的境界

　　这一节我们谈儒家的"中和之道"，或者说"中庸之道"。《中庸》里面有句话，"致中和，天地位焉，万物育焉"。"中和之道"是中国在远古时期就开始追求的一种至上至美的境界。

　　这种"和"的状态在《中庸》里有很多描绘："万物并育而不相害，道并行而不相悖。小德川流，大德敦化。此天地之所以为大也。"万事万物都是可以一起生长的，并且互相是和谐的，不会相害，所有的道是可以一起来践行的，并不相违背。

这是在强调以不齐为齐，不同的事物和谐共生，交织出和谐美丽的大同局面。这也是中国传统文化独特的一面，这种包容之姿就像我们讲的明德，像日月、天地一样无不照，无不覆。

那么"和"是从哪里来的呢？最早可能与我们的食物有关系。上古以来，中国人一直强调五味调和。中国人的烹调是非常讲究美味的——食物不是只有一种味道，而是通过酸甜苦辣咸种种味道的调和，使自己显出独有的味道。这也是"以不齐为齐"的一种方式。《中庸》里面也讲过"人莫不饮食也，鲜能知味也"。人都要饮食，但很少有人知道其中的滋味。而真正知道食物味道的人是通达了物性的人，君子要有知物和博学审问的本事。不仅如此，《大学》和《中庸》里面还强调人的行为举止要由礼仪来规范。对人的行住坐卧、穿衣戴帽，儒家在《礼记》《大学》《中庸》里面都是有强调的。这些都是"和"的外在表达方式。

《大学》和《中庸》推崇明德或者心性之学，更加强调人内在的和谐，认为只有通过内在和谐才能达到外在和谐。所以《中庸》里面讲："喜怒哀乐之未发，谓之中；发而皆中节，谓之和。中也者，天下之大本也；和也者，天下之达道也。致中和，天地位焉，万物育焉。"这也是"中和"两个字比较早的出处。

在儒家"中和"的境界当中，"喜怒哀乐之未发，谓之中"，没有触动任何喜怒哀乐的情感是"中"。但人是情感动物，明代戏曲家汤显祖说："情不知所起，一往而深。生者可以死，死可以生。生而不可与死，死而不可复生者，皆非情之至也。"情是极高的，超越生死的感情是非常值得歌颂的。所以说不是让人一点感情都没有，而是要"发而皆中节"，要符合礼仪。

为什么《大学》和《中庸》强调这一点呢？因为人要有"明德"，这是人最高的德性，但是在"明德"还没有完全恢复的时候，作为一个有七情六欲的普通人，实际上也是和天地共振的，也是天人合一的。这就是《中庸》里说的，"仲尼祖述尧舜，宪章文武；上律天时，下袭水土。辟如天地之无不持载，无不覆帱；辟如四时之错行，如日月之代明"。儒家的学问尽管是从尧、舜、文王、武王、周公而来，但是它的学问是跟随天地的，随着一天十二个时辰、一年十二个月的规律来律动的，并且和一方水土是有关系的，所以它的运行是像天地一样无不覆载。天地的运行暗含规律，春夏秋冬四时交替，日月轮流更值，而人本身就是一个小宇宙，一个小天地，所以人的情绪实际上和身体乃至外在的自然环境是有关系的。人的喜怒哀乐、七情六欲会影响人的五脏六腑，从而影响人的身体。《大学》里面讲："所谓修身在正其心者，身有所忿懥，则不得其正；有所恐惧，则不得其正；有所好乐，则不得其正；有所忧患，则不得其正。心不在焉，视而不见，听而不闻，食而不知其味。此谓修身在正其心。"心态要调节到一个"中和"的位置，不能有非常愤怒或者非常恐惧、非常高兴或者非常忧患的心态，一旦有这种喜怒哀乐的触动，有各种情绪的触动，心就不得其正，颠上颠下，比较浮动。

《大学》里面还讲"人之其所亲爱而辟焉，之其所贱恶而辟焉，之其所畏敬而辟焉，之其所哀矜而辟焉，之其所敖惰而辟焉。故好而知其恶，恶而知其美者，天下鲜矣！故谚有之曰：

'人莫知其子之恶，莫知其苗之硕。'"人对于自己特别喜欢的人，会有所偏爱；面对自己很讨厌的人，会比较厌恶；碰到自己很敬畏的人，心态会比较谨慎、紧张；面对自己很同情的人，心态会比较包容；面对自己看不起的人或者羡慕的人，人的心态也会和平常不一样，很难保持平和。所以如果要达到"中庸"的状态，就应该"好而知其恶，恶而知其美"。你特别喜欢一个人，但也要能够看到他的缺点，尽量客观看待他；你很讨厌这个人，但也能看到他的优点，肯定他的优点。这样能全面看待各种人、事、物，保持平和的人"天下鲜矣"，全天下能做到这一点的人非常稀少。

孟子讲："学问之道无他，求其放心而已矣。"学问没有什么别的要求，把丢了的心找回来而已。这个"心"，孟子指的是一个人的心思。身为普通人，我们常有喜怒哀乐，每天的生活比较散乱，心常常不能够安定下来。我们先思考几个问题，吃饭的时候，心思是不是落在吃饭这一件事情上？每吃一粒米，每夹一筷子菜，是否能够充分地品尝到食物的味道，能够体验到"和"的境界？有的人可能认为自己会专注于吃饭，但大多数人在吃饭的时候，经常谈话，或是在想还有什么事情没做，还有什么安排，还有什么任务没有完成，总在不停地想别的事情，多数时候忽略了饭菜的味道，这就是不和乐的状态，不符合"中和之道"。

《大学》《中庸》以及孟子的话都表明儒家讲求"身心之和"，即行为要符合礼仪规范，举止要有威仪，感情、信念不会因为喜怒哀乐的牵扯而违背礼仪，抒发出来的情感是符合礼的，不会因为外在因素而改变自己中和的状态。

儒家还讲求"时空之和"。"和"并不是以某种事物取代另外一种事物，或者只推崇某种事物，而对其他的事物都持否定的态度。儒家对于所有的事物、所有的文化，乃至所有的时间和空间，都有如天地一样无不覆载的海纳百川的胸怀。这一包容的态度，也反映在了儒家的历史文化观里。孔子对于历史的态度，《中庸》里也有讲过："吾说夏礼，杞不足征也。吾学殷礼，有宋存焉。吾学周礼，今用之，吾从周。"孔子最推崇周公，他毕生以周礼作为向导。周礼并不是完全创新出来的，它是通过夏商周的礼仪不断地流传，不断地规范，不断地融合，然后变成礼仪的一个范本的。孔子认为夏商周三代都有优点要汲取。他属于"圣之时者"，"信而好古"，但并不是要完全复古，而是要有所顺应，所以《论语》里面记载他强调："礼云礼云，玉帛云乎哉？乐云乐云，钟鼓云乎哉？"行"礼"并不在于用了多少玉器、用了多少布帛、用了多少祭器和祭品，而在于背后蕴含的尊敬、崇敬、小心谨慎的态度。音乐的意义也不仅仅是演奏乐器，而在于音乐通神、通灵、直达人心和击穿人性的力量。所以，孔子对于礼乐文明的态度不是简单的复古，而是要顺应当时的人情、人性，然后以"礼"来节制。

中华民族的传统有很强的包容性。中华民族讲求"和"，讲求"万物并育而不相害，道并行而不相悖"，我们互相滋润、互相生长，大家一起良性循环。这是一种海纳百川的胸怀，也是我们中华民族的一种气度。

在公元6世纪初，南朝梁武帝在位的时候，达摩祖师来中原大地传授禅宗。别人就问他为什么一定要来中国宣扬佛法，他回答："东土震旦，有大乘气象。"我们这块古老的东方土地上有大乘气象。大乘气象是什么呢？这是一种无私奉献、普遍博爱、参同天地的气象。在这片古老的土地上，人们追求修身养性，明明德，为自己的民族和国家做出自己独有的贡献。这也是明德最终的归宿，要"亲民"，要"止于至善"。我们的德行不仅要到达至高的境界，并且要像天地一样海纳百川，拥有一种宽广的胸怀。

肖 航

《传习录》与良知

导　语

　　王阳明，名守仁，号阳明，是中国明代伟大的思想家、教育家和军事家，他上承周公、孔子、孟子、朱熹、陆九渊，高度凝练，融会贯通，涵化了儒家、道家和佛教的思想，在陆九渊、陈献章、湛若水等前贤时彦的基础之上，擒龙打凤，惟精惟一，完善或改造了儒家心性学的理论，构筑起了中国哲学史上巨大的理论高峰和新型系统的人学思想、伦理思想以及政治哲学思想。

　　王阳明的《传习录》是一部记录王阳明及其弟子对话和思想的语录体著作，由上、中、下三卷组成。上、下两卷是由其弟子记录的对话体语录，中卷是王阳明与他的朋友和弟子的八封书信。《传习录》中的许多重要思想，如"心即理""致良知""知行合一""天地万物一体之仁"，等等，都集中体现了王阳明哲学思想的来龙去脉和思想智慧，因此，《传习录》是中国哲学史上，特别是儒家思想史上的一部重要经典。

龙场悟道

明宪宗成化八年九月三十日（1472 年 10 月 31 日），王阳明出生于浙江余姚的一个文化世家。根据王阳明的及门弟子钱德洪《阳明年谱》的记载，我们可以知道王阳明的先祖是晋代光禄大夫王览。王览本来是山东人，到了他的曾孙王羲之的时候，王氏一族才迁徙到山阴（今浙江绍兴）定居。王阳明的祖父叫王伦，字天叙，号竹轩，天性爱竹，淡泊名利，但是遍览群经，吟诗填词，鼓琴放歌，豪放潇洒，有陶渊明的风骨，在当地是一位著名的教书先生。王阳明的父亲叫王华，字德辉，晚号海日翁。学者又称其为龙山先生。王华是明宪宗成化十七年（1481 年）状元，官至南京吏部尚书。海日翁气质纯厚，耿介直爽，道德和文章皆为一时楷模。这样的家世背景，对王阳明的人生和学问都产生了极其深远的影响。

据传，王阳明幼年不能言语，五岁时经一位高僧的点化才开口说话。所以，王阳明的生命一开始就与佛教结下了不解之缘。当然与此同时，他们家族世世代代与道家的关系也很密切。在他还没有说话的时候，王阳明整天跟随在爷爷身边听他朗诵各种经典。这些经典他都能默记于心，等他一开口即能成诵，这使他的爷爷大为吃惊。

王阳明十岁那年，他的父亲王华考取了状元，在北京任职，第二年，十一岁的王阳明随同祖父赴京同父亲居住。当他们过镇江金山寺的时候，祖父与客人们一起饮酒赋诗，众人尚未成篇，而王阳明的诗已经写成。他的诗是这样写的："金山一点大如拳，打破维扬水底天。醉倚妙高台上月，玉箫吹彻洞龙眠。"众人大为惊异，这首诗写得非常漂亮，小小的王阳明就有出口成章的本领。

众客人误以为这个小孩子是有备而来，早有准备，所以让他再写一首诗，题目叫"蔽月山房"。王阳明随口又吟一首诗："山近月远觉月小，便道此山大于月。若人有眼大如天，还见山小月更阔。"这两首诗具有与众不同的气质，隐然已经具有了心学的某些特质。附带一句，王阳明的文学成就也是非常高的。王阳明不仅诗写得好，还是书画家，能够弹奏古琴，同时还是首屈一指的散文家，他的文章写得有情有理、淋漓尽致，代表了明代散文的最高水平。

王阳明十二岁的时候，曾经问过他的老师："何为第一等事？"对一个人来讲，什么是最重要的事情？他的老师回答说，"惟读书登第尔"，读书唯一的目的就是要考取科举。但是，王阳明十分怀疑，回答说："登第恐未为第一等事，或读书学圣贤耳。"他认为，读书学圣贤才是读书的真正目的。此后王阳明遍读"北宋五子"和朱熹的书，志在圣贤，但是他总认为朱熹的文章始终存在着"尊德性"与"道问学"之间的支离问题。怎样把自己的心性与万事万物连在一起，这才是王阳明要追求的一种至高境界。

所以以此作为根基，王阳明对朱熹思想体系中所存在的各种问题一直抱着怀疑和反思的态度。他多方探索，出入于佛老，思想彼此纠缠交融。在他为学的过程之中，出现了"五溺三变"，这都是在不断的探索过程中产生的各种曲折。

　　弘治十二年（1499年），王阳明殿试金榜题名，高中二甲第七名，任刑部主事。五年以后，弘治十七年（1504年），王阳明被授兵部武选清吏司主事，可以说春风得意。

　　但是，王阳明所碰到的那个时代，并不是一个令他满意的时代。正德元年（1506年）的冬天，宦官刘瑾专权，排除异己，王阳明仗义执言，触怒刘瑾，被当众裸杖臀部四十棍，关进了锦衣卫大牢，最后贬谪至贵州龙场，任驿站丞。正德三年（1508年）春天，王阳明历尽各种艰难，抵达龙场，备尝人生的艰辛，百死千难，与当地的土苗百姓一起参加生产劳动，与老百姓结下了深厚的友谊。

　　在这个过程中，王阳明悟出了他独特的"道"，为此黄宗羲在《文成王阳明先生守仁传》中指出："先生之学，始泛滥于词章，继而遍读考亭之书，循序格物，顾物理吾心终判为二，无所得入。于是出入于佛、老者久之。及至居夷处困，动心忍性，因念圣人处此更有何道？忽悟格物致知之旨，圣人之道，吾性自足，不假外求。其学凡三变而始得其门。"黄宗羲把王阳明求学经历的三个阶段生动形象地全部描述出来了。

　　他首先是泛滥于词章，继而"遍读考亭之书"，"考亭之书"就是朱熹的书；"循序格物"，但是他始终认为朱熹的思想把物理与吾心"终判为二"，所以学了很多年却是不得要领。

　　于是，王阳明出入于佛老，在上面倾注了许多时间和精力。在一片茫然之中他来到了贵州的崇山峻岭，"居夷处困，动心忍性，因念圣人处此更有何道？忽悟格物致知之旨"，在这里他悟道成功，悟出了"格物致知之旨"，即"圣人之道，吾性自足，不假外求"，历朝历代的圣人，他们的道无非就是一条 —— 吾性自足。

吾性自足，说的是万物皆备于我，不假外求。

孟子曰："君子所性，仁、义、礼、智根于心，其生色也睟然，见于面，盎于背，施于四体，四体不言而喻。"但是，王阳明在这里来了一个不假外求，用王阳明原来的话讲，就是心外无事，心外无物，心外无理，心外无善。会稽山上的花正在盛开，我未看花时，花与我的心同归于寂。这不是说这朵花不存在，而是说我的心如果没有和它产生共鸣，这件事物对我来说是不存在的。但是如果当我的心和这朵花产生了共鸣，那盛开的鲜花就与我的心同时绽放起来。

吾性自足，不假外求，不是说外界的花在我此时此刻的心中不存在了。这是一个哲学问题，不能说王阳明是主观唯心主义。这个问题与主观、客观没有任何关系，过去我们对他的误解很深。黄宗羲恰恰认为，王阳明的学问至此最终抵达了儒学的正轨坦途。

王阳明在正德三年（1508 年）在贵阳龙场写下了《何陋轩记》《君子亭记》《远俗亭记》《象祠记》《卧马塚记》《宾阳堂记》《重修月潭寺建公馆记》《玩易窝记》等，系统表达了自己坚定的儒家价值观，在他的心里，"致良知""知行合一"和"天地万物一体之仁"的思想，都隐然初显端倪。土阳明说他的心学体系发前人所未发，都是从百死千难中得来的。

刘瑾还没有倒台，王阳明却已经被改任为庐陵（今江西吉安县）知县，后来又历任右佥都御史、南赣巡抚、两广总督等职，晚年官至南京兵部尚书、都察院左都御史。其间平定南赣之乱、宁王之乱及两广之乱。在取得一系列军功的同时，王阳明的心性学思想也得到了进一步的提升和完善，全面发展了龙场悟道的规模和深度，特别是在平定宁王之乱后更加完善，并且形成了他的良知之学的思想体系。

心即理

王阳明的"心即理"的命题来自陆九渊。陆九渊根据北宋时期"北宋五子"及其弟子的一些相关的说法，抽绎出了这个命题。

朱熹在总结"北宋五子"的相关说法的时候，他认为理、气构成了整个世界，人的性情是由气禀所生，所以人有情有义。七情六欲一起，就特别容易颠倒错乱。因此只有即物穷理，心统性情，这样由道问学抵达尊德性。下学上达抵达性天，是整个"北宋五子"到朱熹的一种理论，这就是"性即理"，是宋明理学的核心思想。

但是，王阳明通过格竹或阅读，对朱熹的这种问学之法提出了质疑。王阳明提出的"心即理"，是全身心地投入到事事物物当中。

他认为心外无理，心外无物，心外无事，心外无意，一切都在自己的心中，而自己的心是衡量、判别、纠正万事万物的唯一根据，因为我们每一个人都天植灵根，具有赤子之心。所以《传习录》里面讲，"尽夫天理之极，而无一毫人欲之私"的良知之心，就是人的本质。表面上看，它是传承了"北宋五子"或朱熹的这种"存天理、灭人欲"的说法，但是其实王阳明的思想体系讲的是惟精惟一，叫精一之学，讲的是在事事物物之中呈现良知。心中有良知，就是圣贤。所以叫"尽夫天理之极"，天理即是明德，穷理即是明明德。

什么是天理？王阳明说，天理就是《大学》里面的"大学之道，在明明德，在亲民，在止于至善"，所以天理即是明德，这是他对明德的新的诠释。

穷理即是明明德。王阳明把"穷理"解释成一种虚灵不昧，良知良能，穷理尽性的过程，也就是明明德的过程，所以只要心中有了天理，那万物皆备于我。简单讲，《传习录》说的是："譬之树木，这诚孝的心便是根，许多条件便是枝叶，须先有根然后有枝叶，不是先寻了枝叶然后去种根。"种树的道理我们都懂，一定要有肥沃的土壤、良好的环境，尤其是要把树根培植得非常强壮扎实，树大根深，干、枝、花叶、果才能够茂盛起来。

所以，王阳明的"心即理"，其意义是说，人之所以为人，并不仅仅在于高远无极的那个天，还在于此时此刻的良知呈现，所以心中如果有了仁义礼智，有了这种深深的爱，那么我们做事情就会克己省察，就不会做坏事。所以我们说王阳明的哲学的本质，就是行动哲学。

"性即理"，虽然建立在对天的敬仰之中，但是在行动中，我们是不是能够把仁义礼智都落实在举手投足之间，这是一个值得怀疑的问题。而"心即理"的提法就是对"性即理"的一种革命性的纠偏，王阳明引用《礼记·祭义》里的话来解释这种行动哲学："孝子之有深爱者，必有和气；有和气者，必有愉色；有愉色者，必有婉容。须是有个深爱做根，便自然如此。"

王阳明说，一个孝子在对待长辈的时候，关键在于内心里面有深沉的爱，只要有了这种深爱，他必然和颜悦色，不论父母有多么大的麻烦，他始终脸上有愉色、有和气、有婉容。如果心中没有这种深沉的爱，就会久病床前无孝子，他的脸色会非常难看，行动也更加恶劣。

所以，王阳明认为，孝道的问题可以推衍到做人做事的方方面面，如果心中没有真正的理想，没有真正的爱，我们做任何事情都不可能取得巨大成就。王阳明的"心即理"，实际上讲的是，在这个世界上只有我的良知之心是唯一可靠的认识根据，这是一切行动力的源泉。

一天，有一个叫杨茂的聋哑学生，他等在王阳明的教室门口要求见先生，因为他既不会说也不能听，所以他们彼此之间只能以文字问答来交谈。先生问他，你口不能言是非，耳不能听是非，你的心还能知是非否？杨茂回答说，我当然知道是非。王阳明继续说，如此，你口虽不如人，耳虽不如人，但是你的心还是与人一样的。杨茂说，确实如此。王阳明继续说，大凡人都只有一个心，如果心中存了天理，那就是一个圣贤的心。即使口不能言，耳不能听，最多就是一个不能言、不能听的圣贤。但是如果一个人心里面没有天理，他就只有一颗禽兽的心，虽然他特别能说、能听，但终究也只是一个能够说、能够听的禽兽。而"你如今于父母，但尽你心的孝；于兄长，但尽你心的敬；于乡党邻里、宗族亲戚，但尽你心的谦和恭顺。见人怠慢，不要嗔怪；见人财利，不要贪图。但在里面行你那是的心，莫行你那非的心。纵使外面人说你是，也不须听；说你不是，也不须听。"

王阳明接着对杨茂说，你虽然口不能言是非，但也因此避免了许多是是非非；你的耳朵虽不能听闻别人所说的是非，倒也省去了许多闲是闲非；而那些口能言者，皆多半都在说是非，耳朵能听到声音者，也大多听闻的是是非，是非说多或者听多了，皆是给自己增添诸多烦恼，而你刚好口不能言，耳不能闻，倒也省去了诸多琐事烦恼，活得多么快活自在啊。

王阳明很会做思想沟通工作，一番话说得杨茂指天画地，欢天喜地。

王阳明继续说："我如今教你但终日行你的心，不消口里说；但终日听你的心，不消耳里听。"这段话非常有名，道理也很简单，但是思想很深刻。在明治维新以前，王阳明的这段话在日本社会里可以说是家喻户晓，它是对一个人之所以为人的界定，也就是说，对一个人来讲，关键在于人的心，无论他外表是多么地靓丽，只要有了一颗禽兽的心，就是一个衣冠禽兽。不论他的知识有多丰富，也不论他赚了多少钱财，只要他没有良知之心，他都是一个欺世盗名、贪得无厌的小人。无论他的能力有多强，只要他没有良知之心，他就注定是一颗定时炸弹，随时会给人带来灾难。

杨茂的故事非常生动地诠释了什么是"心即理"。那么怎么样能够在"心即理"上面来修养自己呢？王阳明提出了减、诚、纯三个字，这就是他的"工夫论"。

第一个工夫是减。王阳明认为我们之所以在"心即理"这个问题上没有真正做好，就是因为成见、偏见、偏执、私心、利欲、障蔽这些东西，每天都萦绕在贪婪的心上。在现实生活当中，各种矛盾、各种名利、各种利欲的东西牵引着我们，将我们污染得不成样子，无法面对浩渺的天空。所以孟子讲"学问之道无他，求其放心而已矣"。

"求其放心"，失去的那些良知、天良，要把它收回来。相当于一个农夫养了鸡、养了狗，到黄昏的时候，我们要把鸡和狗收回来，不能说到晚上以后，鸡、狗还在外面。所以，王阳明说，圣人教人知行正是要"复那本体"，我们就是要恢复到人之所以为人的本体上面去，这就是减的工夫，也就是陆九渊说的收拾本心，自立主宰。

王阳明说："吾辈用功只求日减，不求日增。减得一分人欲，便是复得一分天理。何等轻快脱洒！何等简易！"这样的观点是受到了《老子》《庄子》，特别是禅宗的影响。所以王阳明说，"此心无私欲之蔽，即是天理"。无私欲之弊，讲的是惟精惟一。可是从根本上来讲，王阳明是用佛、道来为儒家提升理论而服务的。王阳明的立场始终是儒家的立场，自龙场悟道以来，他从来都没有改变过立场，态度极其坚决。

第二个工夫是诚。宋明理学讲的是敬，是对圣人的仰视，是对天理的仰视。但是，王阳明讲的是诚，是对圣人的超越，是讲人之所以为人的诚意，他认为不论是孔子、孟子，还是《中庸》《大学》，最核心的思想就是诚意。圣人教人用功，第一义就是诚。所以王阳明先生说："《中庸》言'不诚无物'，《大学》'明明德'之功，只是个诚意。诚意之功只是个格物。"

关于什么是格物，这是一个非常麻烦的问题。王阳明的意思是用自己的心去格万事万物，他和郑玄的解释、朱熹的解释有很大不同。

所谓的诚意，王阳明说："《大学》之要，诚意而已矣。"他说，《大学》的精髓只有诚意这两个字，"诚意之功，格物而已矣。诚意之极，止至善而已矣"。什么叫诚意？王阳明的意思就是止于至善而已，止于至诚。正是由于有了这样的一种诚意，所以王阳明说："充天塞地中间，只有这个灵明，人只为形体自间隔了。我的灵明，便是天、地、鬼、神的主宰。"这正是阳明心学的精华，他希望我们凡人通过良知的锤炼，而成为顶天立地的人。

王阳明之所以讲心学，就是因为把心当作人之所以为人的唯一标志，也是人之所以为人的高贵所在。如果没有这样的一种"心即理"的根基，心学就不存在了。

王阳明在赴龙场途中经历了千难万险，来到武夷山，受到铁柱宫的道士点拨以后，他豁然开朗。在武夷山的寺庙里，他写了一首诗《泛海》："险夷原不滞胸中，何异浮云过太空。夜静海涛三万里，月明飞锡下天风。"其境界、性情和面对困难的大无畏精神都令人十分钦佩！

王阳明良知之学来自他百死千难的体悟。一切的艰难险阻，一切的人生困惑，都在这样一颗不畏惧困难的心中被化解和提升。因此，良知之学也成为解救天下苍生的良知理论。

"险夷原不滞胸中，何异浮云过太空"，这些险、夷，并没有在心中长时间阻隔我，就像浮云在浩瀚的太空中飘过一样。"夜静海涛三万里，月明飞锡下天风"，王阳明用非常辽阔壮丽的景色来比喻他自己的心胸，认为只要做到这种心即理的惟精惟一，心胸就会像大海一样无边无际，这个时候各种祥瑞就会乘着月光来到他的身上。所以王阳明提出"人惟患无志，不患无功"，关键问题是我们有没有远大的志向，而不能功利地只看结果。后来他带兵作战，之所以能够一而再、再而三战胜敌人，原因就是他进不求名，退不避罪，唯有一颗报国丹心。这首诗应该是对他"心即理"思想的全面概括以及人生诠释。

第三个工夫就是纯。用王阳明自己的话来讲，就是："圣人之所以为圣，只是其心纯乎天理，而无人欲之杂，犹精金之所以为精，但以其成色足而无铜铅之杂也。人到纯乎天理方是圣，金到足色方是精。""纯乎天理""金到足色"，这就是所谓的"纯"。怎么做到纯呢？王阳明说："初学必须思，省察克治，即是思诚，只思一个天理，到得天理纯全，便是'何思何虑'矣。""省察克治"，"省"就是反省，"察"就是自察，"克"就是克制，"治"指的是对自己七情六欲的管理，所以"省察克治"就是典型的纯的工夫。

王阳明在贵州龙场与当地苗族百姓交往得非常融洽，靠的就是"纯"，对人对己，根本的基础就是"纯"。人之所以为人，不但是陶冶自己、提升自己的一个过程，用《大学》《中庸》的说法，就是慎独、下学上达、内在的超越，"*诚者，天之道也；思诚者，人之道也*"。

致良知

王阳明说："吾平生讲学，只是'致良知'三字。"这是他在晚年说的一句话。他的"心即理"，他的"知行合一"，他的"天地万物一体之仁"，都要落实到"致良知"。结合前面谈到的"心即理"，王阳明的"致良知"就是"心即理"的一种深化、升华，它使"心即理"的思想得到了提升，更是"心即理"思想在现实生活中的一种实践。它让人之所以为人变得轻快洒脱，它注重人之所以为人的本体的崇高，它让人生活在一举手、一投足之间，在当下呈现良知之心。"致良知"之说是王阳明最有代表性的学问，也是王阳明思想体系中最了不起的创造。

王阳明的良知之学，来自孟子，也来自"北宋五子"的启发。"致良知"之说更来自对陆九渊相关思想的总结。陆九渊把孟子的良知之学提升为"纯一之地"，要先立乎其大，要发明本心。王阳明就是在这样的一种基础之上提升了这些思想，发展了良知的内涵。

王阳明良知之学的"良知"，是指人之所以为人的本性。王阳明曾经说过，良知就是天理，它是人之所以为人的固有之源和本质的根据。它是至善的，是天启的，也是当下的，一方面无边无际，因为它属于天理；但另一方面它又来自于"心即理”，是当下的磨炼。

如果从哲学的逻辑上面来讲，良知从各个层面、各个方面界定了人之所以为人的内涵和外延，所以良知之学代表了人之所以为人的本原实在性，离开良知以后，人不成其为人。良知是生命的本原，更是情感的本原，也是人理性的本原，还是人道德本性的根源。

王阳明在良知之学的基础之上，进一步提出了“致良知”的概念，“致良知”就是“心即理”落实的过程。这是王阳明从百死千难之中体悟出来的，他告诉我们，每一个人在漫长的人生过程当中都有可能经历各种各样的困难，我们应该挖掘潜质，发现并扩展、坚守我们自己的良知。良能自觉自知，用王阳明的话讲叫独知，用《大学》《中庸》的话来讲叫慎独。它是一个人的心在面对天的博厚、高明、悠久、浩瀚无边的时候，怎么样去界定自我、发现自我，下学而上达。所以万物皆备于我，就是不受外在的影响，做好自我。致良知是人之所以为人的善恶本原的自我体悟、自我决断，也是一种敬德修业的过程，所以它是一种当下的呈现，离不开我们自己的日用常行。

良知不是孤悬于虚空之中的存在，它必须要落实为当下的道德实践，在事事物物的道德磨炼中去致良知，要体用一元。所谓体，就是人的良知、良能之体。所谓用，就是举手投足，正是在这种道德的实践当中，我们来建立自己的良知。这不是一种高调的吹嘘，而是要落实为生活中的行动。

所以，王阳明说：“良知所知之善，虽诚欲好之矣，苟不即其意之所在之物而实有以为之，则是物有未格，而好之之意犹为未诚也。"就是说，致良知的过程就是格物的过程，用自己的心灵不断地去面对各种是非善恶、事事物物。这样一来，我的心就可以在事事物物当中，使不正归于正，切实地为善去恶。所以王阳明说："吾心之良知，即所谓天理也。致吾心良知之天理于事事物物，则事事物物皆得其理矣。"

所以，我们可以这样理解王阳明的"致良知"，无论是他在江西平定漫山遍野的土匪，还是平定宁王的叛乱，其实他都是在"致良知"。可见，"致良知"就是人生敬德修业的过程。

王阳明说："人心是天、渊。心之本体，无所不该，原是一个天，只为私欲障碍，则天之本体失了。心之理无穷尽，原是一个渊，只为私欲窒塞，则渊之本体失了。如今念念致良知，将此障碍窒塞一齐去尽，则本体已复，便是天、渊了。"所以，王阳明"致良知"的过程，就是要消除私欲障碍。如果不消除私欲障碍，我们的天之本体就不能呈现。要念念不忘"致良知"，在事事物物当中去恢复本体。我们的"本体已复"，于是我们人之所以为人的自我或天，也就融会起来了，下学就有了上达的可能。所以，王阳明说："只致良知，虽千经万典，异端曲学，如执权衡，天下轻重莫逃焉。"

王阳明又说，良知者是心之本体，就像无边无际的太阳的光辉在照耀着我们的心灵。所以心之本体，是无处不在的。虽然有的时候妄念不断产生，但是良知未尝不在，所以它时时刻刻都在我们的心中，因此我们时时刻刻都要克制省察。只不过，我们平时不知道良知的存在，有的时候可能会丧失，但是良知一直伴随着我们。只要我们能够知道有良知的存在，我们就很容易收放心，在不断学习的过程当中调整心态，端正态度，面对我们的良知。

在我看来，良知之心有四大特点。

第一，它具有当下性。若离开了此时此刻的良知呈现，就不能够称其为"致良知"。"致良知"之心，就是在一种高度自律的状态下，追求人之所以为人的自由状态，"从心所欲而不逾矩"。

第二，良知具有自我呈现性。良知在我们的心中，它具有天启的性质，具有先验的性质，它是人之所以为人的标志，是人的本质。只要我们能够敬德修业，就一定会有良知的自我呈现。

第三，致良知的过程必须是自我正心的过程。要有自省自觉、永不放弃的精神。只有这样才能够惟精惟一。"惟精惟一"来自《尚书》，被王阳明发展成为致良知之中的精一之学。

第四，整个宇宙茫茫无边，而我们每一个人都只是阳光下的一粒尘埃，无论我们的事业多么宏伟，我们的人生都是那么的渺小。所以地位的高下并不重要，重要的是我们此时此刻有没有良知之心。

例如，王阳明说："人生大病，只是一'傲'字。为子而傲必不孝；为臣而傲必不忠；为父而傲必不慈；为友而傲必不信。故象与丹朱俱不肖，亦只一傲字，便结果了此生。"尧的儿子丹朱和舜的弟弟象，他们之所以不忠不孝，原因都是因为一个"傲"字。他们因为有"傲"字便"结果了此生"，这辈子就完了。王阳明说："人心本是天然之理，精精明明，无纤介染着，只是一'无我'而已。胸中切不可'有'，'有'即傲也。古先圣人许多好处，也只是无我而已，无我自能谦。谦者众善之基，傲者从恶之魁。"

关于致良知之学，王阳明有一个非常有名的"四句教"，这是他在生命最后的关头，与学生一起讨论问题的时候提出来的"王门定本"："无善无恶心之体，有善有恶意之动，知善知恶是良知，为善去恶是格物。"这"四句教"讲的就是"致良知"的过程。

"无善无恶心之体"，虽然现在有各种各样的说法，但是在我看来，王阳明说的是孟子的"赤子之心"，是人自然而然的本原，生命的本原。但是他讲到了人良知之心的超越性。知善知恶，是形而下的有；无善无恶，就是形而上的无。这个"无"正是浩渺的天理，也是良知。"有善有恶意之动"是指人的情感受到了外界的牵引，对事物做出的选择当然具有七情六欲。正是在七情六欲的这种驱使之下，"知善知恶是良知"才有了人之所以为人的"知"。人之知，既是指良知的知，也是指知识的知，二者兼而有之，而且知识是良知的基础。如果没有知识作为基础，良知本来是不存在的，正是由于有了这种以知识为基础的良知之心，良知之心才有了它应该具有的客观性。所以"为善去恶"，格物才有可能。而这个格物的过程，正如我们前面说的，它就是"致良知"的过程。这个过程本身，就是在向天理进发，让人之所以为人，去做一个干干净净、随时随地克制省察的人，才有可能顶天立地。

"知行合一"

"知行合一"的思想，在中国自古以来一直是一个热点问题，王阳明刻意发掘并系统阐明"知行合一"的思想，有很重要的现实原因。在《传习录》的《答顾东桥书》和《答聂文蔚》这两封书信中，王阳明把现实的原因说得非常透彻。

王阳明在《答聂文蔚》的信里说：

> 后世良知之学不明，天下之人用其私智以相比轧，是以人各有心，而偏琐僻陋之见，狡伪阴邪之术，至于不可胜说；外假仁义之名，而内以行其自私自利之实，诡辞以阿俗，矫行以干誉。掩人之善而袭以为己长，讦人之私而窃以为己直。忿以相胜而犹谓之徇义，险以相倾而犹谓之疾恶。妒贤忌能，而犹自以为公是非；恣情纵欲，而犹自以为同好恶。相陵相贼，自其一家骨肉之亲，已不能无尔我胜负之意、彼此藩篱之形，而况于天下之大、民物之众，又何能一体而视之？则无怪于纷纷籍籍，而祸乱相寻于无穷矣！

这样的表述，在《答顾东桥书》中说得更加严重，可见上述情况在明代中叶是非常严重的。

"知行合一"的思想在《尚书》中就有体现："知之非艰，行之惟难。"相对于行动而言，知本身并不是特别艰难。《贞观政要》也说，"非知之难，行之惟难"。

　　孔子也特别强调行动。孔子说："弟子入则孝，出则弟，谨而信，泛爱众而亲仁。行有余力，则以学文。"相对于书本知识，孝悌之道、泛爱众而亲仁，才更重要。《论语》当中也记载了大量类似的言行。

　　比方说，"敏于事而慎于言，就有道而正焉，可谓好学也已"，在《论语》中这样的话是很多的。孟子也说过，"行有不慊于心，则馁矣"，是说一个人的行动和内心不能够高度统一起来，融为一体，这个人就没有内在的精神，像一个泄了气的皮球，非常虚伪，没有精神的感召力量。

　　到了北宋的时候，"北宋五子"对这个问题多多少少都有系统的阐发，其中程颐、程颢的阐发比较突出。程颐说，"人既能知见，岂有不能行"，人只要有了知见，没有什么不能行。程颐又说："知之深，则行之必至，无有知之而不能行者。""知而不能行，只是知得浅。"

　　这三句话整合起来是很深刻的。朱熹的知行观也是三个方面。第一，知和行互相依赖，"知行常相须"；第二，知先而行后，"论先后，知在先"；第三，以行为重，"论轻重，行为重"。毫无疑问，这是从孔子、孟子以来，对中国哲学史中的知行观的一种总结，但是相比于王阳明的知行观，还是相差太远了。

　　知行观不仅仅是一个知和行的问题，它是一个人学的问题，是把心性学落实为一种社会实践，是道德建立之学，是"心即理"或"致良知"的一个过程，是人之所以为人的一种表现形式。

　　王阳明的意思是，只有在行动上"致良知"之后，良知的认知才能成为真正的可能，所以这就不仅仅是一个认识论的问题，在此之前从孔孟一直到"北宋五子"和朱熹，都把"知行合一"当作认知上的一个问题，认为这是一个认识论问题，但是到了王阳明，他把它理解成一个知行本体，是一个人之所以为人的标志。

当时王阳明的学生徐爱就说过："如今人尽有知得父当孝、兄当弟者，却不能孝、不能弟，便是知与行分明是两件。"也就是说，明明面对父母、面对兄弟应该有孝有悌，可是我们现实生活当中却明知有孝而不能孝，明知有悌不能悌，人们都把知与行分成两件事了。徐爱问王阳明原因是什么，王阳明回答说，这是因为被私欲隔断，不是知行的本体了。

王阳明在这里，把知与行当作一种人之所以为人的本体，他说，"未有知而不行者"，要是真正知道了，就一定能够落实在行动中，之所以知而不行，只是因为未知，因为没有知得特别真切。

所以，王阳明说："知是行的主意，行是知的工夫；知是行之始，行是知之成。若会得时，只说一个知，已自有行在；只说一个行，已自有知在。"知是行动的一个组成部分，是行动的一个开始，而行动是把知落实。如果领会了这些，那么只说其中一个时，另一个已经到位了。所以，知与行是不能够分开的。这是王阳明学问的最重要的一个表现形式。

"致知之必在于行，而不行之不可以为致知也明矣。"当我们知道一件事情以后，就一定要落实在行动当中，而之所以没有落实在行动当中，是因为根本就没有致知。在《传习录》中，王阳明一而再、再而三地表达一种思想："知之真切笃实处，即是行；行之明觉精察处，即是知，知行工夫本不可离。只为后世学者分作两截用功，失却知行本体，故有合一并进之说。'真知即所以为行，不行不足谓之知'。"这是非常有名的话，响彻云霄。

"知"一定要真切笃实，落实在行动，而"行"本身要明觉精察，不能敷衍了事，三天打鱼两天晒网，那不叫知。一定是明觉精察，这样才是真正的知。

"知行工夫本不可离"，离开以后，既没有知也没有行了。后世学者把知与行分解为两段用功，失却了这种知行的本体，所以有了"合一并进之说"。之所以提出"知行合一"，原因是要补偏就正，把我们的良知之心落实在事事物物当中，把成见、偏见、偏执、私心在"致良知"的平台上不断地打磨，令其不断地减少。

王阳明的"知行合一"思想是对孔子"忠恕之道，一以贯之"思想的继续阐发和提升。也就是说，在王阳明的"知行合一"当中，知就是忠，行就是恕。这个话题是从"在明明德、在亲民，在止于至善"的三大纲领中重新提炼出来的。

从这个角度上来讲，我们可以从三个方面来理解"知行合一"的思想。

第一个方面，王阳明的"心即理"，是直接指向道德修养层面的。因此，他的"知行合一"思想相对于此前的知行观而言，不仅仅是一个认识论的问题，而且是一个地地道道的道德实践问题、道德修养的问题。这是一个非常特殊的角度，这也是王阳明为当时的时代开出的一剂救世良方，也是王阳明心学思想的一个伟大的创造，他把认识论变成了道德实践论。王阳明的知，首先是建立在认识论基础之上的良知，良知能够脱离认识论吗？当然不行。所以一定要有知识的基础。如果要有所"行"，须得"致良知"。既然是"致良知"，就要补偏就正，解决我们当代所存在的各种各样的问题。只有在行动当中"致良知"之后，良知的认知才能够成为真正的可能。也就是说，王阳明的"知行合一"理论，必须是建立在"致良知"的基础之上，因此，"知行合一"就是"致良知"的工夫。

有一个叫黄直的学生请教王阳明：许鲁斋说读书人应该以赚钱维生为首要的事务，您认为这是误人子弟，为什么？难道我们读书人天生不应该赚钱，整天在那里享受着贫穷？王阳明回答说，如果是把赚钱作为一种敬德修业的功夫，把赚钱作为一个敬德修业的平台，当然是可以的。但是，如果把赚钱当作唯一的、首要的人生任务，让所有的读书人整天就为了名利而拼命地到处钻营，那是不行的。因为如果是把名利当作人生的首务，那么人就生活在名利之中，掉到钱眼里去了，这是绝对不可以的。

所以，如果我们能够把敬德修业与赚钱做买卖调整得心体无累，即使终日做买卖，"不害其为圣为贤，何妨于学？学何贰于治生？"所以王阳明的意思是说，钱可以赚，但是赚钱的同时必须要能够敬德修业，必须要把二者联系在一起，如果没有敬德修业，只是为了赚钱而赚钱，则断断不可。所以，要有良知之心，做任何事情都是一种道德践履。

　　王阳明"知行合一"的第二个方面，就是"致良知"是人之所以为人的道德的体现。因而在这里，知与行不是对等的因果关系，也不是逻辑关系，而是一个知与行同时并存的精神实体。用王阳明自己的话来讲，知行本体才是生命的道德，是良知的自然显发，知中有行，而行中有知，它是一种生命的常态，是知之真切笃实处，是行之明觉精察处，二者完全不能分离。

　　第三个方面，知行是一体的，所以知是良知之知，行是良知的自然显发。"一念发动处，便即是行了"，"路岐之险夷，必待身亲履历而后知"。

　　只有通过这样一种生命的"险夷"的锻炼，我们才能够知道事物的实际情况。只有亲身践履，我们才能够知之真切笃实。如果没有行的进一步强化，我们的知是不可能有深度把握的，所以离开了知就是妄行，而离开了行就是空知，所以王阳明的知、行思想是高度统一的，强化了人之所以为人的特殊内涵和外延，这是非常了不起的。

　　在传统的知行观当中，知属于主观意识，而行是客观的行动，但是王阳明打破了知与行的界限，这正是他的理论的高妙之处，目的是加强"致良知"实践的工夫。在这一点上，王阳明超越了此前的哲学理论。

"天地万物一体之仁"

　　加拿大的华裔阳明学家秦家懿指出，王阳明"天地万物一体之仁"的思想贯穿其思想的全部，他自始至终都有这样的终极关怀。

"天地万物一体之仁"，是每一个人敬德修业、洁身自好的结果。相关的文献可以见于方方面面，主要集中体现在《拔本塞源论》《答聂文蔚》以及《大学问》等文章中。

王阳明的"天地万物一体之仁"的理论思想有它的时代背景，主要是针对明代中晚期人们利欲熏心、满口谎言的现实提出来的，他看到了当时社会的严重分化，所以为当时的社会开出了一剂救治的良方，他想通过这样的理论改变每况愈下的社会风气。

当然，"天地万物一体之仁"的思想并非王阳明首创，早在先秦时期，不论是儒家的孔子、孟子，还是道家的老子、庄子，抑或是墨子，在他们的理论当中都或隐或现、或多或少、或深或浅地有过类似的表述，但是他们各自的理论出发点不一样，各自的理论目标也不一样。到了王阳明，他"天地万物一体之仁"的思想可以说是对先秦诸子百家学说一直到宋明理学这一个逐步发展过程的全面总结。

欧阳祯人

秋篇　道禅里的中国

法无定法，人无定人，
每个人都有适合自己的方法。

——《坛经》与顿悟

《道德经》与自然

导　语

> 道可道，非常道；名可名，非常名。
>
> 人法地，地法天，天法道，道法自然。

中国台湾地区有一位很著名的文化学者，叫南怀瑾，他在《论语别裁》这本书里提出了一个说法：中国传统文化的主体有儒、释、道三家，它们类似于三家店铺。

儒家好比是粮食店。粮食是我们天天都要吃的，须臾不能离。这家店里的粮食就是我们中国人的精神食粮。

中国佛教好比百货店、杂货铺，里面商品琳琅满目，样样俱全。你要是家里缺了针头线脑，有钱有时间，可以去逛逛，买点东西。暂时不缺，不去逛也没关系。但是社会需要它。

道家则是药店，我们不生病的时候当然不去，但万一生了病，自己无法痊愈，就非得去药店开药方、抓药。对于国家、社会来说，生病就好比变乱时期，社会出了大问题；要想恢复秩序，就非得去道家开一些清静的方子。甚至就个人来说，精神出了问题，也可以去道家这个药店开些清心寡欲的方子。所以，一个国家、一个民族、一个人生了病，都非去道家这个药店不可。

中国传统文化，从总体来看是儒道互补、兼综各家。常有人说中国人的理想人格是外儒内道，既有儒家的温文尔雅，又有道家的独立洒脱。《道德经》正是道家最重要的两部经典之一，也是中华文明的瑰宝。

《道德经》的核心观念是"道"，而"道"的本性就是"自然"。《道德经》的"道"正是要启发我们去发现天地万物的自然本性，去反省现实社会与个体生命的种种异化。它说道："人法地，地法天，天法道，道法自然"，展现了中国人特有的自然的智慧，其中包含了对天地万物的洞彻观察，对社会人生的深刻思考。

本文将分五节来讲述《道德经》。第一节讲"《道德经》的产生"，第二节讲"道的来源"，第三节讲"道的内在结构和运动变化规律"，第四节讲"体'道'的生命智慧"，第五节讲"无为的政治智慧"。

希望此篇可以帮助你了解《道德经》的自然之道，并对我们现代人反省文明、安顿心灵起到一点点作用。

《道德经》的产生：知与言的悖论

《道德经》的产生本身，其实就体现了道家的"知"与

"言"之间的悖论。

《道德经》的作者是春秋晚期的大思想家老子。老子姓李，名耳，又被称作老聃。相传他曾经做过周王室的守藏室史，也就是在东周王朝做过守藏室的长官。守藏室有一点类似于我们今天的中国国家图书馆、国家档案局和国家博物馆的综合，当然规模要小很多，所以老子的官职相当于周王室国家图书馆、档案馆、博物馆的馆长，主要管理周王室的典籍资料。

虽然当时的典籍不是很多，但这样一份具有特殊性质的工作，使得老子有机会广泛地涉猎中国上古时期宝贵的文献典籍，他也因此有机会成为中国上古文化最杰出的继承者之一。再加上老子本人具有天纵之才，所以，他才能开启道家，写出卓绝千古的旷世之作。

还有古书记载，孔子和老子这两位圣人有过交集。老子比孔子年长，孔子很好学，曾经专门到周王室向老子请教有关周礼的知识。当然这是道家的古书里讲到的，为了抬升老子的地位——就连儒家的开创者孔子都曾经向我们道家的开创者老子请教过——借此说明老子的知识很渊博。

西出函谷关

《道德经》这本书的完成还与一个故事有关，那就是"老子西出函谷关"。老子在周王室当了一段时间的守藏室史。在这一期间，他目睹了周王室日渐衰微，以及当时社会的种种弊病。老子的态度是不参与，眼不见心不烦。所以他决定远走高飞，要出函谷关，到西方去。这个函谷关大概在我们今天的河

南省灵宝市境内。这里两山对峙，都是连绵的大山，中间夹着
一条小路，这条路在山谷里又深又险要，就好像函，也就是匣
子，类似我们在中药铺里看到的药匣一样，很深很狭窄，所以
这个地方被称为函谷。在函谷之外有一座雄伟的关卡，就叫函
谷关。在先秦时期，函谷关是所谓关外和关中地区的一条重要
的分界线。

　　当时函谷关的长官叫喜，也称作关令尹喜。这一天，他
正站在城关上瞭望着，突然看到关谷中有一团紫气从东方冉冉
飘移过来。关令尹喜眼力过人，一看就知道了不得，"紫气东
来"，这可是祥瑞之兆！于是满心欢喜地在那里等候。不多一
会儿，果然见到一位相貌清奇的老人，正骑着一头青牛缓缓向
关口行来。

　　一打听，一了解，原来这位打算过关的老人就是老子。看
这架势，他是打算要远走高飞了，行李都带齐了。关令尹喜久
仰老子的大名，知道机会难得，非要这位睿智的老人留下一点
墨宝，留下一点思想成果。老子不乐意呀，不过没办法，"人在
屋檐下，不得不低头"，为了顺利出关，只得答应写点东西留下
来，于是就有了五千言的《道德经》一书。所以说，正是关令
尹喜的这番刁难，促成了中国一部伟大的哲学著作的诞生。

　　当然，这个故事很有可能是后人杜撰出来的。但为什么
会杜撰这样一个故事呢？这是因为《道德经》这本书的诞生暴
露了一个自相矛盾的问题。这一点我们可以通过唐代大诗人白
居易写的一首名叫《读老子》的诗看出来。白居易读了《道德
经》，产生了一个疑问，于是写了这首诗："言者不知知者默，此

语吾闻于老君。若道老君是知者，缘何自著五千文？"这首诗的意思是说：总是在言说的人，其实是不懂的；真正懂的人，反而沉默不语。这句话我就是从老子那里知道的。因为《道德经》里有一句话，叫"知者不言，言者不知"。那么现在问题来了，如果老子本人是知（智）者，知（智）者就应该不说，但他为什么还要亲自写五千字的《道德经》呢？"写"也是一种言说，这不是"拿己之矛攻己之盾"吗？

因此《道德经》这本书的诞生被认为是一个矛盾的产物，是一个"知"（知道）与"言"（言说）的悖论。

这其实正好体现了哲学的一种特质，或者说是一种困境，即"言说不可言说者"，这也与老子对本体的思考紧密联系在一起。

由牛顿说起

当然，本体这个话题有点抽象，我们不妨从一件看似无关的事情说起，谈一谈牛顿信仰上帝这件事。中学我们学物理，大家都知道牛顿是经典物理学甚至是现代科学的重要奠基人。有一位著名的科幻作家叫阿西莫夫，他同时也是一位科普作家。阿西莫夫曾经说过一句非常俏皮的话，他说，如果我们要评选世界上"第二伟大的科学家"，那么，竞争者一定非常多，我们很难选出谁是世界上第二伟大的科学家；但如果要评选世界上"最伟大的科学家"，答案反而非常明确，那就是牛顿。当然这是阿西莫夫个人的看法。

不过，通过这个说法，我们也能看出牛顿在科学界的崇高地位。但我们同时也知道，牛顿用了四十年的时间在研究神学。可能很多人会惋惜，牛顿这么一位大科学家、物理学的泰斗，却是一位虔诚的教徒。然而，当我们换一个视角理解牛顿信仰上帝这件事情，就会发现它其实有一定的必然性。

伟大科学家牛顿理解的宇宙不同于我们普通人理解的宇宙。在牛顿的眼中，宇宙中事物的存在和一切现象的发生都是完美的、和谐的。宇宙就像一架最精密的机器，每一个部分、每一个零件都丝丝入扣，都是合理的，没有任何偶然性，没有任何不可解释的东西，一切都是井井有条的。

那么问题来了，宇宙为什么会这样呢？是什么原因、什么力量让它如此合理、如此和谐？我们不妨把宇宙想象成一个多米诺骨牌系统。国外有些人喜欢玩多米诺骨牌，复杂的甚至多达几十万张、上百万张。如果设计合理、摆放准确，只要你推倒第一张，它就会压倒第二张，第二张又压倒第三张，就这样，每张骨牌都会被上一张压倒，最终系统里的所有骨牌都会被压倒。

如果我们把整个宇宙也想象成是一个由无数张多米诺骨牌所构成的系统，那么，按照牛顿的理解，这个系统将是完美的、和谐的，不会有任何意外。一切都严格地遵循着因果律。只要推倒第一张，那么接下来第二张、第三张、第四张，直至最后一张，所有的骨牌都会被推倒。因此整个宇宙中的事物和现象，完全可以通过这样一条因果链贯穿起来，它们都是可以解释的。

但问题是，谁推倒了第一张骨牌？很显然，推倒第一张骨牌的力量，一定不是来自多米诺系统内部的，它一定来自系统之外。这就是所谓"第一推动力"的困境。在牛顿的经典物理学体系下，只能是来自系统之外的一个力量，导致这第一张骨牌被推倒。而这个系统之外的力量，显然从宇宙之内无法寻找到。正是因为有这样的反思，有这样的困惑，牛顿把第一推动的力量追溯到了上帝这里。其实，牛顿眼中的上帝和一般的宗教信徒以及神学家眼中的上帝，是不太一样的。可以说，上帝在牛顿这里的作用，其实是为他的整个科学体系、整个物理学体系奠定一个毋庸置疑的基础。

说到这里，我们对于世界本原的思考，其实可以分为两种类型：一种类型，就像牛顿这样的，认为世界是有统一性的，我们可以找到共同线索，将世界上的所有现象、所有事物都串联起来。换句话说，这个世界不存在偶然性。什么是偶然性呢？偶然性只不过是尚未被发现的必然性。一切都是有理由的，一切都是可以解释的。这就是有关世界统一性的一种构想。另一种类型比较少见一些，那就是认为这个世界是充斥着偶然性的。就像当年法国的存在主义者萨特，他就提出了一个貌似悲观但其实很深刻的说法。他认为从根本上讲，世界上充斥的就是偶然性。就以我们人类来说，一个人的诞生，其实就是偶然性的产物。我们的父母相识相爱是偶然的，而某个精子和卵细胞的结合更是充满着偶然性。因此，萨特说，我们是被偶然性创造的，被抛弃到了这个充斥着偶然性的荒谬的世界之中。世界上的种种事物、种种现象，同样都是偶然性的结果。这是法国存在主义思想家萨特对于世界本原、世界存在状态的一种解读。

从这个意义上讲，牛顿信仰上帝，其实是他思考世界根源、世界第一推动力的产物，和他的物理学体系是一脉相承的，并不等于他背叛了自己的科学信仰。

牛顿的这种思考，也就是所谓对本体的思考。"本体"这个词的意义不太容易把握。大体上说，本体可以指我们刚才提到的宇宙多米诺骨牌系统的第一张骨牌的推动力量，这是一种外在于系统的推动力，是一种绝对的存在者。如果说多米诺骨牌系统是一个相对存在，那么这个本体就是超越于它之外的、之上的一个独立的存在，所以，它是一种绝对的存在，也是一种最后的、最终的依据。

本体也是因果链条的第一环。从联系性的角度看，我们这个世界上的所有事物、所有现象都是环环相扣的。比如人类，一个人是由他的父母诞生的，他的父母又是由父母的父母诞生的，我们这样一层一层追溯上去。但是，最早的人是怎么来的？很显然，最早的那个人或那群人，一定不是由人诞生的，否则就不能叫"最早的人"。推广到世界的存在，B事物是A事物的结果，A事物是B事物的原因；而A事物作为结果，又有自己的原因，就这样构成因果链条。但是，一定存在这样一个事物：它只是某个事物的原因，而不是任何事物的结果。换句话说，它是没有原因的、没有来源的。只有这样，才能够让这个因果链条不至于陷入一种恶性循环。就像大家都碰到过的一个令人头疼的问题——"究竟是先有鸡，还是先有蛋？"如果说先有鸡，那么请问鸡是从哪里来的？显然是从鸡蛋孵化而来！所以，"先有鸡"之说不能成立。如果说先有鸡蛋，那么鸡蛋又是从哪里来的？显然只能是由鸡下的！所以，"先有蛋"之说也不能成立。这个看似儿戏的两难论题，同样体现了人们对于终极根源的追寻。而"本体"就是要打破这个循环。所以，本体就是因果链条的起点，是一种超越于系统之外的绝对存在。

不仅仅是牛顿，任何一位探索思想与宇宙的终极奥秘的巨匠，那些伟大的智者，都必然会对本体、对世界存在的最终依据有所思考。而老子思考的答案，就是"道"。因此，《道德经》的诞生，正是老子追溯宇宙本体的某种尝试和努力。而《道德经》所讲的"道"，就是老子对于终极本体的猜测与描述。

然而，我们前面反复说到，本体是超越于系统之外的绝对存在，它是超出语言范围的。在这个意义上，本体乃是"不可言说者"。正因为如此，老子一边言说著述了《道德经》，一边又要说"知者不言，言者不知"，说"道可道，非常道"。这都表明了"言说不可言说者"的困境，因为作为世界的本原，终极本体的"道"就是玄之又玄的。

老子为什么要选用"道"这个概念，来作为世界本原、终极本体的名称？接下来的第二节，我们来介绍"道"这个概念的两种基本含义。

道的来源

上一节介绍了《道德经》这本书的诞生本身就体现了道家"知"与"言"之间的矛盾。所谓"知者不言，言者不知"，反复言说的人其实并不一定真正知道，真正懂的人是不会多说的，因此《道德经》就是"言说不可言说者"的产物。老子认为世界的本原、宇宙的本体和所谓的第一推动力，这不可言说的东西，就是"道"。不光《道德经》，所有的关于本体哲学的讨论，都可以归属到"言说不可言说者"。

这一节，我们着重说明老子为什么选用"道"来作为世界的本原。换句话说，"道"这个概念的来源是什么。

"道"是老子哲学体系的核心，也是道家名称的来源。"道"这个字在甲骨文里面已初见雏形，它正式出现在西周时期的青铜器铭文中，以及像《周易》《尚书》《诗经》等这样一些传世的古代典籍文献里面。

一般来说，"道"有两个原始含义。所谓原始含义，就是"道"的最基础的、最根源性的含义；这两个含义是并列的，不能相互引申，不能相互取代。而"道"的其他含义，都是由这两个基础意义引申发展而来的。

"道"之言说义

"道"的两个原始含义，第一个就是"言说"，"某某某道"就是"某某某说"的意思。"道"的第二个原始含义就是"道路"。这两层基础的原始含义，恰好能够说明老子之"道"这个概念的两个来源，也就是老子为什么选用"道"来作为世界的本原、世界的本体。我们来分别看一看这两层含义。

先来看"道"的第一层原始意义"言说"，也就是"说话"。关于这层含义，现在西方盛行的语言哲学给了我们一些启发。

西方的语言哲学是从《圣经》解释学发展而来的。在解读《圣经》的过程中，一些学者注意到语言似乎具有某种独特的价值。例如，《圣经》开篇《创世记》的第一章就说："神说：'要有光。'就有了光。"换句话说，上帝并不是吹一口气或者用手一指来创造世界的；或者像哈利·波特那样借用魔法杖来创造世界的；也不是像中国古代神话里面的盘古开天辟地，用手掌一划或者用巨斧一劈来创造世界的。上帝不是用这样一些工具或者动作来创造世界的，他是通过言说来创造世界的。因此，语言哲学就从《圣经》的解释学中，发现了语言所具有的某些独特的魅力。

说到语言，马克思曾经对语言做过一个非常经典的界定，他说"语言是思维的物质外壳"，也就是说，语言是我们人类的大脑发育发展到一定程度、进化到一定阶段的产物。这个论断非常精彩，也非常重要。不过语言哲学的思路不同于马克思的，语言哲学更看重语言本身的某些特质。

在语言哲学看来，首先，语言具有某种独立性。一般认为，语言是由人言说的；然而语言哲学认为，在一定意义上我们可以说语言能够脱离具体的言说者而独立存在。就像书籍和歌曲等，这些都是语言的产物。它们最开始肯定是由具体的言说者创造出来的，但是一经创造之后，它们就可以独立存在，独立流传。

在独立性的基础上，语言又具有了某种创造性。也就是说，我们可以通过语言本身来进行创造。我们并不一定需要亲自经历那么多的事情，而是通过阅读他人的作品，听他人的歌曲，从他人的语言中获得素材，来进行创造。这样一来，我们的创造活动可以建立在语言的基础之上，我们在语言中进行创造，语言成为我们创造的一个媒介。

最重要的是，语言还具有了某种本体色彩。不仅仅是人在言说，也可以反过来讲，言说成为我们人的一种存在方式，我们是在语言中来展开生命的。就像汉语讲"谈恋爱"，要谈才能恋爱。我们需要在语言中进行各种各样的生命活动，我们也习惯了在语言的笼罩下生存。这一方面固然展示了语言对我们生命的塑造功能、语言对人的影响力；但是另一方面，语言哲学也注意到，这体现了一种异化现象，也就是语言对人进行了某种主宰、某种包裹、某种限制，甚至使得我们离开语言寸步难行。

为什么说这是一种异化呢？因为从根本上讲，无论语言多么丰富，它相比于生命来说，总是苍白无力的。人生命的内涵、生命的精彩，要远远地超出语言的范围。然而我们又是在语言中来展开自己的生命活动的，这就使得生命活动的深度和广度被局限在语言的有限范围之内，导致我们的生命变得狭小，变得苍白。所以说，这实际上是一种异化，是一种生命的萎缩。

因此，在注意到语言的独特价值的同时，语言哲学家提出了一点：我们要防止语言对生命的限制和束缚，要在一定程度上突破语言的边界。因为生命的内涵是无穷无尽的，生命的精彩是语言不可能穷尽的。这些都不是语言所能够涵盖、所能够彻底表达的。

那么，怎么样才能够突破语言的边界呢？人们发现了两种途径。

第一种途径，就是运用诗的语言。在各种语言中，人们发现有一类有着独特性质的语言，它就是诗的语言。无论是古代的诗还是今天的诗，无论是中国的诗还是外国的诗，只要不是无病呻吟，而是真正意义上的诗，它们都有一个特点，那就是模糊性，"言有尽，意无穷"。就像大家读李商隐的《锦瑟》这首诗："锦瑟无端五十弦，一弦一柱思华年。庄生晓梦迷蝴蝶，望帝春心托杜鹃。沧海月明珠有泪，蓝田日暖玉生烟。此情可待成追忆，只是当时已惘然。"大家读这样的诗，其实并不一定完全明白这首诗到底讲了什么，但是，恰恰是在模模糊糊、朦朦胧胧之间，我们又或多或少能感受到一些东西，甚至感受到一种独特的韵味、一种独特的情绪。这就是诗这类语言的独特价值。不只中国古诗是这样，西方的诗也一样。因此，存在主义哲学家海德格尔就讲过，他看重这种诗性的语言，用诗意的语言来破除语言对于生命的束缚和限制。所以，运用诗的语言，这是人们试图以语言来突破语言的一种方法。

除此之外，还有另外一条途径可以突破语言的限制和束缚。它就是一种东方式的直觉体悟的方法。例如大家都知道的中国佛教中的禅宗，禅宗强调"不立文字，教外别传"，强调"以心传心"。比如拈花微笑，禅宗为什么要用拈花微笑的方式来传递智慧的精髓呢？因为不可能通过语言或通过其他的形式来传递，这些形式都是蹩脚的、拙劣的。语言的根本局限性表现在"言不尽意"，任何语言都是有偏差的。无论如何精心地修饰，语言在传递的过程中永远会出现偏差，也就是我在说话的时候，我想要表达的和你听到的之间，总会存在偏差。例如，我现在说："周星驰是一位伟大的喜剧演员，是喜剧之王。"我在讲这句话的时候，心里想要表达的意思和大家听到这句话时感受到的意思，两者之间一定会有偏差，只不过是程度大小罢了。这就是语言在传递过程中出现的"言不尽意"的现象。

诗的语言，就是借助模糊化的语言来传递信息。因为模糊，所以诗的语言不强调精确性，反而能够最大限度地减少误差。就像科学里面讲到的误差一样，当我们用比较大、比较模糊的尺度来衡量的时候，这个误差就不那么明显。而当我们用非常精确的尺度来衡量的时候，这个误差就很明显。例如，我们讲中国的人口，如果要把此时此刻中国的人口具体到百位数、十位数甚至个位数，那么我们很难不错；但是如果我们说中国有十几亿人口，那么这个说法一定是比较准确的，因为它的表述比较模糊，尺度比较大。诗的语言，在某种意义上说，就是一种模糊的、大尺度的语言，它能够减少这种误差的干扰。

另外一种做法，就是像禅宗的拈花微笑，不立文字，不通过语言，不依赖文字，而是以其他的方式，通过心灵的默契来传递。借助这种看似神秘的"佛祖拈花，迦叶微笑"的方式，才能够保证内容传递的完整性和准确性。

《道德经》的做法与禅宗的做法相似，但是也有不同。一方面，道家也强调采用"非语言"的直觉式传递信息、传承智慧的方法，另一方面，老子又巧妙地运用了"道的言说"这层含义。按照老子的理解，想表述的内容和语言这个形式之间会出现一个错位、偏差。那么，怎么样才能够保证不出现偏差呢？那就是欲说还休。就好比"某某某道"，在要说的一瞬间，戛然而止，停下来。在将说未说之际停下来，只有这样才能够保证内容的完整性和准确性。所以，老子所谓的"道"恰恰是不说。《道德经》第一章说"道可道，非常道；名可名，非常名"。那些能够言说的、能够用语言来表述的"道"，并不是老子想要讲的"常道"。真正的永恒之道，是无法用语言去言说和界定的。正如人们通常讲的，知识是可以通过语言来传递的，但是智慧并不能依靠语言来直接传递；智慧的获得伴随着对语言的超越。

所以，这种欲说还休之间的停顿，这种将说未说之际的戛然而止，并不是故弄玄虚，而是为了保证信息传递的完整性和准确性。可以说，这只是第一步。至于如何来传递，老子和庄子还有很多具体的讲法，像"虚静""心斋""坐忘"之类的，都有比较完整的描述，这点我们就不展开了。

可见，老子之所以选用"道"来作为描述世界本原的概念，一个原因恰恰在于"道"就是"将说未说之际的语言本身"，在这种玄妙的状态下，语言尚未偏离它的本质和内涵。老子很看重这种状态。这颇有一点神秘色彩，所以《道德经》里面经常会用到"玄"这个字，"玄之又玄"，看不穿，摸不透。

"道"之道路义

"道"的第二个基本含义，就是道路。这一层含义对于我们探索老子用"道"这个字眼来概括世界本原的原因，也同样有重要的启发意义。

什么是道路呢？《说文解字》里面说："道，所行道也。"段玉裁注："道者，人所行。"这是什么意思呢？道就是供人行走的路。在近几十年出土的楚国竹简中有一个"道"字，书写很有特点：十字路口中间有一个人，或者说人在十字路口。这种书写方式很直观地说明，"道"的本意就是人在路上走，或者指供人行走的路。那么，什么是道路呢？鲁迅先生曾经说过："其实地上本没有路，走的人多了，也便成了路。"古代的路都是人走出来的，正因为如此，道路的两旁往往是无法行走的，有悬崖、密林、河谷等，人只能沿着道路走。

现在我们假设有两个地方，甲地和乙地，如果甲地和乙地之间有且只有一条道路，那么这条道路就有两层含义。第一层含义，我们只要按照这条道路的指引方向走，就可以从甲地到达乙地。这个时候，这条道路具有某种指引性，它可以指引我们从甲地走到乙地，或者从乙地走到甲地。这是第一层含义。

除此之外，还有另一层含义：如果我们想要从甲地到达乙地，或者从乙地到达甲地，必须沿着这条道路走。从这层意义上讲，"道"具有了某种规范性。所以，"道路"这个基本原始义，可以推导出"道"的指引性和"道"的规范性两层含义，从而又可以很自然地引申出"规律"这个重要的含义。

大家可能都听过两个成语，一个是"明修栈道，暗度陈仓"，另一个是"兵行诡道"。这两个成语里面都有"道"字，但其中的"道"并不是同一含义。"明修栈道，暗度陈仓"里面的"栈道"仍然是道路的意思，的确有那么一条路叫"栈道"。但"兵行诡道"中的"诡道"，就不再是一条具体的道路了，这个"诡道"指的是诡变莫测的法则、规律，行军打仗要遵循出其不意、诡变莫测的法则。所以从这两个成语中"道"字的运用，可以看出语义的变化有一个明显的抽象化过程，从具体的道路抽象成无形的法则。其实我们中国古代思想的发展变化也能通过一些成语的演变看出很多的轨迹。

在"兵行诡道"这个成语里面，"道"还只是一种战争规则。再往后，"道"被用来表示自然界、天地万物以及人类社会的行为法则。例如所谓"天之道""地之道""人之道"。这个时候，"道"的抽象法则的含义就更明显了。它已经完全脱离了"道"的具体形象，具有了抽象的哲学意义。只不过，这个时候的"道"还不是最高的概念，"道"仍然是在"天"和"上帝"的掌控之下。

说到"上帝"这个词，其实它原本是中国古代已经有的观念，中国的夏商周时期就经常讲到"上帝"，甲骨文里面也经常出现"上帝"的字眼。所以我们在讲到"上帝"这个词的时候，不要想当然地联想到西方的基督教。"上帝"这个词原本是我们中国文化固有的，只不过基督教在中国传播和翻译的过程中，选用了"上帝"这个词作为基督教里最高神祇的称谓罢了。

老子的一个伟大贡献，就在于他把"道"从"天之道""地之道""人之道"进一步提升，进一步抽象，把它升华为所谓的"常道""恒道"，也就是永恒之道、普遍之道，让"道"成为一个在天之上、在上帝之上的最高的、独一无二的概念，一个形而上学的、本体的概念。

所谓"本体"，只能是独一无二的，有且只有一个，而且是最高的。因此，春秋时期，在老子之前的"道"是从属于天的，从属于"上帝"的。老子改变了这一点。在老子这里，"道"比天更加根本，比"上帝"更加崇高，是最高的概念、最终极的力量，是世间万物存在的最后的根据。

这样，我们从"道"的两层基础含义，即原始含义，推导出《道德经》里面"道"这个概念的来源。也正因为"道"在语言和规律的层面有着独特的解释能力，所以，老子才把"道"作为本体的一个代名词，道家也由此而得名。

道的结构与运动规律

上一节，主要介绍了"道"这个概念的来源。这一节，我们着重介绍"道"的内在层次，以及"道"运动变化的规律。

道是"无"和"有"的统一

我们先来看看"道"的内在层次。老子将"道"看作本体的代名词，用它来试图言说那个不可言说的本体。面对这样一个困境，老子非常巧妙地采用了"有"和"无"的双重结构，来解释"道"。这一点我们可以通过《道德经》的文字来理解。

先来看《道德经》第一章：

> 道可道，非常道；名可名，非常名。无名，天地之始；有名，万物之母。故常无，欲以观其妙；常有，欲以观其徼。此两者同出而异名，同谓之玄。玄而又玄，众妙之门。

这一章大家都非常熟悉，不过在解读的时候，还是有一些地方要特别注意。我们试着解读一下：

"道"，如果可以用语言来言说的话，就不是老子所讲的恒常之道。反过来，作为本体代名词的这样一个恒常之道、永恒之道，是没有办法用语言来描述、来言说的。我们之前已说到"言不尽意"，语言是有局限性的，语言是低于"道"的层面的。套用"维度"的说法，语言是低维度的，而"道"是高维度的，用低维度的东西很难理解和描述高维度的东西。如果我们执着于用语言来描述"道"，那就会像盲人摸象一样，永远只能够感受到大象的某个部分，而无法了解它的全体、它的全貌。"语言"和"道"的关系也是如此。"道"是超越语言的，语言在"道"的面前是有限的，是苍白的，我们没有办法用语言去把握、去描绘"道"的全体。"名可名，非常名"是同样的意思，"常名"就是恒常之名，是与"恒常之道"这个存在相对应的名称。每一个事物都有它对应的名称。而恒常之道所对应的名称就是恒常之名。不过，由于恒常之道是无法用语言来描述的，同样的道理，它所对应的"恒常之名"也是没有办法用语言去界定的。我们通常对于一个概念、一个名称，都是用语言来描述、来定义的。然而，恒常之道对应的恒常之名，是无法用语言来描述、来下定义的。所以这两句话，都说明了"道"是超越语言的。

接下来，"无名，天地之始；有名，万物之母"。老子这里采用了"无"和"有"的双重结构来讲"道"的内在层次。现代科学在解释新事物时，经常会借助一些理论模型。同样地，我们在理解《道德经》的时候，也可以借助一些思维框架、理论模型。"无"和"有"的双重结构就是一个比较有解释力的理论框架和模型。

我们讲"道"是"无"，就是说，"道"在天地开始之前就已经存在了。在老子这里，天地不是无限的，不是永恒的，天地有开端也有终结。而"道"在天地开始之前就已经存在了。同样在天地灭亡之后，"道"依然存在。因此，"道"在天地之外，是永恒的，没有开端，也没有终结。"道"是一个独一无二的、绝对的、最高的存在，是本体。

而当我们在讲"道"是"有"的时候，是想说明，"道"是天地万物产生的来源，是天地万物的母亲。换句话说，这个本体之"道"，并不是和天地万物、和人无关的孤悬于天外的存在，相反，它是万事万物都离不开的，是世间一切事物、一切现象之所以存在、之所以变化的终极根源、终极依据。在这个意义上讲，我们可以说"道是天地万物的母亲"。

老子说"故常无，欲以观其妙；常有，欲以观其徼"，我们从"常无"的角度，可以体会"道"的神妙莫测，它是没有办法用语言、用感官去把握的，是玄妙的、不可言传的。我们从"常有"的角度，可以观察"徼"。"徼"就是事物之间的边界。我们在讲万物的时候，之所以说"万物"，就是因为一个事物和另一个事物相区分了，事物与事物之间是有边界的，因此我们在讲"常有"的时候，恰恰是强调了万事万物之间的边界，也就是它们之间的区别。万物的产生，就是一个事物和另一个事物相区别、相区分的过程，这也就是"道生万物"的过程，让万物之间有了边界，有了区分。

因此，"道"包含"有"和"无"两个层面，这两个层面又同出于道，只不过它们的名是不一样的，一个是"无"，一个是"有"。"有"和"无"同出于道，是"道"的一体两面。这么一个微妙的状态，我们可以把它称之为玄，所以这个玄包含了道的无和有。"玄之又玄"，道的无和有是层层叠叠的，是混杂在一起的，它是一切玄妙的来源，是一切奥妙的源头。

《道德经》第一章其实是强调了"道"的"无"和"有"的统一。所谓的"无"，是说"道"是一个绝对的、永恒的本体，它在天地产生之前就已经存在。而所谓的"有"，是说"道"是万物的来源，是万事万物存在、变化的终极依据。

我们还可以换个角度来理解"道"的"无"和"有"的统一。之所以将"道"形容为"无"，是为了强调"道"是一个独一无二的、最高的、绝对的存在。我们可以举参照系的例子来理解。通常，要认识一个新事物，我们往往会借助既和这个新事物相关同时又是我们已经熟知的事物，来建立一个参照系，然后把这个新的事物放到参照系统中，看看它和其他参照物之间的关系，从而了解和把握这样一个未知的新事物。这也是我们一般情况下认识新事物的方法。

然而面对"永恒之道"，我们发现这种认识方法是无效的。因为"道"是独立的、绝对的存在。什么意思呢？就是没有和它相对待之物，不存在和"道"相近的、相似的、相反的事物，它是独立的、唯一的，没有什么能跟它相提并论。这样一来，我们无法借助与"道"相关联、相类似的事物，来建立一个可以形容"道"的参照系。任何事物在"道"的面前都低了很多层次，低了很多维度，因此也就没有办法找到足够的事物来构建一个形容它的参照系。

因此，可以用语言描绘的"道"，并不是老子所讲的恒常之道。恒常之道是绝对的、超越的，无法用语言、用已有的事物、用已知的经验来描述。我们没有办法正面来形容它，不能说"道"是什么，我们只能说它不是什么。用否定的方法才能够排除掉人们对"道"的误解和偏见，才能够逐渐接近"道"的本质和真相。基于这样的考虑，老子干脆用"无"来勉强形容它的一部分特性。

老子在讲"道是无"的时候，并不是说"道"是空无所有的，或者说"道"是虚空；而是说"道"是无以名状的，它是无法用语言来描述的。

而当我们讲"道"是"有"的时候，就是强调"道"是万物产生的源头，是万物存在的依据。

《道德经》第四十章说："天下万物生于有，有生于无。"第四十二章进一步讲"道"生万物的过程："道生一，一生二，二生三，三生万物。万物负阴而抱阳，冲气以为和。"这里的"有"就是"一"，指的是宇宙天地之初原始未分的混沌状态。追溯这个状态的源头，就是"道之无"的这一面，也就是"道"作为本体的这一面，它为"混沌之有"的出现提供了依据，提供了原因。这正是"有生于无"的意思。

"一生二"，说的是宇宙天地之初原始、混沌的状态，进一步产生出阴阳两种气。"二"指的就是"阴和阳"。"二生三"，并不是生出三个东西，而是生出第三种状态。这种状态就是"阴阳和合"的状态，阴气、阳气相互调和激荡，就成为和气。万物就是从这种"调和之气"的状态下产生出来的。"万物负阴而抱阳，冲气以为和"，万物都是有阴有阳的，他们都是在阴阳二气调和冲荡过程中产生出来的。"道"在"无中生有"的展开、实现过程中，生成长养万物。这样一个从"道之无"到"道之有"，再到一、二、三、万物的过程，就是"道生万物"的过程。

老子在这里用"道"解决的是万物生化的问题，而不是万物由什么东西构成的问题。古希腊哲学更多强调的是万物由什么构成，例如原子论，认为万物是由原子构成的。老子讨论的则是万物是怎样演化而来的。也就是说，老子的"道创生万物"属于宇宙生成论，而古希腊原子论则属于宇宙构成论。老子的学说抽象程度要更高一些。

《道德经》第二十五章讲："人法地，地法天，天法道，道法自然。"这句话可以说是脍炙人口。不过，严格说起来，"道法自然"这个提法在逻辑上似乎存在着一些矛盾，一些挑战。因为如果我们把这里的"自然"理解为一种境界或一种存在的话，人效法地，地效法天，天效法道，道效法自然。这样一来，"自然"就是比"道"更高的一种境界、一种状态、一种存在。那么，"道"就不是最高的，不是一个至高无上的本体，"自然"才是。

怎么解决这个问题呢？学者们提出了两种解释。第一种认为，应该这样来解释这句话："人效法地，地效法天，天效法道，道则以自己本来的样子为法则。""自然"就是自己如此，它不是一种独立的境界、独立的存在。"道法自然"，意谓"道"以自己本来的样子为法则。

还有一种做法，就是从断句上下功夫，把这句话读作："人法地地、法天天、法道道、法自然"，也就是说主语只有一个，那就是人。人效法地之所以为地的原则，效法天之所以为天的原则，效法道之所以为道的原则，而这个原则就是自然。这样就把"自然"虚化了。"道"之所以为"道"，根本就在于自然。

这两种做法都认为自然就是"道"的本性，自然不是"道"之外的，不是比"道"更高的存在、境界和状态。"道法自然"就是道以自己本来的样子，以自己的本性来呈现。

"反者道之动，弱者道之用"

接下来我们看看"道"的发展运动变化规律，也就是所谓的"反者道之动"。《道德经》第四十章讲："反者道之动，弱者道之用。"对于这一句话，过去认为这是一种辩证的思维。"反者道之动"，就是事物发展到了极致，会向它的相反方向发展运动。

这种理解其实存在着一定的局限性。老子的思想中当然包含事物发展变化，矛盾相互依存、对立转化的思想。例如我们非常熟悉的"祸兮福之所倚，福兮祸之所伏"就是《道德经》里面的名言，祸与福是相互依存、相互转化的。

又例如《道德经》第二章：

> 天下皆知美之为美，斯恶已；皆知善之为善，斯不善
> 已。故有无相生，难易相成，长短相较，高下相倾，音声
> 相和，前后相随。是以圣人处无为之事，行不言之教。万
> 物作焉而不辞，生而不有，为而不恃，功成而弗居。夫唯
> 弗居，是以不去。

老子强调了世间的很多事物是相互依存的，很多价值是相对的。例如，人们之所以知道什么是美，是因为有丑做对比。

但是，老子并没有停留在事物是相对的层面，或者说事物一定要向相反的方向发展变化。他接着说"圣人处无为之事，行不言之教"，既然美丑、善恶、高矮、胖瘦等这样一些价值都是相对的，那么它们便没有绝对的价值。因而体悟了"道"之精髓的圣人，他不执着于美丑善恶等这些相对的名声，既然这些价值标准都是相对的，那么就没有必要执着于它们了。因而，老子的结论是：跳出这样一个是非，跳出这样一个价值相对的循环，以一种无为、不言的方式来对待它。所谓无为、不言，就是不再执着于这些相对价值。

因而，老子的辩证思想与唯物辩证法有一定的差距。

以"反者道之动"为例，很多人把"反"字理解为相反，就是事物向相反的方向发展变化，是"道"的运动规律。这其实并不是老子想要强调的。"反者道之动"的"反"，更好的解释是把它看作"返回"的"返"。所谓"反者道之动"，就是事物都要返回到它的起点。为什么呢？我们可以结合《道德经》第三十章讲到的"物壮则老"，还有据此提炼的一个思想叫"物

极必反"来理解，它们说的是一个意思：事物发展到了极端，就会走向它的反面；事物达到了雄壮的顶点，就会走向衰老。就像一条抛物线，一旦上升到了顶点，就会走下坡路。老子发现了这个现象，但是并不认为这是规律，相反，这恰恰是违背自然之"道"的结果。"道"是永恒的，万事万物效法"道"，也应该追求长久，避免衰亡。

那么，怎么才能避免走向衰亡呢？就是让事物不要走到极端，不要走到最强壮的顶点。一旦事物表现出向强壮的顶点发展的趋势，就要有意识地收缩，懂得"返"，回到起点。

为此，老子强调柔弱，强调无为，因为柔弱相对于刚强来说，就是"返"；无为相对于有为来说，也是"返"。老子讲"反者道之动"，是说"道"的运动变化规律乃是回归到柔弱、无为的状态，回归到事物的起点。后面接着讲"弱者道之用"，"反"和"弱"是对应的。只有遵循这样的运动变化规律，才不会违背"道"的自然本性。

体"道"的生命智慧

在上一节，我们介绍了"道"的内在结构，道是"无"和"有"的统一；也介绍了"道"的运动变化规律，"反者道之动，弱者道之用"。

接下来这一节，我们想说明，自然之道是究竟怎样来影响每一个个体的生命的。老子将人看作宇宙天地之间最重要的四种存在之一，那么人应该怎样来展开自己的生命呢？《道德经》说："人法地，地法天，天法道，道法自然。"从根本上讲，人应该效法自然之道。人怎样做才能效法自然之道呢？老子认为，可以从三个方面效法。

致虚极，守静笃

第一个方面是"致虚极，守静笃"。人要效法"道"，首先应该做到"虚静"。《道德经》第十六章说："致虚极，守静笃。万物并作，吾以观复。夫物芸芸，各复归其根。""致虚"要达到极致，"守静"要做到笃诚。所谓"致虚""守静"，就是要经常地、彻底地排空我们的头脑和心灵，不要让太多现有的、人云亦云的知识、规范、技巧等塞满我们的头脑和心灵。生命是需要灵性的，然而，越来越多的知识、欲望、规范、价值观念等，会渐渐充塞我们的头脑和心灵，损害人与生俱来的灵性。对此，我们要学会做减法，要用否定的方式排除掉这些东西。只有这样，才能让我们的生命恢复灵性，重新体会到一种轻松自在、悠闲宁静的心境。只有这样，才能体悟"道"，回归自然之道。

我们可以通过一个例子来说明"虚静"的重要。国外曾经做过一个实验，主题很简单，就是"看电视"。我们很多人都喜欢看电视，西方也有很多人非常喜欢看电视，在英语里专门有一个词语叫"沙发土豆"，形容有些人回到家就把自己扔到沙发里，偎在那儿像颗土豆一样，一直看电视。这个实验就投其所好，专门征募一些志愿者来看电视。实验在开始之前，测量了志愿者们的各方面指标。接着实验开始。实验的要求有两个：第一，每天看电视的有效时间不少于7个小时，看的内容不限，你可以选择自己喜欢的内容看，但是每天不能少于7个小时，也可以超过7个小时；第二，要连续看三个月，一天都不能中断，也就是连续三个月不间断地看电视，每天不少于7个小时。

三个月之后，实验结束，实验团队再来检测结束实验的志愿者的各项指标，发现其中的一个指标明显下降，那就是智商。经过三个月的长时段、高强度地看电视之后，参加实验的志愿者的智商与实验之前相比，出现了明显下滑。这说明过度看电视有可能对智商造成一定的影响。

我们可以分析其中的原因。当我们看电视的时候，特别是看没有什么营养的肥皂剧时，通常不需要动脑，只需要被动地不断接收信息，完全不需要去推测、联想。久而久之，脑力当然会下降。这和读小说、看电影还不太一样。阅读小说时，小说里有很多很多的空间，需要我们用想象填充。电影由于容量有限、时间有限，因此电影里也有很多空白，需要我们用想象力去填补、去推断。有些优秀的电视节目也需要我们动脑筋，需要联想和理解。

但还有一些电视节目，只是一个劲儿地塞给我们太多的信息，而完全不需要我们去理解、消化。这个"看电视"的实验其实给我们一个重要的启发：头脑如果被塞满了太多的信息，就会缺乏运转的空间，失去灵性。结合老子讲的"致虚极，守静笃"，我们的头脑和心灵需要做虚静的工夫，排除掉杂乱无意义的东西，腾出空间。有了适当的空间，人的灵性才能够自由自在地飞舞。

今天有很多朋友已经意识到，为了健康，要适当排空我们的身体。例如很多现代职业女性，每周会选一天断食，这一天不吃主食，只喝点酸奶，吃一点水果，通过断食来排空身体，让自己更健康。其实除了要排空身体之外，我们还需要适当地排空心灵，排空头脑。所以也有很多朋友会定期去静坐、冥想。静坐、冥想就是在一个安全温暖的环境里，听着舒缓的音乐来放松自己，从而达到一种精神和身体的松弛状态，把平日里困扰自己的事务暂时放下，让心灵更加澄澈宁静。这与《道德经》讲的"致虚极，守静笃"有异曲同工之妙。

损之又损

体"道"的生命智慧的第二个方面，是"损之又损"，要管理和节制我们的欲望。《道德经》第四十八章说道："为学日益，为道日损。损之又损，以至于无为。无为而无不为。"老子比较了两种生活方式，一种是"为学"，一种是"为道"。"为学"是我们大家非常熟悉和习惯的一种生活方式，大家围绕着知识、技术、名利，展开学习和竞争。这种生活方式能够带给我们很多东西，例如财富、名望和各种享受。但是老子注意到，"为学"的这种生活方式伴随着一个危机，就是"日益"。所谓日益，是我们不好的情感、欲望会越来越多，越来越膨胀，甚至有可能失控。因此老子提出了另一种"为道"的生活方式。所谓"为道"，是遵循"自然之道"来生活，凡是符合的，就保留，凡是违背的，就用减法把它减损掉。久而久之，不好的欲望、情感就会越来越少。最终，我们没有任何不好的情感和欲望，能做到无为，而一旦做到无为就能无所不为。这是老子对欲望的反思。

《道德经》第十二章说："五色令人目盲，五音令人耳聋，五味令人口爽，驰骋畋猎令人心发狂，难得之货令人行妨。"老子明确表达了对于欲望的谨慎态度。人有耳、目等各种感官，感官和外物接触会产生各种感受，生出各种欲望。老子主张对欲望做适当的区分，区分的标准就是"自然"。符合自然的欲望就是正常的欲望。老子尊重正常的欲望，例如中国古代常讲的饮食男女，对于这样一些正常的欲望，道家是尊重的。而且道家发现这些正常的欲望有两个特点，第一个特点是，这些欲望一般要求都不太高，粗茶淡饭之类，相对来说容易满足。第二个特点是，当正常的欲望得到满足之后，我们的身心会在很长一段时间里，处于一种舒适的、自在的状态。

但老子发现很多人并不满足于正常的欲望，非要追求最强烈的感官刺激和欲望的最大满足。例如眼睛非要去看光怪陆离的色彩，耳朵非要去听震耳欲聋的声音，口非要去尝特别极端的味道，这就会对人的身心造成伤害。所谓"五色令人目盲，五音令人耳聋"，是说当我们的感官去追逐那些强烈刺激，追逐欲望的最大满足的时候，眼睛就再也无法感受到大自然的色彩，耳朵再也无法聆听到大自然的声音。尤其是"五味令人口爽"。什么是爽？举例来讲，酷热的夏天，我们从冰箱里拿出一杯冰镇可乐，一口把它喝下去，感觉就一个字，爽！但这个"爽"意味着什么呢？现在假设有高明的厨师，用天然有机的蔬菜，炒了一盘色香味俱全的青菜端上来。我们刚刚喝完冰镇可乐，再来吃这道青菜，就会发现自己几乎尝不出味道。所以，"爽"的本意就是败坏，我们的胃口和味蕾已经被那些特别极端、特别极致的味道败坏了，我们已无法再品尝食物天然的滋味了。

在老子看来，超出"自然"边界的欲望，就是所谓"淫欲"。"淫"字并不是淫荡的意思，《岳阳楼记》里有一句话，"淫雨霏霏，连月不开"，所谓淫雨就是过分的、过多的雨。同样，过分的、过多的欲望就叫作"淫欲"。"淫欲"是不可能真正得到满足的。我们都知道一个成语叫欲壑难填，"淫欲"是填不满的。

因此，老子提出"损之又损"，要节制欲望，对"淫欲"，对那些过分的欲望，要用减损的方法把它们消减掉。

在管理欲望的过程中，我们要学会知足。《道德经》第四十六章说道："祸莫大于不知足，咎莫大于欲得。故知足之足，常足矣。"我们生命中的很多灾难和麻烦都是源自不知足。只有懂得知足，才能常乐。

清代才子纪晓岚的老师陈白崖写过一副对联，很能体现道家知足的智慧。这副对联说："事能知足心常惬，人到无求品自高。"我们立身行事，如果能懂得知足和适可而止，对自己已经拥有的人和事物，懂得珍惜、欣赏，哪怕冒出再多的新鲜诱惑，我们也能保持一种旁观的态度，一种悠然的心态，身心就能够从容自在。如果我们没有太多的欲求，就能保持人格的独立。俗语有云："吃人的嘴软，拿人的手短"，如果我不占这个便宜，就不会导致受制于人，这都体现了道家节制欲望、知足常乐的智慧。

上善若水

体"道"的生命智慧的第三个方面，是"上善若水"，要懂得谦让包容。

《道德经》第七十六章讲道：

> 人之生也柔弱，其死也坚强。万物草木之生也柔脆，其死也枯槁。故坚强者死之徒，柔弱者生之徒。是以兵强则灭，木强则折。强大处下，柔弱处上。

这里强调了两对概念，柔弱与坚强、生与死。我们一般人都希望自己更坚强，这个社会、这个时代也倡导敢为人先。但道家反其道而行之，老子特别强调了与坚强相对立的"柔弱"的价值。他说，从人的一生来看，婴儿时期，我们的身体是最柔软的。很多对于大人来说高难度的瑜伽动作，婴儿可以轻松做到，而且尽管婴儿睡觉的姿势千奇百怪，但是婴儿从来不会落枕。相应地，他的生命力也最旺盛。同样是人，九十岁老人身体的筋骨可能已经非常硬、非常脆了，老人是不能摔跤的，万一摔跤，即便不中风，也很可能骨折。相应地，老人的生命力在逐渐消逝。

从自然界来看也是如此。春天的时候，树木的生命力很旺盛，柳树的枝条非常柔软，很多朋友踏青的时候会把柳树的枝条摘下来，弯成环戴在头上，你怎么弯，它都不会断，因为它的生命力很旺盛，枝条很柔软。但到了秋冬的时候，同样是这棵柳树的枝条，如果把它弯起来的话，它有可能会折断。因为它变硬、变脆了，它的生命力逐渐消失了。

由此，老子得出一个结论：很多人都希望自己更坚强，其实他们不知道坚强是一种和死亡连在一起的属性。很多人都不希望自己柔弱，其实柔弱才是长久的生命之道。如果我们希望保持长久的生命力，就要学会柔弱、保持柔弱，因为柔弱胜坚强，这是道家的一个独特的智慧，以柔克刚。

有人开玩笑，说道家是"龟孙子兵法"，一碰到问题和矛盾，就总是退让，像乌龟一样缩成一团。其实道家的这样一种"谦下退让"并不是躲避矛盾，道家认为这才是对自然之道的顺应。道家是追求长久的，当然这种长久和后来的道教不一样，后来的道教强调我们要修道成仙，要长生不死，把追求长久变得非常形式化，比较肤浅。是什么妨碍我们追求长久呢？道家发现，就是我们前面谈到的物壮则老、物极必反。如果一个事物发展到了极端，发展到了最强盛的阶段，那么它就会走向衰亡。为了避免衰落和灭亡，道家主张避免走向极端，避免走向坚强、强盛的顶点。所以要学会有意识地放弃，学会谦让，学会收缩，懂得柔弱胜坚强。

无为的政治智慧

《道德经》的自然之道，落实到社会政治领域，就表现为"无为的政治智慧"。需要说明的是，尽管人们习惯将道家的两位大思想家老子和庄子并称为"老庄"，但是，他们两人对于社会政治的态度其实是有明显差别的。庄子对于社会政治，表现出非常鲜明的厌恶，基本上是一种排斥的态度，他渴望摆脱社会政治的束缚。所以，庄子是一个无政府主义者。而老子不同，他对于现实的社会政治固然有批评、讽刺，但同时也有规劝，也有期望。可以说，老子对于社会政治的批评相对温和，包含了一定的建设意义。老子对社会政治批评和反思的标准正是"自然之道"。他提出了一种"无为而治"的政治智慧，这主要表现在三个方面。

绝仁弃义

第一个表现就是"绝仁弃义"，他对当时流行的仁义等社会价值观念进行了深刻的反省。《道德经》第十八章说道："大道废，有仁义。智慧出，有大伪。六亲不和，有孝慈。国家昏乱，有忠臣。"意思是说，大道被废弃之后，才出现了所谓的仁义。有了聪明智慧，就会有严重的虚伪。家庭陷入了纠纷，才会鼓吹所谓的孝慈。国家陷入了混乱，才会倡导所谓的忠诚。老子有点唱反调。我们通常的价值观念认为，仁义、智慧、孝慈和忠诚都是正面的。但是老子的看法则不同。老子认为，如果一个社会大力地倡导仁义、智慧、孝慈、忠诚，其实是反过来表明这些东西已经成为整个社会所缺乏的。由此，老子认为，一个健康的、稳定的社会，是不需要人为来倡导这些价值的。在老子所想象的大道流行的理想社会里，每个人都是和善友好的，当然不需要提倡仁义；每个人都是淳朴、天真的，自然不需要提倡智慧；所有的家庭关系都是和睦温馨的，当然不需要提倡孝慈；国家政治都是清明无为的，当然不需要提倡所谓的忠诚。社会越是人为地宣传倡导某些价值，其实表明这些价值越是缺乏。正是在大道荒废、国家混乱、家庭不和的时代和病态社会里，这些价值观念才成为社会的急需。

在老子看来，这些只能从表面上解决问题，不能够从根本上来解决。这些价值观念并不能够结束无道的状态，相反只会掩盖它。这样一些价值观念，其实只是一种无可奈何的选择，只不过是一种临时性的替代方案，并不能真正解决社会的问题。

老子认为，解决问题的关键是要恢复到无道之前的大道流行的状态。也就是说，与其扬汤止沸，不如釜底抽薪，从根本上回到大道流行的状态。

从某种意义上说，大道之所以荒废，也许就在于人们自作聪明，自以为是地追逐一些看似更崇高、更文明、更有意义的价值目标，结果导致了人的欲望挣脱了缰绳，人的心灵被外在的名利欲望左右，我们天生的素朴的本性被扭曲、被遮蔽，从而导致了人与大道分离，出现了"大道废"的状况。道家的方案，不是让人们去做什么，而是不做什么，我们要学会舍弃，学会闭嘴，学会住手。

《道德经》第十九章讲道：

> 绝圣弃智，民利百倍。绝仁弃义，民复孝慈。绝巧弃利，盗贼无有。此三者，以为文不足，故令有所属：见素抱朴，少私寡欲，绝学无忧。

意思是说，抛弃了人为倡导的聪明和智慧，人民会获得百倍的好处；抛弃了刻意宣传的仁与义，人民才能恢复其本来的孝慈本性；抛弃了技巧和利欲，才能从根本上消灭盗贼。仅有以上三条作为制度原则还不够，还必须要让人们的内心有所归属，那就是：如同赤子，单纯朴素；减少私心，降低欲望；抛弃学问，不要思考。可以看出，老子相信真正的孝慈是出于无为无欲的本性，而不是仁义教化的结果。

老子认为当时的文明所倡导的仁、义、礼、法等价值观念，只是替代大道的社会调节器，并不能从根本上解决问题。不仅如此，伴随着这样一些所谓的文明的观念，会带来知识、智慧、利益、技巧等，特别是欲望的造作，会让人的私欲膨胀，本性扭曲。老子担心，一旦这些原本只具有相对价值的观念被无限放大，被迷信为拯救世道人心的灵丹妙药，那么人与生俱来的真正的智慧、领悟力、德性等将会被巨大地损伤与破坏。因此老子主张，要用否定的方式来消解这些价值观念，避免这些人为价值观念所带来的文明异化和个体精神的扭曲、旁落。

清静无为

"无为的政治智慧"的第二个表现是"无为而治"，用清静无为的方式治理国家。与儒家"为政以德"的传统不一样，老子为当时的君王开出的治国药方是"无为而治"。

《道德经》第七十七章说道：

　　天之道，其犹张弓与？高者抑之，下者举之；有余者损之，不足者补之。天之道，损有余而补不足，人之道则不然，损不足以奉有余。孰能有余以奉天下？唯有道者。

在这里，老子以"张弓射箭"来比喻天道。我们的古人喜欢用比喻来讲道理，很多比喻就来源于日常生活。射箭是老子时代日常生活中很常见、很重要的活动，因此老子就用射箭来比喻天道。射箭有一个特点，如果箭射得过高，下一次就稍微压低一点。如果一箭射出去，过低，那么下次就往上抬一点。通过调整，逐渐找到正中靶心的力道和姿势。所以说，射箭的时候是要"损有余而补不足"，这也是"天道"的规律。然而老子注意到，君王的统治之道，也就是所谓人之道却是违背天道的，是"损不足以奉有余"，把穷人的钱抢过来给富人，盘剥百姓，供统治者穷奢极欲。

老子批评现实的君王没有能够遵奉天之道。他们的统治方式是有所作为的，是造作的，是被私利欲望驱使的。而天之道是损有余补不足，是顺其自然，是无为。真正的"人之道"也应该遵循天道，自然无为。

老子又用"治大国如烹小鲜"的例子来讲无为而治的意义。小鲜就是小鱼，治理大国的道理，就像厨师来烹煮小鱼一样。在烹煮小鱼的时候，高明的厨师是不会过多翻动鱼身的，因为小鱼的身体太小，如果我们用锅铲翻来翻去的话，这个鱼就会破碎，不完整。因此高明的厨师在烹煮小鱼的时候会顺其自然，不过多干扰，这样才能够把鱼烹煮熟，同时保持它的完整。

治理国家的道理和烹煮小鱼是一样的。统治者不能过多地干扰人民，今天一道政令，明天一条法度，朝令夕改，这样只会让人民疲惫不堪，最终导致天下混乱。只有放弃人为的造作，顺着人的本性，自然无为，才能保持长治久安。

因此，老子主张以"无为而治"来消除社会政治的各种弊病，用"无欲""无为"来反对"有欲""有为"。只有以"无为"来顺应自然，才能超越人世间利欲的执着和主观的武断。"自然"在《道德经》里面十分重要，它原本指大自然本身的存在和变动，这种存在和变动是自然而然的，而不是人力作用的结果。在老子这里，"自然"是"道"的本性。"自然"与"无为"互为表里、密不可分。"自然"是"无为"的内涵；"无为"是"自然"的价值实现形式，是一种理性化的"自然"。

小国寡民

"无为的政治智慧"的最后一个表现，是老子提出的"小国寡民"的政治理想。

《道德经》第八十章说道：

> 小国寡民，使有什伯之器而不用，使民重死而不远徙。虽有舟舆，无所乘之；虽有甲兵，无所陈之；使人复结绳而用之。甘其食，美其服，安其居，乐其俗。邻国相望，鸡犬之声相闻，民至老死不相往来。

"小国寡民"就是"小其国，寡其民"，把国家变小，把每个国家的人民也变少，也就是把大国拆解成众多的小国。老子认识到，当时兼并战争的一个基础，同时也是目的，就是广土众民，国家规模很大，人口众多，动不动就是"地方千里，带甲百万"，有能力发动大型战争。为了争夺利益，大国的君王不断发动兼并战争，掠夺更多的土地和人口。所以老子提出，干脆把那些大国都拆分成各个小的国家，每个国家领土很小、人口很少，想打仗也没有物质基础和人口基础，以此来从根本上化解战争。

在这个"小国寡民"的乌托邦社会里，大道流行，社会秩序无须威慑力量来维系，人与人之间是自由平等的，没有战争祸患，没有苛捐杂税，没有争权夺利。人们淳朴自然，无知无欲，种种机巧的器具都被废置不用，人们都过着"甘食""美服""安居""乐俗"的原始而质朴的恬淡生活。

有人会质疑，道家为什么要将那些能提高效率的工具废弃不用，这不是文明的倒退吗？其实，道家启发我们思考了一个问题：为什么要提高效率？为什么要采用各种各样的机械工具，几十倍、上百倍地提高效率呢？可能有人会回答，提高效率是为了让人类从繁重的体力劳动中解脱出来。这话没有错。不过，道家会继续追问，当我们从体力劳动中解脱出来后，多余的时间干什么呢？可能有人会说，多余的时间可以用来从事文学、艺术等创作活动啊，提高我们的精神生活。但是，道家怀疑，那些所谓提高精神生活品质的艺术、文学等创作活动，从某种意义上可能会对淳朴的精神造成一种干扰和破坏。因此，道家是从一个消极意义上来看待问题的。而且，在道家看来，如果一个人习惯了追求机巧的工具器械，必然会习惯于做投机取巧之事；而习惯于做投机取巧之事，就会萌发投机取巧之心，而这会从根本上伤害淳朴的道心。

老子还主张废弃交通工具，减少人的交往。人们应该保持低交往的、散淡的状态，不要有那么多的干扰，让百姓回到结绳记事的状态。各种文字、各种文化的符号都放弃掉，重新回到结绳记事这样一种非常原始简陋的生活状态。在老子看来，回到这种状态之后，我们才能做到"甘其食，美其服，安其居，乐其俗"。通过这种放弃和简化，极简的生活给我们带来的将是真正的快乐，是真正的精神上的享受。

老子的小国寡民的理想，是对于当时已有的文明社会的一种反思，一种批判。他注意到当时的社会，表面上很文明、很热闹，但实际上出现了许多问题，出现了战争和灾害。人民的生活，包括精神生活，都受到了扭曲和异化。因此道家主张从根本上消解这些，这也在精神上开启了道家的隐逸传统。

从老子对小国寡民这种理想社会的描述可以看出，小国寡民的理想国的精髓在于抛弃文明社会的各种人为的造作、各种虚伪的纹饰、各种精神的异化，要让百姓回到淳朴而自然、真诚而天然的状态。它并不是期望一种茹毛饮血的野蛮状态。如果说老子对于原始的自然社会有所向往的话，那么他所向往的，其实是这种原始状态下人性的淳朴和人际关系的自然，而不是生活状况的简陋和原始。因而我们可以说，老子的小国寡民具有一种复古的色彩，但很难把它说成是一种倒退。

道家的这些主张也给了我们一些有意义的思考。文明、进步、发达、复杂，是否就是我们生活的唯一的目的？简单一点、缓慢一点，是否就一定不好？

道家让我们看到了一种不同的生活方式，一种低生活频率、低交往的、慢节奏的生活方式。

《道德经》提出的方案肯定有它的局限性，存在很多偏差。前面我们说过，道家是药店。把药当饭吃肯定不行，完全照搬道家的原则来安排我们的生活，管理我们的社会，并不是一个好主意，甚至有可能是一场灾难。但是，道家作为一个批评者，它能够启示我们来反思社会，反思每个人的生存状态，反思我们的精神处境。我想这正是老子《道德经》的独特价值。

秦　平

《庄子》与逍遥

导　语

　　《庄子》可谓是中国经典中的一部奇书，是一部才子之书。明末清初著名的文学批评家金圣叹就曾将《庄子》作为"六才子书"之首，而现代文学家鲁迅也曾说，《庄子》一书"其文则汪洋辟阖，仪态万方，晚周诸子之作，莫能先也"。《庄子》也确实为后来的中国文人提供了丰富的思想资源，我们在李白、苏轼的诗词中，在曹雪芹的小说《红楼梦》中，乃至在《文心雕龙》这样的文学理论作品中，都可以看到《庄子》的影响，感受到庄子所推崇的心灵自由的逍遥境界在中国人的文化精神上所留下的烙印。

　　我们将用五节来讲述"《庄子》与逍遥"。事实上，"逍遥"这个词就出自《庄子》第一篇的标题——《逍遥游》，这里的"游"就是逍遥的具体展现。如果我们通读《庄子》全书，就可以发现"游"这个字多次出现，特别是《庄子》一书中最为核心的内七篇，可谓是篇篇都有"游"这个字眼。因此"游"或者说"逍遥"是《庄子》一书的书眼。

如果用庄子自己的话来讲什么是逍遥之游，我想有两句特别合适，那就是"虚己以游世""乘物以游心"。"己"就是我们自己，"世"就是外在的世界，"物"就是外在的事物，而"心"是我们的内心。只是，这种己与物、内心与外在世界之间的分离有时会呈现为一种紧张，"游"就成了化解这种紧张的从容之道，是一种个体生命在面对社会人世的无奈的自得。庄子的逍遥，就是在人生那些不可解的生存境遇中探寻心灵的自由。

走近和感受庄子深邃的头脑和孤独自由的心灵，将使我们得以在跨越时空的古今对话中反观自身，为当下的生活提供某种思考和解答。

游己：俗世之外的人生选择

《史记》中记载："庄子者，蒙人也，名周。周尝为蒙漆园吏，与梁惠王、齐宣王同时。"庄子和孟子是同时代人，两人也分别作为战国时期道家和儒家代表，后来我们常称"孔孟老庄"。

司马迁还说，庄子"其学无所不窥，然其要本归于老子之言。故其著书十余万言，大抵率寓言也"。

寓言的言说方式是一种语言表达的界限，真正的意涵蕴藏在寓言背后。但是，语言的界限并不意味着不言，因为执着于不言，其实也是一种形式的言说。庄子就是通过寓言这种方式来表达深刻的思想的，所以《庄子》一书中有很多有趣的小故事，我们来解读这些小故事，看看在语言表达的背后，庄子想告诉我们的哲学思考到底是什么。

晋代郭象删定《庄子》为三十三篇，内七篇为《庄子》一书思想的精髓，包括《逍遥游》《齐物论》《养生主》《人间世》《德充符》《大宗师》《应帝王》。外、杂篇可以统认为是庄子学派的作品。

《庄子》不仅是一部思想深刻的哲学作品，也是一部文笔优美的文学作品，书中的许多典故后来都成为大家耳熟能详的成语，比如：越俎代庖、大相径庭、朝三暮四、沉鱼落雁、栩栩如生、游刃有余、踌躇满志、望洋兴叹、以管窥天、井蛙之见、邯郸学步等。不过很多出自庄子的成语，我们现在使用的意思和庄子文本的原意其实并不一样，比如朝三暮四、沉鱼落雁，在下一节中我们会详细解释。

《史记》中庄子传记的一大半篇幅其实都在讲一个庄子人生中的小故事。这个小故事的原型大概是《庄子·秋水》篇。这件事是否真在庄子的人生中发生了尚未可知，因为很多故事都只是寓言。但《史记》把它作为庄子的人生经历，而且用了一大半的篇幅来讲，可见这个故事对理解庄子本人起到了关键性的作用。

那么这个小故事讲的是什么呢？讲的是当时的楚王礼聘庄子做官，被庄子拒绝的事。据说，楚王听说庄子很有才华，很有能力，就特意派了使者，带着丰厚的礼金，请庄子来担任国家的卿相。楚王其实很有诚意，他给了庄子俗世之人所热衷追求的两样东西，千金的重利和卿相的尊位，所谓"名利"二字而已矣。按理来说，这些对于庄子应该是有吸引力的，因为庄子家境很贫穷，只做过漆园吏这样的小官，和卿相之位根本无法相提并论。面对这样真诚的邀请，面对名利双收的诱惑，庄子是怎么回答的呢？庄子没有直接回答，他给楚王的使者也讲了个小故事。我们前面说寓言是庄子的特色表达方式，这里面对人生选择时，庄子也以讲故事的方式表达了自己的心志，就看使者和我们后世的读者能不能读懂寓言背后的深意了。

庄子说，你们看看国家祭祀用的牺牛吧！"养食之数岁，衣以文绣，以入大庙。"被选中的牛都会被精心地喂养起来，人们给它穿上有图案的衣服，非常隆重地将其供奉在太庙中，等到祭祀之时将它宰杀。对于这头牛来说，吃得好，穿得好，地位还特别尊贵。庄子问，牛愿不愿意这样呢？肯定是不愿意啊，因为它失去了最珍贵的自由和生命。所以，楚王的礼聘，所谓千金，所谓卿相，庄子看得很透，不过是名利。这些东西固然很重要，也是俗世之人孜孜以求的，可是庄子知道，得到这些东西的时候必然也会失去一些更加宝贵的东西，比如自由、生命。

最吊诡之处在于，祭祀用的牺牛居然还是有选拔的。古时祭神的物品非常讲究，能被选来用作祭祀的猪、牛、羊，都是最好、最完美的，就像能够在社会上展现才华的人都是最有能力的人。那些白额头的牛、翻鼻的猪，是不能用来祭祀的，因为古人觉得这些是不祥之物。但是庄子却认为，古人哪会知道这些所谓的不祥之物却是大祥之物呢？它们真正拥有自由，真正能够保全生命。我们后面讲"无用之用"的逍遥思想就与此相关。

所以，庄子给出的回答也就蕴含在这个寓言背后了。他对使者说："我宁游戏污渎之中自快，无为有国者所羁，终身不仕，以快吾志焉。"我最期待的生命状态就是像一只快活的小猪一样在泥水里打滚，自由自在，不为这些尘世和政治的压力所羁绊，我这辈子都不想做官，只想快快活活、逍遥自得。作为个体生命，庄子不仅要像牛一样保全形体之生命，还要获得心灵的自由，也就是"以快吾志"。介入政治可能不仅是对生命的损害，更多的或许是对内心平静的惊扰，让人时时处于忧虑之中。这也正是庄子与儒家的不同，儒家是积极介入世间，介入政治生活，哪怕在这个过程中伤痕累累，孔子也要说"知其不可而为之"。但庄子不是，庄子是"知其不可奈何而安之若命"。

关于这个寓言，在《史记》中是牺牛，而在《秋水》篇中是神龟，其实都是一样的道理，乌龟自然也不愿意作为神龟被用巾布包好，放在竹匣中，珍藏在宗庙的堂上，而是宁愿自在地曳尾于涂中。庄子这一俗世之外的人生选择的思想，深刻地影响着中国文人的生命气质。比如，《红楼梦》是中国古典小说悲剧的代表，其中的人物各有各的命运悲剧。比如贾府的大姑娘贾元春，进宫后加封贤德妃，贾府通称"娘娘"。元春封妃不久后得准归宁省亲，贾府为此兴建了一座省亲别墅，也就是我们熟知的大观园，还有非常隆重的仪式，甚至连老太太这样贾府中最尊贵之人见到元春娘娘也要下跪行礼。但是元春本人却在这场奢华无比的仪式中郁郁寡欢，与贾府众人的欢欣雀跃形成鲜明对比。曹雪芹说："豪华虽足羡，离别却难堪。博得虚名在，谁人识苦甘？"回到私室再与亲人相聚时，元春说一句哭一句，说皇宫是"终无意趣"的"不得见人的去处"。被尊贵地供奉在皇宫里的元春，某种意义上不也正是牺牛和神龟吗？所以省亲之后，元春回宫似乎是生离，其实是死别；她丧失的不只是自由，还有生命。

在《秋水》篇中，楚王两位使者礼聘庄子的场景被放在钓鱼的情节中，说"庄子钓于濮水"，他听到使者的话，"持竿不顾"，专心钓鱼，头也不回。可见，庄子是真心实意地在钓鱼，这与"愿者上钩"的姜太公实在是太不同了。姜子牙在渭水边用直钩钓鱼，可是他的用意却在钓周王，意在参与政治生活。然而庄子却想得很明白，世间的重利和尊位，就如同国家祭祀中的牺牛被"衣以文绣，以入大庙"，看似得到了名利，实际上却失去了自由。所以，庄子关注的是人的个体生命与心灵自由，他不愿"为有国者所羁"，因为政治生活的羁绊对庄子而言恰恰是一种不自由。可以说，庄子的这次人生选择，正是他思想的体现。

清代学者胡文英有一句话，很好地呈现了庄子的心灵世界，他说庄子"眼极冷，心肠极热。眼冷，故是非不管；心肠热，故感慨无端"。庄子是个眼冷心热的人，他对世界看似出离，看似冷眼旁观，却又热心地为后世留下《庄子》这部才子之书，希望世人能够真正逍遥游世。

游物：以心齐物的生活态度

"齐物"这个表达出自《庄子》的《齐物论》。上一节我们提到，庄子和孟子是同时代人，两个人虽然没有直接在各自的著作中提到对方，但思想上却有奇妙的呼应。比如"齐物"这个表达就可以与《孟子》中的"物之不齐，物之情也"对比来看。孟子认为，天下之物各不相同，这就是世界本来的样子。但庄子所讲的"齐物"并非关注事物的外形是否齐同，关注的是面对纷繁复杂的事物时，我们的心灵状态是如何呈现的。庄子和孟子都承认事物的普遍差异，但区别就在于面对事物的差异时人的认识视角和心态。以孟子为代表的儒家主张"爱有差等"，而庄子则认为"天地与我并生，而万物与我为一"，主张无差等地对待万物。所以庄子的齐物思想不是要齐同事物的形状，而是以心齐物的态度。

因此，在《庄子》一书中，心与形是一对彼此关联又有所区分的表达。心就是指我们的内心或者说心灵，而形是指事物外在的样子和形态。比如《齐物论》开头就说，南郭子綦靠着几案而坐，仰头向天缓缓吐气，好像进入了一种忘我的精神状态。弟子颜成子游就问："形固可使如槁木，而心固可使如死灰乎？"形体诚然可以使它像干枯的树木，心灵难道也可以使它像熄灭的灰烬吗？这里就出现了"形"和"心"的区别。人的身体可以仿佛枯槁的树枝，但是心时时都在变化，这种心如死灰的沉寂，也就是一种不动心的状态。庄子有个方法叫作心斋，意思是摒除杂念，使心境虚明纯净。

　　后来刘勰在《文心雕龙》中，就引用了庄子对于心和形的区分。《文心雕龙》中有一篇叫《神思》，是讲文学艺术创作的，开篇就说："古人云：'形在江海之上，心存魏阙之下。'神思之谓也。"这里的古人，就是指庄子。形在江海之上，心存魏阙之下，出自《庄子·让王》。庄子是更看重"心"的，心的虚灵使得它可以冲破形的限制，而获得某种限度的自由。因此，哪怕我们身在家中坐，心灵也可以想象千古之前的生活、万里之外的风光。心与形的区分，让文学和艺术表达具有了想象的空间，使得文学和艺术的创作成为可能。

　　庄子心和形的思想，不仅是文学艺术创作的方式，也是文学艺术思想的表达。《红楼梦》这部古典小说中就有很多庄子心和形思想的体现。贾宝玉和林黛玉经常斗嘴，黛玉总是以各种方式试探宝玉对自己的感情，想寻求确证。比如有一次，黛玉说要回苏州老家去，宝玉就说那我跟你一起回去。黛玉说，那要是我死了呢？这个时候，一般表达心意的方式，似乎就是"那我跟着你去死"，就好像电影《泰坦尼克号》里一样，男主角说你要是跳下去，我跟着你一起跳，"生死与共"就是爱情的最高表达。但是宝玉却说："你死了，我出家当和尚去。"死亡，就是形体的沉寂；而出家，则是心灵的沉寂。在爱情的表达之中，肉体的死亡是很难的，而活着却不动心也是很难的，甚至某种意义上来说，是更难的。特别是在庄子的理解中，肉体的死亡并不是一件可怕的事情。《齐物论》的开篇讲到的"槁木死灰"，就是一种活着但不动心的状态。

　　那么，如何达到这种"槁木死灰"的状态呢？庄子讲了

"三籁"的思想，也就是地籁、人籁和天籁。我们现在说的"天籁之音"也就出于此，不过庄子并不仅仅是用天籁形容声音美妙。地籁就是大地吐出的气形成风，风吹自然界中各种孔窍所形成的声音，孔窍个个不同，发出的声音也千奇百怪，像急流涌动，像飞箭划过长空，像愤怒的呵斥，像平缓的呼吸，像放声叫喊，像号啕大哭，像在山谷里深沉回荡，像鸟儿的鸣叫。人籁是人类吹奏丝、竹、管、弦等各种乐器所发出的声音。那么，到底什么是天籁呢？南郭子綦说："夫吹万不同，而使其自己也，咸其自取，怒者其谁邪？"意思是说，风吹过千千万万的洞穴，发出的声音是各不相同的，也就是说，无论是丰富多彩的大自然的声音，还是议论纷纷的不同立场的人类的声音，其实都是天籁，都是自然的天机发动，在本质上没有区别。从这个意义上来说，丰富多彩的自然之声与立场不同的人间之声，在"道"面前实现了统一。在这里，天籁的"天"不是与地和人相对的苍苍之"天"，而是自然而然的意思，天籁就是自然发出的声音。

在齐物的思想中，事物在外形上的差异就如同"吹万不同"的声音和言论思想，而齐物论提出的"吾丧我"，就是不刻意执着于人世间的差别，特别是不执着于对差异进行价值上的高低判断，而是要认识到每个具体事物都有它自身独特的自然天性，要能够顺其天性，也就是事物自身的天机发动。

关于"天机"，《秋水》篇有个有趣的小寓言——

夔（kuí）怜蚿，蚿怜蛇，蛇怜风，风怜目，目怜心。

蚿曰："……今予动吾天机，而不知其所以然。"

蛇曰："夫天机之所动，何可易邪?"

　　这里列举了夔、蚿、蛇、风、目、心等不同的物，这些物在世界上存在的方式各不相同，比如说有天生就只有一只脚的夔，有天生就有很多脚的蚿，还有天生就压根没有脚的蛇，等等。但不管是有很多脚还是没有脚，这些生物都能行动自如，所以，我们并不用担心比夔多了很多脚的蚿会不会在走路时前足绊着后足，或者左足和右足之间互相打架，因为天赋予它这样的形体；我们也不用担心没有脚的蛇会不会无法行走，其实它的行动非常灵活，也是因为天赋予了蛇这样的形体，若真的给蛇添上两只脚，估计它反而无法行动了。这就是庄子所说的不知其所以然的、不可改易的"天机"，也就是万物都有的但又各不相同的天性。

　　庄子在面对天性各不相同的万物而讲"齐物"的时候，并不是要齐同万物本有的、各不相同的天性，而是齐同万物的顺其天性。也就是说，"齐物"并不是使得万物没有差别，这是不可能的，也是不必要的；"齐物"恰恰是在肯定万物各顺天性的意义上来讲。也就是说，这个世界上每个人、每个物所能达到的最自如的状态并不一样，但是每个人、每个物都拥有而且可以达到最自如的状态，从这一点来讲，万物是一样的。所以，"齐物"是万物各是自己的齐同，而不是没有个性的齐同。庄子"齐物"思想的关键不在于"物"，而在于"心"。当人们不再以自我感和己见面对这个世界时，个体生命也就从彼此是非的区分之中摆脱出来了。

庄子的齐物思想有助于我们对当下"内卷"现象进行反思。内卷的产生，一个原因就是评价标准和自我认可的单一化。比如容貌焦虑的问题就是一种审美的趋同化，为了符合某个审美标准而去美容和塑形、经常性节食，以至身体出现问题。身体的不健康状态本身就是违背人的天性的。要看到每个人的天性，也就是能力所适合的。内卷最突出地表现在我们的工作和学习中。但其实对于学生来说，没有一个"好学生"的模板；对于人生来说，也没有一个所谓"幸福"或者"成功"的模板，每个人都有自己最适合的方式。庄子充分认识到"物之不齐"，但是却强调要"齐物"，其实是要以"心"齐物。

庄子的齐物思想体现出一种价值的平等观，不是西方政治意义上的平等，而是指向心灵状态。庄子也不是要否认事物的差异，而是要我们以"齐物"作为面对事物差异的态度，以齐物的心态消解因为不合天性的追求而带来的人生焦虑。为什么"以心齐物"的思想能够消解这种差异所带来的焦虑呢？《齐物论》中讲了几个小寓言，典型的就是朝三暮四和沉鱼落雁，这两个故事都成为我们熟知的成语，但是我们现在所使用的含义相比于庄子文本里的含义，已经发生了很大的变化。

朝三暮四

我们今天使用朝三暮四来形容一个人反复无常，但庄子的原意不是如此。庄子讲了一个故事：有人养了一群猴子，就和猴子商量早上给它们三个橡子，晚上给四个，猴子听了不开心，要造反；他就急忙说那早上给四个，晚上给三个，猴子一听早上多了，就开开心心地同意了。"名实未亏而喜怒为用"，猴子只能看见彼此的分别，却看不见彼此的相通，这是一种强行的区分，也就是心灵面对差异时，放大和固化了差异，甚至被这种差异固化而偏执于一边。这就是没有以心齐物的表现。

沉鱼落雁

我们今天形容一个人美貌会用"沉鱼落雁"，但是庄子不是这个意思。人睡在潮湿的地方就会腰痛，但是泥鳅却喜欢有水的环境；人爬上高高的树木就会惊惧不安，但是猿猴却喜欢在树上攀缘，那么，孰知天下之正处？丽姬这样的美女，世人认为是最美的，但是鱼见了她就深入水底，鸟见了她就飞向高空，那么，孰知天下之正色？所以不同的学说思想互相争论，哪个才是真正合道理的呢？我们又如何形成一个关于正处、正色或者正道的共识呢？如果用泥鳅在湿处来批评猿猴的树居，就是以人的标准强加于别的生物，而这种从自己的立场出发，强行寻求一种所谓的共识，就会导致世界陷入无休止的混乱和争论之中。在一个多元、分化的世界中，普遍的准则还有可能成立吗？

我们已经习惯了以人的认识标准为唯一标准，否定了动物以及其他事物也有独立的认知权利。可能只有像庄子这样的天才，才能摆脱成见，提出这样貌似荒谬，实则深刻的问题。沉鱼落雁的寓言背后就是要指出，不同的人的认识或者说"知"也是不同的。关于这一点，庄子通过对是非争辩的分析来加以说明。庄子假设你、我二人在辩论。如果我辩赢了你，你输给了我，那是不是我就对了，你就错了呢？反过来，你赢了我，我输给了你，那是不是你就对了，我就错了呢？还是我们都对了，或者我们都错了呢？于是我们请出第三个人做裁判。假设他赞同你，他的立场既然已经和你一样，又怎么能做公证人呢？反过来，他赞同我，他的立场也就和我一样，他也同样不能做公证人。不仅如此，就算他对我们都赞同，或者对我们都不赞同，他也会有自己的立场。

庄子讨论"知"的问题，但是"知"并非局限于我们今天所讲的知识或者认知，而是心灵对世界意义的理解，这是一个价值问题。比如对于美丑，并不是说不同外貌的人没有区别，庄子是承认这种外形差异的，但是如果因为差异而陷入非此即彼的论断，在彼此之中以是非判断价值，自然就容易产生焦虑，这正是庄子的以心齐物所要破除的。

可以说，齐物思想对中国文人心灵和文学创作有很大的影响。比如苏轼的《赤壁赋》："客亦知夫水与月乎？逝者如斯，而未尝往也；盈虚者如彼，而卒莫消长也。盖将自其变者而观之，则天地曾不能以一瞬；自其不变者而观之，则物与我皆无尽也，而又何羡乎！"

在苏轼看来，变与不变，无论宇宙还是人生，都是相对的。如果从变的角度来看，何止人生百年顷刻即逝，就是向来认定的天长地久，其实也是连一眨眼的工夫都不曾保持常态；而如果从不变的角度来看，则宇宙万物固然无穷无尽，人生也一样绵延不息，因此，对人生而言，那天地宇宙万事万物"而又何羡乎"，自然也不必"哀吾生之须臾"了。视角不同，看到的、认识到的东西也有差异。

苏轼借助问答展现了对生命的不同理解，其实也是他面对人生时双重的纠结和挣扎，客人说"寄蜉蝣于天地，渺沧海之一粟。哀吾生之须臾，羡长江之无穷"，他回答"而又何羡乎"，以消解对于生死的焦虑。可见，庄子的齐物思想深刻地影响着中国古代文人的精神世界。

游心：无待逍遥的心灵状态

《庄子》一书的开篇便是《逍遥游》，讲述了一个我们耳熟能详的"鲲鹏展翅"的寓言故事。

> 北冥有鱼，其名为鲲。鲲之大，不知其几千里也。化而为鸟，其名为鹏。鹏之背，不知其几千里也。怒而飞，其翼若垂天之云。是鸟也，海运则将徙于南冥。

鲲鹏也是中国文学作品中常用的意象。唐代诗人李白的《大鹏赋》就是以大鹏自况，表达了对彻底摆脱种种束缚的向往，展现出了诗人的远大抱负和豪迈气概，以及热爱自由的个性。在武汉大学，每年三月都有个著名的赏樱景点，就是"鲲鹏广场"，广场的命名也是出自《庄子·逍遥游》，这是1977级和1978级校友在毕业离校时集体捐建的，以表达他们对母校的深厚感情。我经常路过鲲鹏广场，有好几次听到家长对孩子说，你要像鲲鹏一样，志向高远。那么，为什么要叫鲲鹏广场？如果只是寄语志向高远，为什么不叫老鹰广场？不叫鸿鹄广场？这是因为，"鲲鹏"不仅仅是文学意象，在《庄子》一书中，也是极具哲学内涵的意象。

> 天之苍苍，其正色邪？其远而无所至极邪？其视下也，亦若是则已矣。

这是一种视角的转换：从人的视角转向天的视角。如果有乘坐飞机的经验，就很好理解这种视角的转换了。飞机离地面比较近的时候，我们看到的事物差别非常大，两层楼和二十层楼的高度差特别明显，但是随着飞机不断攀升，地面上的高度差在肉眼看来就越来越小了，这并不是说高度真的没有差别了，而是在观看中转换了视角。所以鲲化为鹏，也就是一次视野的提升与扩展。虽然庄子并没有坐过飞机，但他其实是完成了一次思想实验。哲学的思考往往可以突破经验的边界，就如同科学史上的物理思想实验一样，对黑洞的思考，对相对论的思考都是如此。

在庄子所讲的逍遥中，一个很关键的主题就是"小大之辩"。能够逍遥的一定是"大"的东西，这就是《逍遥游》讲鲲鹏为什么极言其大，《逍遥游》的篇末讲"无用之用"时强调"用大"。小与大不仅仅是量的区别，更是视野层次的差异，小其实是世俗之见，而大是真正见道。

我们在上一节中提到的庄子思想中"心"与"形"的区分，

也能够帮助我们理解什么是真正的逍遥。逍遥不是形体的无拘束或者无所依赖，这是不可能的，大鹏也需要凭借风力扶摇而上，列子这样的人也需要御风而行，因此，真正的逍遥并不是无所依赖的，也不是在形体上绝对自由，而恰恰是与这个世界相关的，是在此世界之中顺其自然而获得的心灵自由。这不是一种基于政治权利的自由，所谓的"法无禁止即自由"，《庄子》的逍遥是一种心灵的自由。

这种心灵自由的逍遥观，也体现在中国古代文人的作品和思想中。比如陶渊明那首著名的《饮酒》诗："结庐在人境，而无车马喧。问君何能尔？心远地自偏。"为什么在人世间居住，面对纷纷扰扰的社会，却并没有感到车马的喧嚣呢？陶渊明说那是因为"心远地自偏"，心灵不为尘世所牵累，那么即使居住在闹市之中，也如同栖居在山林之中一样安适，一样逍遥自得。所以古人说，"小隐隐于野，大隐隐于市"，真正的隐士并不是拱默山林之中的遁世者，不是逃离世外的逍遥子，而是虽在熙熙攘攘的社会之中，却依然能够获得心灵自由的人。

我们上一节谈苏轼的《赤壁赋》有庄子齐物思想的影子，其实苏轼的诗词中也有庄子逍遥思想的体现。当年苏轼的好友王定国因为受到苏轼"乌台诗案"的牵连，被贬谪到地处岭南荒僻之地的宾州。王定国受贬时，其歌妓柔奴毅然随行到岭南，后来王定国北归，请出柔奴为苏轼劝酒。苏轼问及广南风土，柔奴答以"此心安处，便是吾乡"。因此苏轼作词《定风波》，其中一句"试问岭南应不好，却道，此心安处是吾乡"即说此事。故乡，不仅仅是一种地理上的乡土，更是一种心灵上的乡土，是精神真正的栖居和安定地。其实，能够"安"才能达到心灵自由的逍遥，若不能安定，又如何逍遥呢？

那么，心灵自由是如何达到的呢？庄子提出了"无用之用"。前面我们讲到庄子拒绝楚王的礼聘，拒绝出仕担当治世之用，这正是为了避开政治之乱而保全自身，就像他在《逍遥游》篇中最后谈到的大樗树。庄子的朋友惠施认为庄子的思想就如同这大树，"其大本拥（臃）肿而不中绳墨，其小枝卷曲而不中规矩，立之涂，匠者不顾"，大而无用，不能作为栋梁之材。但是庄子却认为，这种无用恰恰是一种大用，"何不树之于无何有之乡，广莫之野，彷徨乎无为其侧，逍遥乎寝卧其下。不夭斤斧，物无害者，无所可用，安所困苦哉"，为什么不把它栽种在空阔的地方、广袤的旷野，悠然徘徊于树旁，优游自得地躺在树下？不会遭到斧头的砍伐，不会受到外物的伤害，没有什么可用，又有什么困苦的呢！所以，"逍遥乎寝卧其下"又何尝不是一种"用"？"无用之用"这样一种吊诡的说法，正是人与世界之间紧张关系的反映。有用之人往往容易身处两难，可是这个世界又是无可逃避的，人所能做的不是让身体之形离开这个世界，而是让心灵顺应天性，逍遥游世。所以，当厌倦了官宦生活的陶渊明深感"心为形役"的时候，选择的归隐方式自然是"心远地自偏"，心灵的逃避才是真正的逃避，心灵的自由才是真正的逍遥。

从这个故事中我们也可以看到，同样的事物，庄子和惠施的理解是不同的，这是出于两个人不同的关注点。惠施是什么样的人呢？惠施是真正能与庄子进行思想论辩的人，所以当他去世的时候，庄子悲叹说"吾无与言之矣"，他觉得这个世界上再也没有真正能够与他交流的人了。

《秋水》篇中有一段两个人的辩论，我们称之为"濠梁之辩"。庄子说鲦鱼游来游去，非常快乐；惠施却反问说，你又不是鱼，你怎么知道鱼的快乐？当然，面对挑战，庄子也不甘示弱，他也反问惠施，你又不是我，怎么知道我不知道鱼的快乐？惠施就说，我确实不是你，所以不知道你知不知道鱼的快乐，但你也不是鱼，所以你也不知道鱼是不是快乐。最后庄子给出的解决方式，就是要"请循其本"。整段辩论听着非常绕，看起来像是两个"杠精"在互相争论，其实背后体现出对哲学问题和语言的根本性思考。

庄子与惠施的思想大不相同，这种不同是根本方向上的不同。《庄子》一书的末篇《天下》篇记载了惠施的"历物十事"，其中有一句对惠施的评价，说他是"逐万物而不反"。惠施关注的是物的世界，然而对外在万物的寻求是无止境的，就好像形体与影子在竞走，永远没有可以追上的尽头。所以，庄子与惠施思想之间的不同，其实就是心与物之间张力的呈现，惠施关注的是"物"，而庄子更关注"心灵"的问题。

那么，如何从对物的关注返回到对于心灵的关注呢？庄子认为要破除世俗的规范和成见，破除人们通常认为的大小寿夭、有用无用的判断标准。"小知不及大知，小年不及大年"，蜩与学鸠不知鲲鹏九万里之志，彭祖之寿亦不及上古大椿，在对于物的理解上，人们往往容易陷入自己的世俗见闻之"小"，而不知道什么是真正的"大"。关于什么是真正的"用"也是如此，所以庄子又讲了两个小故事来表达自己与惠施的不同，也就是五石之瓠（hù）和不龟（jūn）手之药的寓言。

惠施对庄子说："魏王送给我一颗大葫芦的种子，我种下以后长成的果实有五石那么大。用这个葫芦盛水浆，它的坚固程度却不足以承受所装水的重量；把它剖开做瓢，又没有地方可以放得下。这个葫芦不是不大，但我觉得没什么用处，就把它砸破了。"

庄子说："先生真是不善于用大的东西啊！宋国有个善于调制不冻手药的人，他们家世世代代以漂洗棉絮为业。有个客人听说以后，希望用百金收买他的药方。他聚集族人商量此事：'我们家世世代代漂洗棉絮，所得也不过数金。现在一下子就能卖得百金，我们就卖了吧！'这个客人得到药方，便去游说吴王。正逢越国发难，吴王派他带兵，他率领吴军在冬天和越国人水战，成功地击败越军，吴王便割地封赏此人。同样是不冻手的药方，有的人用此能获得封赏，有的人却只能以漂洗棉絮为业，这就是所用的不同。惠施有五石大的葫芦却觉得大而无用，庄子就说："你为何不用绳系着大葫芦当作腰舟来浮游江湖呢？看来还是你的心灵闭塞不通啊！"

可见，五石之瓠、不龟手之药在世俗看来只是"无用"，却不知有泛游江湖、助吴退越之"大用"。因此，真正重要的不是物本身，而是用心；同样地，对于生活世界的"用"而言，真正重要的不是才能本身，而是用心发现自己的才能。从不同的角度来看待同一个事物，会有不同的"用"；从不同的用心观照同一个人，会有不同的"用"。破除人们对大用、小用的世俗之见，才能发现无用之为大用的真谛。

有一部好评度很高的电影，叫《心灵奇旅》。电影里有一个叫 22 号的灵魂，这个灵魂一直都没有办法转世。她一直在一个研修班里面接触各种各样的人生导师，而且都是伟大的名人，诸如甘地、特蕾莎修女这种，然而她依然没有真正地转为人。后来很偶然的一个契机，这个灵魂跟随一个肉体到了人间。她一直在寻找人生的火花是什么，刚开始她认为人生的火花应该是成功，就是某种能力、某种天赋的成功。但到电影的最后，有一个场景使我印象很深，突然有一片花瓣掉在她手上，她突然觉得这本身有一种真实感。所以她说："火花不是生活的目标，当你想要生活的那一刻，火花就已经被点燃。"并不是只有高光绚烂的巅峰时刻才是火花，恰恰是生活中看起来没有被价值化的那些东西，构成了生活意义的本身。22 号之所以在研修班中感到无聊，正是因为其中的体验都被价值化了，比如有各种成功人士。但其实，很多看似无用的东西，因为没有被对象化、价值化和概念化，反而构成了我们生活的意义，比如树叶、天空、食物等。等生命时间不断拉长的时候，你会发现有很多不能放在价值的秤上称量出来的东西，它们构成了生命最有肉感、最充实、最真实的一部分，或者说构成了自己生命的意义。对这部电影有很多的解读，不过我想至少在这个角度上，身处这个焦虑的现代社会的人们形成了某种共鸣，能够感受到庄子对于心灵自由的逍遥、生命意义的无用之大用的思考，具有超越时代的穿透力，他以一种前现代的方式完成了对现代社会的后现代反思。

游世：游刃有余的生存境遇

　　庄子在面对人间世的各种错综复杂时，能够游刃有余地身处其间，我们称之为"游世"。

　　上一节我们提到，逍遥不能逃脱世外，而是形体在世中，心灵任自由。现代有的人把庄子称为第一个"躺平学"大师，这当然是一种调侃，不过庄子的逍遥从来不是躺平，而恰恰是一种直面，庄子只是要告诉我们在这种直面中，我们的态度和方式是什么。《庄子·人间世》篇中说，"入游其樊而无感其名"，进入到追名逐利的环境中而不为名所牵累，这是在人间世中逍遥的方式，这里还是用的"游"字，这就是"游世"。身处世间，社会中人与人之间的复杂关系常常令人难以保全其身，庄子看似选择了出世，选择了以无用之用来保护自己，但事实上，人并不可能真正地与这个世界相隔绝，个体是无所逃于天地之间的。那么，身处这样的世界如何才能够全生呢？特别是考虑到庄子生活在混乱的战国时代，这个问题的意义就更加凸显出来。而这正是《庄子·养生主》篇的主题。

　　《养生主》篇的开头有一句我们耳熟能详的话："吾生也有涯，而知也无涯。以有涯随无涯，殆已！"人的个体生命是有限的，而外在的世界是无限的，在有限对无限的追逐中，人会心神疲惫，很容易陷入危险，这种危险就像前面庄子批评惠施"逐万物而不反"一样，在物的世界中永无止境地追逐，却不知道给知识划界，也就是不知止。《老子》说"知止不殆"，这一点老庄是相通的。不过，这并不意味着人生的有限性会使得个体生命受到限制，因为受限的生命当然不是逍遥的生命。这句话其实是说，通过"心"所具有的无限性，可以完成有涯之生对无涯之知的冲破，正如古人诗句中所说的"人生不满百，常怀千岁忧"。

接下来，庄子就提出了一种"缘督以为经"的虚己游世的方法。"督"就是指人脊背的中脉，没有具体的形质，所以是虚的。可是既然是虚的，如何能够以此作为依循的方法呢？庄子又给我们讲了一个"庖丁解牛"的寓言故事。

庖丁为文惠君宰牛，手所触及的地方，肩所倚靠的地方，脚所踩踏的地方，膝所抵住的地方，都随着刀的进出而发出骨肉相离的响声，发出的这些声音无不像美妙的音乐。

文惠君说："啊，真妙呀！你的技术怎么能达到如此高超的地步呢？"

庖丁回答说："我所喜好的是道，已经超出一般所谓的技术层面了。我刚开始宰牛的时候，所看见的不过是一头整牛而已。三年之后，看见的就不再是囫囵的牛了。现在，我只用心神去感受而不必用眼睛去观察，眼睛的感官作用停止而心神的感通作用在进行。我顺着牛身上自然的纹理劈开筋骨的间隙，把刀导向那些骨节间大的空处，顺着牛的天然结构去运刀，从不会碰那些经络结聚的部位和骨肉连接的地方。"

我们来看庖丁是怎么解牛的。为什么在刚开始宰牛的时候他看到的是一头整牛，但是三年以后看到的就不同了呢？因为庖丁并不"以目视"，而是"以神遇"。眼睛所见只能是形体，以神遇就是心神意会，用心去感通牛的筋骨根结。所以，庖丁解牛确实是把牛"看"透了，只是这个看不是用眼睛去看，而是用心灵去观。眼睛所看到的是物，而心灵所观照的是道。所以庖丁说他"依乎天理"，根据牛身上自然的纹理来解牛。

庖丁接着说："一般的厨子一个月就得换一把刀，因为他们又砍又割；好一点的厨子一年换一把刀，他们虽然不砍，但是割肉对刀刃还是有损伤的；而我的刀用了十九年，依然像刚在磨刀石上开过的那样锋利，这是因为我不割也不砍，牛的筋骨根结虽然错综复杂，却对刀刃无所损伤。牛的骨节之间是有空隙的，而刀刃几乎没有什么厚度，用薄薄的刀刃切入有空隙的骨节间，宽宽绰绰，刀刃的游动运转有足够的余地。"

文惠君说："妙啊，我听了庖丁这一番话，从中得到养生的道理了。"

庖丁讲了一个如何杀牛的故事，但是很奇怪，文惠君听了却说他学到了养生的道理。一个杀生的故事，怎么能学养生之道呢？这里我们要思考，庖丁解牛的故事里面"养生"所养的是什么。肯定不是牛，我们发现保养得很好的其实是庖丁手里那把刀，用了十九年还仿佛刚在磨刀石上开过一样。

我们的个体生命就如同这把刀，错综复杂的人间世就如同这头庞然大物的牛。人生在世正如用刀解牛，刀刃在筋骨错节的牛身上游走，稍不注意就会有所损伤。庄子讲游刃有余，"游"就是一种有无之间。世间的错综复杂的确存在，但若能顺其天性，像庖丁的刀一样在筋骨错节之中游走，就能在这个纷杂的世界中游刃有余而保全其身，也就达到了一种入有如无的状态。"养生"在现在是个流行的词，不过在庖丁解牛的寓言中，庄子所讲的养生还不限于保养我们的身体，延年益寿，庄子的养生其实也是养心。所以个体生命最自得的状态是心灵自由的"逍遥"。这个寓言中还特别说到，庖丁杀牛的时候，刀在牛身上所发出的声音，"莫不中音，合于《桑林》之舞，乃中《经首》之会"，说像古代美妙的乐章《桑林》《经首》一样动听。从技术层面而言，解牛的动作只是计较实用的效果，但是庖丁解牛发出的声音却能合于音乐。因此，庄子关注的养生并不仅仅是为了延年益寿，更重要的是，养生使得自然生命能够通于天性，与天地相通，这样的生命是艺术性的生命。庄子就曾说，"天地有大美而不言"。可见，游刃有余、顺其天性的游世方式，是一种艺术的享受。这种艺术不是形式的艺术，而是心灵的纯艺术精神。所以中国古人对艺术最高境界的理解非常强调人为所达到的天然、自然的状态和境界，比如"浑然天成""巧夺天工"等，都强调"天"的内涵。

　　徐复观先生曾将庄子作为中国艺术精神的真正所在，认为"老、庄思想当下所成就的人生，实际是艺术的人生，而中国的纯艺术精神，实际系由此一思想系统所导出"。艺术的世界是非功利的世界，是突破形的框架、获得心灵自由的世界。"庖丁解牛"的故事特别能体现真正的技（艺）与道之间相即不离的关系。庖丁用的刀之所以能够十九年依然刀刃如新，正是因为深谙解牛之道，从而"恢恢乎其于游刃必有余地矣"。冲破形对心的束缚，打通道的世界和物的世界，从而使得个体不再是一种庸俗的、物欲的存在，而使之进入到一种艺术的生命中，在无用之用的非功利境界中获得心灵自由。正是因为这一点，真正的艺术一定具有超功利的美。这就是逍遥的精神，也是游世的真谛。

游于一气：顺其自然的生命哲思

生死相对，理解死亡，某种意义上是让我们更好地理解生命。所以死亡本身也是很基本的哲学问题。古希腊哲学家苏格拉底说"哲学就是练习死亡"，现代哲学家加缪甚至说过死亡是唯一重要的哲学问题。在整个中国文化中，庄子可以说是对于死亡问题谈论得最透彻的。如果用一句最通俗的话说，庄子是一个不害怕死亡的人，也不在乎那些用来化解对死亡的恐惧和哀伤的外在形式。这和儒家不一样，儒家强调的礼中有非常多关于死亡的礼仪，比如丧礼、祭礼之类，这些礼仪中其实是包含了对死亡的恐惧的。但是我们去读《庄子》的话，就会发现庄子不害怕死亡。关于死亡，《庄子》书中有很多小故事。

朋友的死亡

《庄子·养生主》篇说："老聃死，秦失吊之，三号而出。"弟子很不解，认为吊唁朋友怎么能这样呢！秦失解释说："适来，夫子时也；适去，夫子顺也。安时而处顺，哀乐不能入也，古者谓是帝之县解。"该来的时候，老聃应时而生；该去的时候，老聃顺理而死。安于天理之常，顺应自然之化，哀乐之情便不会进入心中，古人称之为自然的解脱。生则安偶然之时遇，死则止必然之顺次，则不为生死所动。"帝"有主宰的意思，真正自我主宰的人才能不受任何变化的扰动。所以《庄子·人间世》中说，"知其不可奈何而安之若命，德之至也"，"安之若命""安时处顺"，在庄子的生命观中，我们看到一种顺其自然的安然心态。陶渊明的诗中说："纵浪大化中，不喜亦不惧。应尽便须尽，无复独多虑。"面对生死不喜不惧，安于时遇，这正是受到庄子安时处顺思想的影响。

亲人的死亡

《庄子·至乐》篇，庄子的妻子死了，惠施前去吊唁，看到庄子"箕踞鼓盆而歌"。箕踞，两脚张开，两膝微曲地坐着，是一种不拘礼节的坐法；鼓盆而歌，不仅没有悲伤，反而还敲着盆很快乐地歌唱。庄子说，"是其始死也，我独何能无概然"，妻子刚去世的时候，自己也是很悲痛的，但是，"察其始而本无生，非徒无生也而本无形，非徒无形也而本无气"，妻子的生命和万物一样，都是宇宙大化的一个片段，如同春夏秋冬四季的变换，是一个自然的过程。

庄子以气的变化来理解万物的生死，提出"通天下一气耳"，生死不过是气的聚散。而随着气的聚聚散散，人的死生也在不断地交替流转着。庄子把人的生死归因到气的聚散上，生与死不过是气在流动变化中的离聚散合。因而，死亡不再是生命绝对意义上的终结点，人的生死并不具有特殊的、崇高的意义，故生不必爱，死亦不足惧。

自己的死亡

如果说前面所讲的"三号而出""鼓盆而歌"的态度，是因为面对的是朋友和亲人的死亡，那么对于自己的死亡，庄子是否也能逃出这种恐惧和哀伤呢？《庄子·列御寇》篇，庄子快要死的时候，弟子们打算厚葬他。庄子说："我以天地为棺椁，以太阳和月亮为连璧，把星星当作珍珠，把万物当作陪葬品。我的丧葬用品难道还不齐备吗？还有比这更好的吗？"弟子们说："但是老师，我们担心乌鸦和老鹰吃掉您的尸体。"庄子说："在上为乌鸢食，在下为蝼蚁食，夺彼与此，何其偏也！"天葬让乌鸦和老鹰吃，土葬让蝼蚁吃，从乌鸦、老鹰那里夺过来给蝼蚁，为什么这样偏心呢！

不过有的时候知易行难，比如死亡，哪怕我们知道每个个体都是必死的，都是向死而生的，知道死亡不过是自然宇宙大化流行中的一个环节，但是在面对自我和他人特别是亲人的死亡时，恐惧和悲伤还是无法消除的。怎么办呢？

关于对死亡的恐惧，前面所讲的庄子的齐物思想可以做出回答。为什么我们会对死亡感到恐惧害怕？因为生命是很美好的，而死后的世界又是不可知的，人们对不可知的、与生命相反的世界自然地会在心理上排斥。但其实人们假定的"死后的世界多么可怕"或许只是一种可能性，也就是说死后的世界"可能可怕"，也"可能并不可怕"。

在《齐物论》中，庄子说："予恶乎知说生之非惑邪？予恶乎知恶死之非弱丧而不知归者邪？"我怎么知道贪生不是一种迷惑呢？我怎么知道怕死不是像自幼流落在外而不知返回家乡那样呢？死亡就像是人返回自然的故乡一般。为了说明这一点，庄子又讲了一则寓言故事。他说有个叫丽姬的美女，在晋国刚迎娶她的时候，哭得衣服都湿透了，她不想嫁过去；但是等她到了晋国国君的宫殿里，和国君同睡一床，同吃美味佳肴时，这才后悔当初不该哭泣。丽姬前后迥异的态度，也许正反映了人们对于死亡的心态：在面临死亡时总是担忧、恐惧，殊不知死亡的背后也许恰恰是安乐的家园。我们又怎么知道人死之后，不会后悔对生命的留恋呢？

庄子一方面通过"命"的观念化解了世人惜生、贪生的种种人为努力，希望人们在安之若命、顺随自然的态度下淡看生死；另一方面又从"死不足惧"的角度消解了死亡的可怕性，从而让人们在心态上跨越对死亡恐惧的障碍。庄子用一种"游于一气""与物同化"的态度来坦然面对死亡，比如他笔下的子舆，就把自己的病痛当作一种游戏，设想自己的左臂物化为一只鸡，而右臂物化为弹弓，臀部物化为车轮，精神则物化为马。这些物化也是万物生死变化的体现。

在《齐物论》中，庄子以那则著名的"庄周梦蝶"寓言提出了"物化"这个说法。"昔者庄周梦为胡蝶，栩栩然胡蝶也，自喻适志与，不知周也。"庄子梦见自己变为一只蝴蝶，非常愉快的样子，不知道自己是庄周。等醒来以后，发现自己明明就是庄周。"不知周之梦为胡蝶与，胡蝶之梦为周与？"不知道是庄周梦见自己变为蝴蝶，还是蝴蝶梦见自己变为庄周？或者说，不知我们现在是醒着，还是其实正在梦中？我们怎么知道自己不是在做梦呢？梦与觉就类似死与生，我们又怎么知道死亡并不是另一种生呢？

"周与蝴蝶，则必有分矣。此之谓'物化'。""则必有分矣"，这个分别就是在物化的过程中所有相对待、相区别的二者。对于每个个体生命来说，在所有的对待之中，最难消解的就是生死的对待，生与死的差别所呈现的焦虑和恐惧，是最难理解和克服的。

庄子的生死观以及对于生命的态度，也一直影响着后人。特别是在魏晋时期，我们前面所提到的那位将《庄子》删定为我们今天所见到的三十三篇的郭象，也专门对庄子的生死观做了解释。郭象生活的魏晋时期是一个生死问题格外突出的时期，世事瞬息万变，生命来去无常，对生和死的焦虑，对易逝的敏感，贯穿在魏晋人士的思考之中。怎么才能应对和消解这种生死的对待，郭象提出了"死与生各自成体"。一般人认为，死当然是由生这个过程而达到的，但是郭象却认为，人在活着的时候，死还没有到来，而当死去的时候，生命已经消逝。所以既然生命中并没有蕴含死，那么在活着的时候是不应该焦虑死亡的，人在生的过程中能做的就是尽分，展现生命的自足。从这个意义上来说，每一天都是新的。我们可以看到，在魏晋那个价值虚无的时代，恰恰是庄子安时处顺的生命观为当时人提供了一种面对无常和生命脆弱的心灵慰藉。

死亡是如此自然而然的事情，因此庄子关注的核心问题，其实并不是怎么坦然地死，而是怎么好好地生，好好地活着。也就是我们在前面所提到的，如何"虚己以游世""乘物以游心"，所以说"逍遥游"这个"游"字，是《庄子》的书眼。

最后，我们回看一下在第一节中提到的清代学者胡文英评述庄子的话，他说庄子："眼极冷，心肠极热。眼冷，故是非不管；心肠热，故感慨无端。"其实这句话还有后半段，他说："虽知无用，而未能忘情，到底是热肠挂住；虽不能忘情，而终不下手，到底是冷眼看穿。"身处战国时代，看到世间的各种纷争，庄子并不想和孔子一样对这世界介入太多，把自己弄得跌跌撞撞、遍体鳞伤；但庄子也深知这人间世是无可逃避的，所以他战战兢兢地在其中试图寻找一种保全自己的方式。他希望顺其天性，也就是对这彼此是非错乱的世界无所用心；他希望逍遥自得，也就是在复杂的社会中达到心灵的自由。人生出入进退，而庄子在名利之外为人们守护了一片精神的家园。

希望大家能够不断走近庄子的心灵世界，感悟庄子的哲学智慧。在这个盛产焦虑和压力的现代社会中，我们每一个个体生命都可以从庄子的洞见中，思考和体会在世的逍遥。

廖璨璨

《坛经》与顿悟

导　语

　　《坛经》是中国禅宗的经典代表作，也是中国佛教的经典代表作。《坛经》中呈现出来的顿悟观念，包含着中国佛教的大智慧。《坛经》中的所谓顿悟，到底在悟什么，又是如何去悟？而顿悟智慧，对今天的我们又有什么样的启示呢？

　　要学习《坛经》，首先，要了解一些相关的知识。主要包含三个方面的背景知识：第一是佛学背景，第二是禅宗背景，第三是和《坛经》这本书直接相关的一些背景。其次，要深入《坛经》文本，去体悟中国佛教的大智慧。

问道《坛经》

　　第一，《坛经》毕竟是一部佛教经典，所以我们要真正理解其中的顿悟大智慧，必须对佛教的基本要义有大致了解。

　　佛教创立于印度，大约是在公元前 6 世纪，由迦毗罗卫国

（今尼泊尔境内）的王子乔达摩·悉达多创立。他创立佛教后，当时人们就尊称他为"释迦牟尼"。"释迦牟尼"的意思就是释迦族的圣人。这位王子之所以舍弃王位而去创立佛教，其中一个非常重要的原因，是他看到人世间众多苦难后，一直在思考这样一个问题——如何解脱人生之苦。通过出家修行，他悟到了解脱之法，创立了佛教。

释迦牟尼到底提出了什么样的解决方法呢？如果把佛教的思想归纳起来，其根本要义可归为这样一句话——人生本苦，根在执着，苦海解脱，唯在灭执。佛教认为，人生的本质就是苦。当然，佛教对苦的概念是有独特界定的，我们不要用一般意义上的苦来理解这个概念。在这个基础上，佛教进一步指出，苦的根源在执着，所以要想从苦海中解脱出来或脱离人生之苦，就要把产生苦的根源消除掉，所以叫"灭执"。

灭执，到底是一种什么样的方法呢？比方说灭，我们很容易把它理解成消灭的灭。灭执是不是就是消灭执着？显然，我们不能简单地从字面上来理解。所谓灭，如果换成另外一个词，可能大家更熟悉一些，就是涅槃。涅槃是音译词，意译过来就是灭尽的灭。当然这是一种形容，一种比喻。灭尽执着不是说要否定执着，这一点是佛教在提出这个方法时尤其令人不易理解的一个点。那什么是执着？我们一般对执着的了解就是我们有所求。我们追求金钱、名誉、理想、抱负，这些执着都很容易判断。那么，灭执是不是要将这些所谓的"执"都灭掉呢？或者说我们不求名誉、地位、理想、抱负等一系列东西，就是灭除了执着吗？

　　如果我们静下来想一想，可以感觉到，所谓的不求，其实何尝不是一种执着？在佛教看来，求与不求都是执着。如果我们换一个词或许能更好理解灭执，这个词就是超越。灭执，不是消灭，是超越，超越求与不求，达到一种超越二元对立的状态，这才是真正的超越执着，才是真正的灭执。只有这样才能够从苦海中解脱出来，因为我们已经超越了产生苦的根源。

　　问题在于，超越求与不求的状态是一种什么状态呢？佛教将其称为中道，也可以称为无住，也可以称为不落一边，还可以用很多词来说。但是那到底是一个什么状态？其实，语言已经无法到达那个地方。只能靠"悟"。所以，这也是为什么佛家文化，包括禅宗，包括《坛经》，如此重视悟或者顿悟的一个根本原因。

　　在佛教看来，能悟到那种境界的能力或方法，可以统称为"大智慧"。人们只有具备这种大智慧，才能悟到灭执的境界，也就是语言无法触及的那个境界。对于这种大智慧，佛教有一个专门的名词——般若。般若就是智慧，但因为它是指一种觉悟的大智慧，所以佛教传入中国时干脆不将其翻译过来，而是直接用"般若"这个音译词，来表达能够悟到超越执着境界的大智慧。

　　我们可以将佛教要义的逻辑简单梳理一下：如果有了般若大智慧，人们就可以悟到超越求与不求的中道境界，或者无住的境界、不落一边的境界，这就相当于超越了执着，因此我们就可以从苦海中解脱出来，或者说解脱人生之苦。这就是佛教要解决的根本问题。

如果顺着这个逻辑，我们可以进一步思考，这种般若智慧中，是否包含有某种确定的方法？或者说类似于武林门派的武功秘籍，告诉人们第一步、第二步、第三步、第四步怎么做，然后就可以达到超越境界了？显然，从超越执着这一基本理念往下推，就能推出来这是不可能的，是没有一种确定方法的。因为一种方法一旦确定了，就恰恰定住了，这不是无住，而是执着了。所以佛教特别强调法无定法。

其实，当初佛陀给弟子们讲法常常就是这样，他面对不同的人，讲法的方式完全不一样，但所指向的目标却一直相同。他不断启发人们的般若智慧，根据不同的人采用不同的方式，所以讲述的佛法，可以千变万化、千差万别。因为每一个个体的特点是不一样的。因此，我们今天看佛经，感觉差别非常大，其实其本质都是一样的，只不过视角不同，方法不同而已，这就叫法无定法。

所以，佛教特别重视"空"或者"无常"。佛教认为，世间一切事物，包括佛法，都是不确定的，都是无常的，没有什么事物是恒常的。这种观世界的方式，其实是为悟道或者说超越执着这一境界服务的，而这种无常的状态就是"空"。所以，"空"不是什么都没有，不能用汉字之"空"来理解佛教"空"的概念。"空"就是无常，一切事物都一直处于变化之中，没有一个恒常不变的主体，这就叫"空"。

万事万物如此，佛法亦如此。因此，所谓法无定法，就是无恒常之法，这恰恰是佛教般若智慧的一个根本特点。只有这样，才能够真正悟道，真正超越执着，达到超越求与不求的境界，然后才能够从苦海中解脱出来，解脱人生之苦。这是佛教的基本要义。

我们理解到这一点，再读《坛经》，可能才会理解慧能大师所说的佛教大智慧、顿悟大智慧。

佛教文化传入中国的大致时间和基本情况，我们也要有一个基本了解。佛教大约是在两汉之际，即西汉末东汉初这段时间传入中国的。佛教传入中国后，它的许多文化元素与中国儒家传统产生了激烈冲突，因此在佛教传入中国之初，一般中国人很难接受它，所以佛教的早期传播其实非常艰难。

佛教在中国经历了漫长的传播，才使中国人逐渐接受。我们将这一外来文化逐渐转变成我们自己的文化，甚至转变成我们的主流文化，这一过程经历了约六七百年的时间。直到唐代，佛教才开始真正成为中国文化的一个部分，而《坛经》这部经典正产生于唐代初期，这正是佛教从印度文化转为中国文化的一个转折时期。了解这一历史背景，对我们理解《坛经》会有一定帮助。

第二，是禅宗背景。我们对禅宗宗派本身也要有一个简单的了解。慧能被称作六祖，自然前面还有五祖。第一祖叫达摩，第二祖叫慧可，第三祖叫僧璨，第四祖叫道信，第五祖叫弘忍，六祖之间确实有一种师承关系。那么，禅宗到底是谁创立的？是不是达摩？或者说是后面的哪一祖？或者说是慧能？其实学术界对这一问题本身是有争议的，我们不去讨论它，知道大概有这么一条脉络应该是逐渐形成的即可。

六祖慧能的思想对禅宗思想的建构起到了非常重要的作用，

这一点是公认的，而慧能大师的思想主要集中在《坛经》之中，所以《坛经》的意义可想而知。慧能生于公元 638 年，卒于 713 年。唐代建立于 618 年，可见慧能大师是在初唐时期修行传法的，而《坛经》这本书也是在初唐时期就基本形成，这是禅宗的一个基本情况。

第三，我们简单了解一下和《坛经》这本书相关的一些背景。《坛经》的主要内容是慧能大师在大梵寺一次讲法的记录。大梵寺在今天的广东韶关，现已更名为大鉴禅寺。讲法记录是慧能弟子法海所做，这个记录在以后的流传过程中，版本发生了各种各样的变化，后人不断地往里面添加慧能大师的一些讲法内容，或者弟子们自己的一些理解，以及后人编写的内容，等等，由此形成若干不同版本，之间的差别还不小。

在众多的版本中，有两个版本我们应该了解。第一个版本叫宗宝本，这是最流行的一个版本，也叫通行本。宗宝是元代的一位禅师，他根据前人的版本编辑整理成了这个版本。第二个版本是敦煌本，敦煌本发现得很晚，是 1923 年一位日本学者在伦敦大英博物馆的敦煌文献中发现的，他发现这个版本和当时流行的宗宝本很不一样。后来在中国所藏敦煌文献里也陆陆续续发现了这个版本的《坛经》，所以这个版本被称作敦煌本。敦煌本的内容要比通行本少不少，这个版本是目前发现的最古老的版本，所以它记载的内容可能更接近慧能大师的原始思想或慧能大师讲法的原始记录。

将宗宝本和敦煌本两个版本合在一起阅读，更有利于我们了解《坛经》中的主要思想。以下内容的写作将以敦煌本为主、宗宝本为辅。

《坛经》整个结构大致分成三部分。

第一部分是慧能大师口述自己学法的经历，介绍他为什么要学佛法，以及如何学法悟道的。

第二部分是慧能讲法的内容，这是《坛经》的主体部分。

第三部分包括慧能答疑解惑的内容，以及去世前一些事情的叙述。

《坛经》的时代，正是佛教从印度文化转变为中国文化并确立地位的转折时期，因此《坛经》在中国佛教史、中国文化史上都有非常重要的意义。所以，《坛经》对我们理解中国佛教文化是非常有价值的。

东山悟法

慧能是在五祖弘忍大师那里学法的，弘忍大师所建的道场在黄梅（今湖北黄梅县东）冯茂山，这座山也被称作东山。所以东山悟法，其实就是讲慧能是如何悟法的。

慧能学法的经历，对于我们观察什么是顿悟会有一定帮助。我们选取其中三个重要的片段来详细了解一下。

第一个片段是初见弘忍。这里有一个背景，慧能大师的父亲原在北方做官，后被贬到了广东岭南一带，并且很早就去世了，所以他们家里很贫穷。慧能和母亲相依为命，他靠砍柴卖柴养活母亲。有一天，他卖柴到一家客店，听到有一客人在念佛经，他就问念的是什么，这位客人告诉慧能，自己读的是《金刚经》，慧能就问他是在哪里学的，客人说是在黄梅弘忍大师那里学的。慧能听《金刚经》很有感觉，于是决定也要到黄梅弘忍大师那里学习《金刚经》，学习佛法。所以他安顿好母亲，就来到了黄梅五祖寺，见到了弘忍。

《坛经》中叙述了惠能初见弘忍时两人的对话。弘忍大师问慧能："汝何方人？来此山礼拜吾，汝今向吾边复求何物？"你是什么地方人，到我这里来做什么？慧能答："弟子是岭南人，新州百姓，今故远来礼拜和尚。不求余物，唯求作佛。"慧能说得很干脆，我来这里不求别的，只求做佛。弘忍大师带着责备的口气说："汝是岭南人，又是獦獠，若为堪作佛！"岭南人，是指蛮荒之地来的人；"獦獠"，是对当时岭南人带有侮辱性的称呼，是指牵着猎狗打猎的猎人。弘忍的意思相当于说："你一个从蛮荒之地来的人能做佛吗？"

可以想象一下，如果我们面对一位大师，他用这样的语气来责问我们，我们肯定会受不了，或有愤怒，或有屈辱，或有自卑等各种情绪。我们看看慧能是怎么回答的。慧能答："人即有南北，佛性即无南北；獦獠身与和尚不同，佛性有何差别！"慧能答得理直气壮，说："人有南北之分，我是岭南人，你是北方人，难道我们的佛性有区别吗？我是獦獠，你是大师，身份确实不同，但佛性有差别吗？"慧能的这段话是有佛法理论基础的。因为大乘佛教一直以来有一个观念就是"人人皆有佛性"，这个理论从印度传入中国大概是在魏晋南北朝的刘宋时期，晋宋之际这一思想观念已进入中土，而且中国人对其进行了热烈讨论。到慧能时代，这个观念应该说流行了有200年左右，已经是常识了。而弘忍大师的提问明显带有一种责备的语气，应该说带有一定的测试意味。慧能的回答让弘忍很吃惊，因为后面有一个细节说大师"欲更共语"，想进一步跟他交流，但见旁边有其他的弟子，就没有多说话了，只是收留了慧能并安排他随众人一起做事。

在初见弘忍这个片段里，大家能感受到什么？人人皆有佛性，佛性本无差别，这原本已是常识。可是，慧能的回答为什么还是会让弘忍大师感到吃惊呢？因为在那个时代，虽然大家都知道这句话，可是真正能在实践中做到的人并不多。慧能面对弘忍大师语言上的冲击，能够淡定地从容应对，等于说慧能将这一理论真正付诸实践了。言下悟易，事上行难。一种理念从语言上去理解相对容易，但是将它付诸实践却并不容易。这种现象很常见，也给我们一定启发。语言上理解了某种大智慧，是否意味着真正掌握了这种大智慧？并不一定。这是一个值得思考的问题。或许只有做到知行合一才算真正悟到般若大智慧。这是第一个片段，很有意味。

第二个片段是秀能比偈，就是神秀与慧能比试写偈。这个故事非常有名。弘忍大师有一天召集所有弟子，给他们布置了一个任务：每人写一首偈，谁能悟到佛法大义，就把衣钵传给他，他就是第六祖了。

弟子们听了老师布置的任务后便议论纷纷，大家都说自己就不用写了，为什么呢？因为有大师兄神秀。神秀不仅是弘忍的弟子，还是教授师，代老师给弟子们上课，确实很有水平，地位也不一般。其他弟子都觉得自己肯定比不上大师兄，所以只等大师兄做了掌门人后，跟着他修行就可以了。

这个细节很能说明"言下悟易，事上行难"的道理。从弘忍这些弟子们的行为可以看到，他们根本不相信人人皆有佛性，佛性本无差别。在他们看来，他们与大师兄神秀就是有差别的。所以道理大家都很容易知道，可常常在实践中却很难做到。

神秀压力很大，大家都看着他呢。他有点犹豫：如果自己写了，会不会被误解为自己太想当掌门人；如果不写，又显示不出自己的水平。怎么办？他想了一个办法，半夜三更来到走廊，在墙壁上题下了那首著名的偈："身是菩提树，心如明镜台，时时勤拂拭，莫使有尘埃。"当然，《坛经》不同版本里有个别字是不一样的。

"身是菩提树"，当初佛祖便是在此树下悟道，所以菩提树代表的就是能悟道成佛的般若智慧。身是菩提树，比喻神秀要追求的是如佛祖般超越执着的大智慧。

"心如明镜台"，这是佛教常用的一种比喻，人若达到心净的状态，其心就如明镜一样，可以照见万事万物之真相；如果上面落了灰尘，显然就照不到世间万物之真相，而会执着于虚妄之相，也就悟不到超越执着的境界了。

所以要"时时勤拂拭，莫使有尘埃"，就是不要让尘埃影响到明镜的观照，不要让心执着于虚妄之相。

通过这首偈，我们能够体会到神秀是如此努力，但是也能明显感觉到他对般若智慧的一种执着，对心如明镜境界的一种执着，对超越执着的执着。

　　所以，第二天弘忍看到这首偈子时，便说没有悟到佛法大义，但依此修行对于凡夫俗子还是有大利益的。弘忍知道是神秀写的，因此专门把他叫到自己的房间，对他说：你还没有悟到佛法大义，回去再写一首呈给我。弘忍给了神秀第二次机会，可是神秀回去后怎么也写不出比这首更好的偈了。

　　后来慧能知道了这件事，他觉得神秀的偈写得不好，自己便也想写一首。但慧能不识字，也不会写字，所以就请人代笔，帮他在廊壁上写下了那首著名的偈："菩提本无树，明镜亦非台，本来无一物，何处惹尘埃。"这首偈不同版本的《坛经》记载不一样，我们这里选的是通行本的记载。

　　慧能这首偈的意思是说，哪来什么菩提树？哪来什么般若智慧？哪来明镜台？哪来什么尘埃？什么都没有，你在拂拭什么呢？这首偈显然是针对神秀那首偈来写的，慧能看到了神秀偈中对般若智慧、对超越执着的执着，并以自己的偈来破除这些执着。因此，如果将两首偈放在一起来看，更能看出慧能偈的意义和价值。

　　但是，如果将慧能偈单独来看，也会存在一点问题。这就是我们前面曾经讲的什么叫执着、什么是超越执着的问题。求，是执着，可以说神秀偈求的意味比较明显；慧能偈说本来无一物，哪来什么尘埃，所以我们还拂拭什么呢？相当于说我们就不求了，而不求还是一种执着。所以，慧能偈若孤立地看也是有问题的。

　　弘忍看了慧能偈以后，也说没有悟到佛法大义。但是，弘忍通过两偈的比试，还是看到了慧能的慧根。所以，他半夜三更的时候把慧能叫到他的房间，为慧能讲《金刚经》。慧能边听边叹讲得太好了，尤其是听到《金刚经》里面的一句话"应无所住而生其心"时，言下大悟。这句话的意思是说不要定住在任何一点上，既不要定住于"求"上，也不要定住于"不求"上，那才是超越执着的境界。所以慧能听到这句经文，言下大悟，一下就悟了。这个故事就是我们要讲的第三个片段"子夜听经"。

"应无所住而生其心"中的"无住"概念，也是后来《坛经》中非常重要的一个概念。"无住"就是"中道"，就是"不落一边"。语言只能说到这里，而"中道""无住""不落一边"的境界到底是什么，只能靠自己去感悟了。

以上就是慧能东山悟法的故事。我们选择了三个片段，通过这三个片段，可以看到"悟"的境界是什么。"悟"的境界很难用语言描述，不过通过三个片段还是能看到是什么在不断地影响着我们去悟。比如第一个片段，我们讲到常识，很多人都知道常识，但真正能够做到的却不多，常见的是所做往往不按常识而按成见，说明成见是影响我们"悟"的一个重要因素。再如，比试偈颂和子夜听经，其实就是在告诉我们什么是求和不求两种执着，以及什么是真正的超越执着的境界。

慧能学法的经历就是这样，这一过程呈现了从对求与不求的执着再到超越两者的无住境界的悟道历程。

通过慧能东山悟法的过程，我们大致能够感悟到佛教的般若智慧、顿悟智慧是什么样。当然，后面慧能还会把自己的感受、体悟讲解出来。下面会根据慧能提出来的一些悟的方法，或者说怎样感受悟的境界的方法，进一步理解什么是顿悟智慧。

曹溪论悟

慧能悟道以后，回到广东，登坛讲法。

前面我们通过慧能的故事，了解了慧能大师的悟道经历。现在，我们来看看慧能大师是如何论悟的，他提出了什么样的方法，可以给我们什么样的启示。下面选择四个片段来讲。

第一个叫般若本有。这是慧能讲法开篇第一段所说的方法。原文是：

> 善知识！菩提般若之智，世人本自有之，即缘心迷，不能自悟，须假大善知识，示导见性。
>
> 善知识！愚人智人，佛性本亦无差别，只缘迷悟。迷即为愚，悟即成智。

这段话里有几个点很重要。首先，是"菩提般若之智，世人本自有之"。前面讲过，佛教非常重视般若智慧，因为般若智慧就是能够悟到超越执着境界的智慧，这种智慧里隐含着一种能力，如果拥有了这个能力，就能够悟到超越执着的境界，然后就能够解脱人生之苦，所以佛教才如此重视般若之智。可是，慧能大师现在告诉我们："菩提般若之智，世人本自有之。"也就是说，每个人的心中都有般若智慧。但是，许多人好像并没有感觉到它的存在，"即缘心迷，不能自悟"，之所以没有感觉到，是因为心迷。心为什么会迷？这是一个很有意思的问题。

其次，慧能大师还说："愚人智人，佛性本亦无差别。"所谓愚人也好，智人也罢，在慧能看来，佛性没什么区别，这和慧能初见弘忍时说的话一样。所以，每个人心中的菩提般若之智实际上也是没有区别的。

慧能大师这句话很值得我们思考。今天我们很多人头脑中存在太多的成见，或者说我们已经形成经常用成见认识世界的习惯。比如上学，我们仅凭考分来评判一个孩子是聪明还是愚笨，这是不是一种成见呢？

我们前面曾提到"法无定法"，佛教强调，修行的方法、参悟智慧的方法是没有定法的，或者说认识世界的方法也是没有定法的。因此，每个人都应该有适合自己的一种法，一个人若此法走不通，应该还有他法走得通，这就叫"菩提般若之智，世人本自有之"。

然而，成见却会让我们天然地认为，若我们在学校没有学好几门功课，我们就不是聪明人，就没有智慧，人生就没有前途，这辈子也只能如此了。但其实我们还可以换一种思路：我们的智慧适合什么样的方式认识世界？我们的智慧适合怎样去实现人生价值？像人们常说的"条条道路通罗马"，我们应该去寻找适合自己的那一条路，它不一定在学校的功课里，不一定是读书考试，其实还有许多不同的路径，这就叫"菩提般若之智，世人本自有之"。每个人都有自己的般若智慧，所以要去找到一条适合于自己的发展道路。

就佛教修行而言，就是要找到一条适合自己的修行之路，法无定法，佛性本无差别。所以，慧能大师讲法开篇就讲了这个观点，实际上是想破除人们心中一直以来的诸多成见，人们心中的般若智慧恰恰是被这些成见遮蔽。所以般若本有，每个人都应该相信自己有悟道的大智慧，之所以许多人感觉不到，只不过是还没有找到让大智慧重新呈现的方式，也就是还没有悟，而许多时候阻碍我们去悟的恰恰是诸多成见。

第一片段慧能大师的讲法很有意味，他似乎在告诉我们，影响我们去悟的东西很多，其中成见是非常重要的一个障碍。其实我们从小到大读了很多书，学了不少知识，但同时也收获了许多成见。我们会天然地认为某事物、某个人就该是某种样子，已经形成一种确定性的、固化的认识，这些就是成见。

下面来看第二个片段，禅定非坐。慧能大师讲到禅定，这是佛教最基础的知识之一。他说："一行三昧者，于一切时中，行住坐卧，常行真心是。""一行三昧"，就是专注于一个东西，进入一种定的状态，其实就是禅定。慧能说，禅定可在任何时候，包括行住坐卧时，都可以修行，而不是说非要到某个地方，或非要有某种形式，才叫禅定。按常规来说，禅定是有一定方法的，比如人怎么坐，腰怎么挺，手怎么摆，心怎么观，等等。当然，慧能的意思倒不是说常规方法不好，常规方法也肯定有它的意义。慧能强调的是，修行禅定的目的是要净心，《坛经》中称为真心或直心，也就是要灭除心中的执着。显然禅定本身不是目的，而是达到净心的一种方法或手段而已。所以，只要能够达到净心的目标，禅定方法的形式或方式倒不重要了，禅定不一定非是坐禅，行住坐卧皆可修禅，只要能够达到净心的目的。

慧能大师的说法和上一片段我们所讲的有点类似，其实是在打破人们心中对某些知识的固化理解，就像一些修行方法，人们常常会理解为必须怎么做，这就容易形成一种成见，比如上面说的禅定，虽有一定的方法，但我们不能做固化的理解。慧能说法，就是强调法无定法，禅定本来就没有确定性的方法，只要能真正达到净心的方法，都可以说是正确的禅定方法。所以，我们要不断破除心中因固化理解而形成的成见。法无定法，人无定人，每个人都有适合自己的方法。此法适合于甲，不一定适合于乙；此法对甲可能是正法，但对乙可能就是邪法。法无定法，人无定人，条条道路通罗马。

回到前面讲的一个问题，谁说只有能考高分才是有智慧的人？考不好，就不是有智慧的人？认识世界的方法有无数种，哪一种适合于自己呢？每个人都有适合自己的方法，所以我们应该去找到适合于自己的法，去唤醒自己心中的菩提般若之智。这是第二个片段讲法的内容。

第三个片段是顿渐皆法。大家可能听说过，所谓的顿悟和渐悟之分。佛教初传中国的六朝时期就曾有过顿渐之争。慧能在讲法中有这么一段，他说："法无顿渐，人有利钝。迷即渐劝，悟人顿修。识自本心，是见本性，悟即元无差别，不悟即长劫轮回。"

慧能大师是说，佛法哪有什么顿渐之分，之所以佛法呈现出了不同面貌，是因为人有利钝之分，有的人适合慢方法，有的人适合快方法，所以只是不同的人选择适合自己不同的方法而已，这就叫"条条道路通罗马"。

可是，今天我们在学习过程中对快慢的评价往往不是这样，一般都会认为做得快是聪明灵巧，做得慢是笨拙的表现。类似成见随处可见。

　　说到这里，我们可以发现一个很有意思的现象，慧能大师讲法，很喜欢去破除人们心中的成见，他讲的都是一些非常基本的佛教理论，或者说佛教方法，或者说佛教常识，它们既不高深，也不新鲜。他只是尝试告诉人们什么是常识，应该怎么去面对常识，不要把常识和知识变成成见，继而影响我们顿悟。很多时候，影响悟道的恰恰是成见。所以，慧能大师不断告诉弟子们，"菩提般若之智，世人本自有之"，每人心中本来都有这种智慧，可惜被遮蔽了，遮蔽般若智慧的一个很重要的因素就是成见。

　　第四个片段是经典如筏。关于这一段，慧能大师是这么讲的：

　　　　一切经书及文字，小大二乘、十二部经，皆因人置，因智慧性故，故然能建立。我若无智人，一切万法本亦不有。故知万法本从人兴。一切经书，因人说有。缘在人中，有愚有智；愚为小故，智为大人。问迷人于智者，智人与愚人说法，令使愚者悟解心开。迷人若悟心开，与大智人无别。

　　慧能大师的意思是说，经书其实是为人设立的，因为有人，所以才有经书。什么人呢？就是众生。因为众生有愚人，也有智人，就是有迷的人，也有悟的人。悟的人向迷的人说法，将他悟到的方法也就是般若智慧传达给迷人，希望对方也能够悟，他们所讲的可以说就是佛经。其实当初释迦牟尼给弟子们讲法，他能告诉弟子们超越执着的境界是什么吗？他能画出一张路线图，能写一本练功秘籍，告诉弟子们怎样一步一步练到那个境界吗？我们知道这是不可能的，因为超越执着的境界用语言是达不到、说不清的。所以，释迦牟尼给弟子们不断宣讲的就是菩提般若之智，或者说是在启发他们悟到自己的般若智慧，而且面对不同的弟子、不同的听众，讲述的方式还不一样。这就是我们前面提到的法无定法，人无定人。用一种适合于某人的方法为其讲法，才更有利于他去领悟，这也叫因材施教。正因如此，所以才形成诸多不同的佛经。不同的佛经看似不同，可实质却是一样的，它们指向的都是般若之智，之所以有差别，是因为他们面对的对象是有差别的。所以，释迦牟尼讲法之所以会有如此大的差别，不是因为法有差别，而是对象有差别。这就是佛经或者说经典的意义。

由此可以想到，今天我们应该如何读经典？我们应该如何理解经典的意义？佛教中有一个很形象的比喻，把佛经比喻为筏。佛教经常说从此岸到彼岸，当然也是一种比喻。所谓此岸，相当于迷的状态，所谓彼岸，相当于悟的状态。从迷到悟，从此岸到彼岸，佛经是非常重要的工具，它就像筏一样，可以帮助人们从此岸渡到彼岸。不过，如果真的想悟，那就得登岸。怎么登？必须舍筏才能登。也就是说，当你悟了以后，佛经的任务就完成了，这时候要舍筏。

这个譬喻很有意味，它告诉我们应该怎样读经典。读佛经如此，我们把它延伸一下，读其他的经典又何尝不如此呢？经典的意义在哪里？经典的意义不是成为让我们膜拜的对象，而是一种工具，它里面有大智慧。我们读《道德经》，读《论语》，读《庄子》等，是因为里面有大智慧。经典就是筏，如果我们获得了其中的大智慧，就相当于登岸了，登岸以后这个筏是应该舍去的，舍筏才能登岸。《庄子》里也有类似说法，庄子说的是得意忘言，言语是为表达意义用的，明白了意义就把言语给忘了，这样才能"得意"，这两者意思差不多。

所以，慧能大师这一片段讲的就是经典的意义或者佛经的意义，这对我们理解佛经以及其他经典非常有帮助。可是，今天世人面对经典，往往升起一种崇拜，而忽略了经典的根本意义。所以，我们常常会得意于对经典倒背如流。倒背如流好不好？当然好，当然有意义，但是如果仅仅停留于倒背如流，就没有多少意义了。只有能舍筏登岸，才能实现经典的根本意义。佛经的意义就在这里。

从以上片段我们可以看到，慧能大师无论是讲"菩提般若之智，世人本自有之"，还是"禅定非坐"，还是讲"顿渐皆法"，还是讲"经典如筏"，其实都是在不断地破除人们对很多知识或者常识的成见和固化的理解。如果真的能够破除那些成见，人们心中的"菩提般若之智"就可以焕发出来。

当然，我们这里只是选取了四个片段，在整部《坛经》中，破成见的说法非常多，很值得我们进一步去阅读体会。

达摩说禅

慧能讲完法后，与弟子们进行了互动，后来又不断有人来向他请教，由此形成一系列讲法故事，这些内容主要见于《坛经》第三部分。从这些故事中我们能够进一步体会到，慧能所说的顿悟，或者说佛教所说的悟，应该怎样去获得。

这里我们选取慧能与弟子互动的两则故事。第一个故事是梁武问禅。慧能讲完法，一位听众问：

> 弟子见说，达摩大师代，梁武帝问达摩："朕一生已来造寺、布施、供养，有功德否？"达摩答言："并无功德。"武帝惆怅，遂遣达摩出境。未审此言，请和尚说。

关于达摩见梁武帝的故事，在其他典籍中也曾有记载。当初达摩从印度来到中原，是从海路来到我国南部沿海广东一带，登岸后北上的。当时南方正好是南朝梁武帝时期，达摩到建业见到了梁武帝。梁武帝非常崇信佛教，见到有印度高僧来到京城，非常开心，马上召见，所以有了这么一段对话。

梁武帝问达摩：我造寺众多，布施众多，供养众多，我做的这些事有功德吗？达摩回答说：并无功德。梁武帝就很奇怪：我做了这么多事，怎么就没有功德呢？达摩就对梁武帝说：你做的这些事都是有为之事，所以实无功德。梁武帝没听明白，达摩"知机不契"，离开了建业，继续北上，后来到了嵩山，开始隐居修行。

这个故事的真伪学界有争论，我们不去讨论。我们要关注的是，为什么达摩说梁武帝无功德？难道说梁武帝造寺、布施、供养不对吗？其实这些做法本就是佛教提倡的一种修行方法，而且梁武帝还讲经、注经，举办各种各样的法事活动，对佛教非常虔诚，为什么达摩却说他无功德？

我们可以思考一下，梁武帝造寺、布施、供养这些行为本身，其实都是修行的方法或者工具，就像我们前面讲的佛经一样，通过这些方法要达到的目的，是悟到超越执着的境界，这才是最重要的。这些方法本身不是目的，而是达到超越执着境界的工具。达到境界了，这些工具恰恰需要舍弃，舍筏才能登岸。可是梁武帝显然很在意这些行为，很在意这些方法，所以他才问自己有没有功德。这明显是执着于筏而不愿舍，这样子怎么能够登岸呢？所以，达摩说他无功德。

其实，慧能大师的回答也说了同样的道理。慧能指出，修行是要能够真正达到一种平等直心。平等直心，其实就是一种净心的状态，是超越执着的境界，是舍筏登岸的境界。而梁武帝却将造寺等修行手段当成了重要的目的，以至问出了"有无功德"的问题。

这个故事给予我们一些很有意思的启示。我们在学习知识的时候，可能也会有意无意犯同样的错误。比如，知识本来是帮助我们认识世界的工具，我们学习知识最重要的目的是认识世界中的一切，包括人生、社会、宇宙等，显然知识只是工具而已。可是，今天我们在学习知识的过程中，往往会忘掉它的这一功能，反而将知识本身作为目的。掌握的知识多，就是有学问，就是有智慧。至于是否能真正运用知识以认识世界，我们反而不太关注了。例如，我们读《老子》五千言的意义在哪里？是为了倒背如流？是为了掌握相关的众多知识？还是能理解《老子》中的大智慧，并将之融入自己的头脑中，成为自己的智慧？从达摩见梁武帝故事中我们不难悟到答案。

这则故事揭示的现象在我们平时的学习、生活、工作中很常见，人们常常会在有意无意间将手段转换成目的，而忽略了这些手段本应达到的彼岸是什么。

我经常和学生讨论，大家努力学习都希望找一份好工作，希望挣很多的钱，有问题吗？没问题，因为我们怀着一种追求幸福生活的愿望，我们知道挣钱能帮助我们实现幸福生活的愿望。可是，许多人在挣钱的过程中，慢慢就忘掉了最初挣钱的目的，而把挣钱本身当成了唯一目的。他们只是不断地挣钱，即使失去幸福的生活，也要挣钱。因此，这个故事很值得我们去思考、去反思。

第二个故事是净土何在。还是那位听众，他向慧能提了第二个问题：

> 弟子见僧俗常念阿弥陀佛，愿往生西方。请和尚说，得生彼否？望为破疑。

听众问，经常念阿弥陀佛，人死后便能到西方极乐世界去，这让人感到很疑惑。请大师帮我们破疑。

慧能大师回答道：

> 世尊在舍卫城说西方引化，经文分明，去此不远。只为下根说近，说远只缘上智。人自两种，法无两般。迷悟有殊，见有迟疾。迷人念佛生彼，悟者自净其心。所以佛

言："随其心净，则佛土净。"

慧能的意思是说，佛祖当初说西方是为了讲法，西方净土只是一种方法而已。可是，很多时候人们会将这种方法当成目的，把它理解成一个真正的修行目标。其实，更重要的目的是让人们能够获得菩提般若之智，以悟到超越执着的涅槃境界。所以，如果自己心净，就已在西方；如果心不净，就算去了所谓的西方，那里也不是净土。

这则故事也很有意味。简单说，西方净土只不过是一种教化的方法而已，目的在于净心破执，这就是方法和目的的关系。可是，人们很多时候容易将方法当成目的，结果把西方净土当成了追求的目标，却忽略了它只是方法而已。所以，心净则处处皆西方，处处皆极乐；心不净则处处非西方，西方亦非西方。

第二个故事和第一个很相似，都指出了修行过程中常见的一种现象，就是忽略工具本来的意义。比如说经典的意义，比如说方法的意义，本来都指向一个比较明确的目的，可是人们往往容易忽略所指向的目的，而将手段本身当成了目的。所以佛经是一条筏，西方何尝不是一条筏，舍筏才能登岸。这就是两个故事的意义。

法达问经

这一节我们选取慧能与弟子互动的两则故事，来进一步理解顿悟智慧所包含的元素。

第一个故事是我转《法华》。有一位僧人叫法达，他来向慧能请教。法达说：

> 弟子常诵《妙法华经》七年，心迷不知正法之处，经上有疑。大师智慧广大，愿为除疑。

法达也挺有意思，读《法华经》七年依然没有读懂正法，他倒没有怀疑自己有问题，而是说经中有疑，所以请慧能大师为他解疑。

慧能大师说：

> 法达，法即甚达，汝心不达；经上无疑，汝心自邪，而求正法。吾心正定，即是持经。

慧能大师对法达说，其实经上无疑，是你心中有疑。接着慧能说了一段或许让法达都感到很吃惊的话：

> 吾一生以来，不识文字。汝将《法华经》来，对吾读一遍，吾闻即知。

慧能说他不识文字，没读过《法华经》，请法达现场为他读一遍，就能知道其中要义了。

法达就将《法华经》当场为慧能读了一遍。慧能听完以后，对法达说：其实《法华经》无多语，尽是譬喻因缘。意思是讲，《法华经》要义也就一句话，即超越执着的境界，而语言是无法直接表达这个境界的，所以要不断用各种譬喻启发人们的般若智慧，从而使人们能够悟到这种境界是什么样子。

慧能大师说完要义后，对法达说了一段话：

> 心行转《法华》，不行《法华》转；心正转《法华》，心邪《法华》转。开佛知见转《法华》，开众生知见被《法华》转。

法达一闻，言下大悟，说道：

> 实未曾转《法华》，七年被《法华》转。已后转《法华》，念念修行佛行。

慧能大师告诉法达，他之前读《法华经》是有问题的。就是他一直在被《法华经》转，而不是他在转《法华经》。法达一听，言下大悟。当然这是一种比喻，所谓转《法华》或者被《法华》转，实际上就像我们前面所讲，佛经原本是让人们从此岸渡到彼岸的工具而已，读经应该舍筏登岸，为我所用。可是当你把经典当成目的来读，你就会被经典所转。而法达读经多年，一直是在被《法华》转，却不知道去转《法华》，也就是不知道将《法华》作为自己悟道的一种工具。

其实我们前面也提到，经典就是一种工具，像一条筏一样，按佛教的说法，要舍筏才能登岸。读佛教经典如此，读一般经典也是如此。很多时候人们常常会把经典当成目的，常常被经典转，把经典当作权威，奉若神明，阅读中不敢越雷池一步。

我们每个人都可以回忆一下，在学习知识的过程中，是不是存在像法达一样的问题？我在第一次读这个故事时，也想过这个问题。我问自己：读书工作这么多年，到底我是在转知识还是在被知识转？稍微思考一下便不难发现，大多数时候其实我是在被知识转。所以，我们应该去转知识，而不应该被知识转，这才是学知识或者读经典的正确方法。

这个故事中还有些细节很有意思，比如慧能大师给法达说，我不识文字，所以请你把《法华经》读一遍。这个细节就很有意味，为什么？因为《法华经》是佛教经典中的经典，人们一般称其为"经中之王"，可见它是佛经中非常重要的一部。但是，慧能大师竟然说他没读过。大家想一想，如果一个文学院的教授，当你问他《红楼梦》中问题时，这位教授却说没读过，你会怎么想？一般人都会认为：文学院教授连《红楼梦》都没读过，水平肯定很差。但是，我们可能从来没有仔细想过，学好文学是不是非要读《红楼梦》？

慧能大师没有读过《法华经》，他并没有显得不好意思，也没有因此认为自己佛学水平差，反倒是很自信地让法达现场读一遍，并能很快捕捉到经中要义。其实我们前面也谈过，佛教经典是达到超越执着境界的工具，如果借助于某些经典能够达到这一目标，那为什么一定要去把所有的经典都读完？法无定法。有些人可能读一部佛教经典就悟到了那个境界；有人也许读一千部才能悟到，这就是人有利钝，其实结果没有差别。

如果读一部经就能悟到涅槃境界，其他经典就可以不读了，或者说并非非读不可了，这是佛教经典本来的意义。把这一道理扩展开来，我们去读其他专业的经典，显然读多读少不是关键，关键在于能通过读这些经典获得认识世界的智慧，或者说认识世界真相的一种能力。假如我们通过读某部经典就能够获得智慧或者悟到世界的真相，自然也没必要将该专业所有经典都阅读完。这里倒不是说其他经典不重要，而是说每个人都有适合于自己学习的经典，只需利用它们让自己获得智慧和能力即可。当然，适合的也许是一部，也许是多部。

通过这则故事，我总结出一句话，大家可以思考一下是否正确：没有什么书是非读不可的，也没有什么书可以不读。这句话的意思，是要打破我们在读书上固有的一种成见。我们经常会认为某些书非读不可，而且我们经常也会认为，有些书根本不用去读。其实哪些书该读，哪些书不该读，对每一个个体而言都是不一样的。有些书对某些人可能有意义，但对另外一些人可能没有什么意义，这些人就不适合这个"筏"。但是今天的学习语境中，一般人都不这么认为，而且深受成见影响。就像我们经常看到的所谓必读书目，以及所谓的不必读书目，我们会深受影响，对许多书的读与不读形成一种固化认识。所以，要经常提醒自己不要堕入成见之中，要不断去破成见，才能让我们的菩提般若之智重新呈现。这是第一个故事的意义。

第二个故事是二道相因。慧能大师在即将去世前，给弟子们讲以后如何讲法，如何把不能用语言直接传达的涅槃境界讲清楚。慧能给弟子们总结了一种方法，这种方法叫三十六对法。所谓对法，就是两两相对，天与地，好与坏，高与低，美与丑，等等。

慧能说：

> 动三十六对，出没即离两边。说一切法，莫离于性相。若有人问法，出语尽双，皆取法对，来去相因，究竟二法尽除，更无去处。

"究竟二法尽除"就是要超越相对性，这就是中道无住的一种境界。慧能大师的意思是说，我们想达到中道境界，就先要了解这种相对性，或者说用相对性这一手段，引导人们去超越相对性，超越两两相对的状态。这种方法对于我们认识超越执着的无住境界、中道境界应该说是有启发的。

我们从出生以来所形成的认识世界的方式，不就是以相对性为基础吗？我们认识到，世间万物有高有低、有胖有瘦、有好有坏，积累了无数两两相对概念，而且我们的思考判断都是根据这种相对性概念来进行的。很多时候我们将它们都当真了。所以我们见到蟑螂就将它踩死，觉得这是天经地义的。我们逐渐形成了很多类似成见，而忽略了相对性只是认识世界的一种手段，它反映的并非世界的真相。慧能大师告诉弟子们，可以引导人们去了解相对性，但这只是一种手段，目的是让人们通过消除这种相对性，达到或悟到超越二元对立的中道、无住境界。

这个故事也提醒我们，一直以来习惯的二元相对的认识方式，其实只是认识世界的一种手段而已。世界本来的真相，恰恰是要超越这种相对性，我们才能认识到。这也是《坛经》所讲顿悟智慧中非常重要的一个方面。

《坛经》中的许多故事都讲了如何超越执着，达到无住境界的方式方法，我们只列举了若干例子来做简要介绍。大家可以认真阅读《坛经》全书，借助里面的故事，借助所讲的佛法，进一步思考它对我们认识世界真相，认识超越执着的境界，认识顿悟大智慧，会有什么样的启发。

《坛经》是一部能够使我们汲取许多大智慧的经典，其中慧能大师说的这句话，我们尤应记住："菩提般若之智，世人本自有之。"

每个人心中都有自己的大智慧，但是很多人的大智慧被无数成见遮蔽了。所以我们要看清事物的真相，真正能够悟到超越执着的境界，就要不断去破成见，破得越好，大智慧就越多，这是《坛经》所讲顿悟智慧中最为重要的一个方面。

高文强

冬篇 文史里的中国

《史记》之奇，
第一是感情浓烈，
第二是视野广阔，
第三是思想超群。

——《史记》与英雄

《史记》与英雄

导　语

　　司马迁被尊称为中国"史学之父"，他的《史记》是一部历史名著，也是一部文学巨制。鲁迅先生称《史记》是"史家之绝唱，无韵之《离骚》"，精辟地概括了《史记》在中国文史传统上的价值与意义。

　　《史记》开创了以人物为中心的写人文学。司马迁笔下的历史人物众多，他塑造的典型人物个个栩栩如生，千人千面。这些人物，很多都具有一种勇敢豪爽的英雄气概、百折不挠的坚韧意志和高亢激越的精神力量。

　　当代著名哲学家贺麟曾说，英雄就是伟大人格、永恒价值的代表者或实现者，是人类文化的创造者或贡献者，是使人类理想价值具体化的人。《史记》中塑造和弘扬的英雄形象及其精神气概，历久弥新，对于我们今天的人格教育与民族精神塑造，有着重要意义。

《史记》尚奇

中国古代有一种说法，说"庄生之文放浪，《史记》之文雄奇"。庄子的文章往往虚无缥缈，超越人际，放浪形骸，逍遥自然。而《史记》特别喜欢记载一些雄伟奇特的人物的历史。既有孔子这样的圣贤君子，也有刺客和游侠这样的民间豪杰，还有项羽这样的悲壮"英雄"。司马迁喜欢"雄奇"之事，所以写出"雄奇"之文。司马迁后来惨遭宫刑，境遇非常悲惨。因此《史记》的"雄奇"刚好与司马迁为完成著史的使命而忍辱负重相互激荡。德国哲学家黑格尔曾说："崇拜是一种精神与精神的交契。"司马迁就是以自己的精神与他撰写的人物的精神相交相契，使得《史记》有一种英雄惜英雄的独特意味。

《史记》之奇，第一是感情浓烈，第二是视野广阔，第三是思想超群。

我们先来看第一点，《史记》的感情浓烈。文艺批评学者李长之先生说《史记》是中国古代的一部史诗。换言之，《史记》是作者司马迁以一颗诗人的心写出的历史著作。诗人的情感总是浓烈的、浪漫的，或是愤懑的、同情的。如果说诗人是以自己的心灵去拥抱世界的话，那么司马迁正是以自己的心灵去捕捉历史的精神。

司马迁并不像后世多数历史学者那样，为力求客观公正而感情平静，甚至无动于衷。司马迁在《史记》中总是毫不掩饰自己的情感。

他写孔子，称孔子是"至圣"，是历史上无出其右的第一等人，说自己"心乡（向）往之"，"读孔氏书，想见其为人"，情不自禁。他写屈原，被屈原的爱国志节感动，"悲其志"，并亲自跑到汨罗江畔，看了屈原抱石自沉的地方，不禁悲痛流涕，说"未尝不垂涕，想见其为人"。他读了《虞书》中圣君贤臣相互告诫的话，"未尝不垂涕也"。说司马迁是一位心灵十分敏感的历史学者，一点也不为过。

司马迁还为汉代游侠群体打抱不平，写成《游侠列传》。司马迁认为，救人于危难的游侠，有"足多者"，也就是有可取之处，而不能将这些人与一般的土豪恶霸混为一谈，加以耻笑。

我们知道，司马迁为战国四公子——齐国的孟尝君、赵国的平原君、楚国的春申君、魏国的信陵君，各写了传记。在四位公子中，信陵君最贤能，司马迁亲切地称信陵君为"魏公子"，并且特意以"魏公子列传"作为篇名。在这篇列传中，司马迁亲切地称其为"公子"的地方达一百四十九处之多。司马迁还实地造访了魏国的大梁旧城，大梁就是今天的开封，察访了夷门这个地方，因为替魏公子策划窃符救赵的侯嬴是夷门监守。司马迁实地造访后才知道，夷门原来是大梁城的东门。

另外，西汉历史上有位抗击匈奴的名将李广，人称"飞将军"。这位飞将军英勇善战，才气过人，"天下无双"。要胆识有胆识，要箭法有箭法。一次狩猎，李广误把草中的石头当成是老虎，箭射到了石头里。李广治军冲破既有的规则，与士卒打成一片，"饮食与士共之"，深受部下和士卒爱戴。李广战功显赫，却一直没有封侯，最后竟因不愿忍受刀笔小吏审讯，自杀而亡。但司马迁对李广是由衷地称赞，亲切地称他为"李将军"，《史记》中也特意以《李将军列传》作为篇名。

可以说，《史记》中没有一个地方没有同情，没有一个地方没有真挚的情感。英国哲学家罗素讲，"一个没有偏见的人，是不可能写出有趣味的历史书来的"。我们也可以这样说，一个没有真正情感的人，是无法成为良史的。司马迁正是抱怀着一颗诗心，去追寻沉寂的过往，书写动人的故事，捕捉历史的真义，写出了一部文史俱优、无法超越的传世佳作《史记》。

我们再看第二点，《史记》的视野广阔。视野广阔就是通达。《史记》的通达表现在诸多方面。

首先，《史记》的体系通达独特。《史记》独创了五体结构来架构整个历史。所谓"五体"结构，是指本纪、表、书、世家和列传五种体裁。本纪的"纪"是纲领的意思。所谓本纪，就是以主宰天下政局的帝王为纲，以编年形式提纲挈领地记载各个时期的国家大事。《史记》本纪共十二篇，这是《史记》的主干。我们可以将这十二篇本纪按照距离司马迁所处时代的远近，分为三个阶段。第一个阶段是上古史，从《五帝本纪》到《夏》《商》《周》本纪。第二阶段是近古史，包括《秦本纪》《秦始皇本纪》和《项羽本纪》。第三阶段是今世史，从汉高祖刘邦本纪，到吕太后本纪，再到汉文帝、汉景帝和汉武帝本纪。

本纪以记帝王为主，但又不限于帝王。比如项羽就不是帝王，没有践天子之位。那么，项羽为什么会被纳入本纪呢？再比如汉高祖刘邦的夫人吕后，也不是帝王，《史记》中却有《吕太后本纪》。为什么呢？这实际上和司马迁史学写作的整体规划和史学思想有关。即便不做帝王，但只要在某一个时段或某一个时期，成为天下大势或者天下命运的实际主宰者，那么就有资格进入本纪。项羽灭秦的功绩使他在秦朝灭亡到刘邦西汉建立前这段时间，左右了当时的天下大势。司马迁说"分裂天下而封王侯，政由羽出"。汉高祖刘邦死后，生性懦弱的汉惠帝刘盈即位，而实际上掌握政权的人是汉惠帝的母亲吕太后。司马迁说"高后女主称制，政不出房户"。司马迁创立本纪的原意是"本纪以纲纪天下政事"，但随着正统观念越来越强，后世史家开始批评司马迁给项羽和吕后立本纪，这是不恰当的。司马迁尊重的正是历史的实情，而没有受后世正统纲常或名分意识的左右。可以说，司马迁写史，既重视体系性，同时又不拘泥于形式，这正是《史记》的通达独特之处。

十二本纪之后，是十表和八书。表，是用清晰简明的表格，概括排列各个历史时期的人和事。按照人和事的复杂程度，表分为世表、年表和月表。如三代世表、汉兴以来将相名臣年表、秦楚之际月表等。太史公把比较琐碎的历史人物和事件，以及不便于在完整叙述中表达的人物和事件，放到表中，非常便于查阅，这是对历史的一种补充。书，记载礼乐、军事、历法、天文、水利、经济等专门问题，类似于我们今天说的专门史。比如史记的《礼书》《乐书》《河渠书》《平准书》等。河渠是水利，平准是经济。《史记》中的书，后来的正史都改叫志。如《汉书》的地理志、《隋书》的经籍志等。

十表、八书之后，是三十世家和七十列传。世家是记载一些有爵位、有俸禄且可以世代相传的贵族之家的历史。比如春秋战国以来的各个诸侯国，他们是接受周天子分封成世家的，比如汉代封为诸侯王的刘姓子侄，封为侯的开国勋臣，像萧何、张良、陈平等人。世家以记诸侯贵族为主，但也不限于诸侯贵族。比如陈涉，他是一个平民，但也被写进《陈涉世家》。又比如孔子，他是一介布衣，没有裂土封侯，但也被写进《孔子世家》。这是为什么呢？因为像陈涉、孔子，他们虽然没有主宰天下大势，但在天下大势的走向上起到了非常关键的推动作用。司马迁说"天下之端，自涉发难"。陈涉首事，在灭秦的重大历史进程上起到关键作用，为后来项羽灭秦、刘邦建汉起到了推进作用，所以陈涉要入世家。孔子门下弟子三千，这三千弟子再传，再再传，对整个春秋战国直到秦汉学术发展都产生非常重要的影响，所以孔子也要写入世家。

　　《史记》中的列传按照形式分为三种。第一种叫单传，如《商君列传》，是战国时期在秦国推行变法的商鞅传记。第二种叫合传，是两个人物合为一篇，如《伯夷列传》记伯夷和叔齐，《廉颇蔺相如列传》则载廉颇与蔺相如的事迹。还有类传，是在写某一类群体，如《刺客列传》《儒林列传》《游侠列传》等。这就是我们说的《史记》通达独特的体系。

　　其次，《史记》的时间之轴也是通达的。《史记》记载的历史，上起传说的五帝时代（《五帝本纪》），下到汉武帝时期（《孝武本纪》），也就是司马迁本人所生活的那个时代。因此《史记》是一本贯通古今的著作。

　　最后，《史记》的内容也是通达的，无所不包。《史记》记载的历史非常广泛。不仅有圣君帝王、王侯将相等所谓大人物的历史，也有像刺客、游侠、医生、（占）卜者等形形色色小人物的历史。既有少数民族地区的历史，如《匈奴列传》《西南夷列传》等，也有商人商业的历史，比如《货殖列传》。《货殖列传》很能体现司马迁的通达与博通。货殖，就是财货增殖的意思。用今天的话来讲，《货殖列传》是在写一部与商业和商人有关的历史。我们今天热衷于搞各种富豪排行榜，这个东西其实并不新鲜，司马迁早在两千多年前，就已经做了一个先秦、秦、汉时期的富豪排行榜。像被尊为商圣的范蠡、孔子弟子子贡，都是那个时期成功的大商人、大富豪。司马迁在《货殖列传》中还写了当时的主要经济区。正是一个非常通达博雅的司马迁，才能写出内容无所不包的《史记》来。

最后，我们来看第三点，《史记》的思想超群。

可以说，在《史记》出现之前，中国古代有史学而无史家。直到司马迁出现，才真正出现史家，才有了成为史家的自觉。还是司马迁那句著名的话，"究天人之际，通古今之变，成一家之言"。"究天人之际"，是考察天与人、客观力量与主观力量这两个构造历史的重要元素的消长关系。"通古今之变"就是司马迁所说的"原始察终，见盛观衰"，探究历史盛衰的变化和走势。总的来讲，司马迁秉持着一种发展、进化和变革的历史观。历史既不是倒退的，也不是循环重复的，而是一种发展的、变化的过程。史家的责任正是要"综其始终"，综合考察历史的兴衰变化，从而寻出一条原则来，最后汇成"一家之言"，成为与诸子百家并列的"史家"。司马迁正是利用独特的历史叙事和史论，让人鉴往知来，酌古变今，以达到史学致用的目的。

总之，司马迁用心血完成的《史记》，是一部不可复制的奇书。下一节我们将重点讨论《史记·项羽本纪》，来看一下秦汉之际完成亡秦伟业的时代英雄项羽的豪迈人生。

时代英雄

在司马迁心中，项羽是一个英雄。司马迁崇拜项羽的不是他拔山扛鼎的气力，也不是他坑杀秦卒二十万的凶残，而是他的勇敢豪爽，是他的英雄气概，是他亡秦的使命感和亡秦的伟大历史功业。德国哲学家尼采说，"伟大的男人如同伟大的时代，是爆炸性的材料，其中聚集着一种巨大的力量"。项羽正是秦汉之际这个时代的爆炸物。

项羽是一个什么样的人呢？我们首先从项羽的身世去讲。项羽首先是一个贵族。《项羽本纪》一开始就讲到项羽的身世说：

> 项籍者，下相人也，字羽。初起时，年二十四。其季父项梁，梁父即楚将项燕，为秦将王翦所戮者也。项氏世世为楚将，封于项，故姓项氏。

项燕是项羽的爷爷，是楚国大将，后来被秦将王翦打败并自杀。"项氏世世为楚将"，是说项羽家族世世代代做楚国的将军。这可能有些夸张，但项羽家族至少是多代在楚国做将军。

《项羽本纪》中反复提到项羽"世世楚将"。比如，陈婴这个人是东阳令史,地位不高。东阳大概在今天的江苏省淮安市下辖的盱眙县。在秦末农民起义发生时,东阳也要起义,参加农民战争。这个时候大家都推举陈婴做首领。陈婴和他母亲商议以后,回绝了大家的要求,理由是"项氏世世将家,有名于楚",要推举首领,非项氏不可。又比如亚父范增,他说服项羽的叔叔项梁立楚王后裔,也就是后来的楚怀王熊心,也提到"以君世世楚将"。所以说,项羽这个家族在楚国确实有深厚根基,是一个世世将家的贵族。

《项羽本纪》还讲到项羽的身高、力气和才气。首先,项羽"长八尺余"。秦汉时期,一尺约等于今天的二十三厘米。算下来,项羽大概一米八五。这个身高,在当时是很突出的,鹤立鸡群。古时男子自称"七尺男儿"。"七尺男儿"其实不到一米六五。"长八尺余"的项羽,一个一米八五的大个站到一群不到一米六五的"七尺男儿"中间,项羽的身高优势可以说非常明显。其次,项羽力气过人,"力能扛鼎"。这也不是一般人能够做到的。一个身高上有优势,体能上也有优势的人,脱颖而出是很容易的。最后,项羽"才气过人"。这里的"才气过人",是指项羽个人魅力和吸引力非常出众。无论是出身贵族,还是身高突出、气力惊人和才气出众,这些条件都是天生的,一般人没有。

接下来司马迁写项羽的少年时代。《项羽本纪》记载:

　　项籍少时,学书不成,去学剑,又不成。项梁怒之。籍曰:"书足以记名姓而已。剑一人敌,不足学,学万人

敌。"于是项梁乃教籍兵法，籍大喜，略知其意，又不肯
竟学。

项羽天资非常高，他学习起来很快。但项羽掌握了一个东
西以后，就不愿意再深入下去，处于一种浅尝辄止的状态。他
学习书法一段时间以后，不愿意再去学了，改学剑。学习剑法
一段时间以后，又不愿意再去学了，改学兵法。略知兵法以
后，又不肯竟其所学。项羽始终不肯把某个具体的"专业技能"
继续钻研下去。很多人认为项羽不是个好榜样，对什么都没有
耐心。但这是误解。首先，项羽的天资非常高，学到一半就不
学了，是因为他学会了。因为论剑术武艺，论排兵布阵，项羽
后来可以说无人能敌，这是有目共睹的。其次，项羽"不肯竟
学"，用我们今天的眼光来看，他是一个追求通识教育的人，因
为一味地专业教育并不能令他满足。试想一下，项羽一直学书，
他顶多是一个书法家。项羽一直学剑，他充其量就是一个像荆
轲那样的刺客。项羽一直学兵法，他可能也写不出《项子兵法》
来。因此，少年项羽"不肯竟学"，正是项羽身上英雄气概的
体现。

接下来司马迁写青年项羽。青年项羽有一个明显特征，那
就是他有极强的使命感。《项羽本纪》记载：

秦始皇帝游会稽，渡浙江，梁与籍俱观。籍曰："彼可
取而代也。"梁掩其口，曰："毋妄言，族矣！"梁以此奇籍。

项羽这个时候二十三岁，也就是我们现在所说的大学毕业的年龄。他跟随叔父项梁避难吴中，遇到秦始皇第五次出游。秦始皇出游会稽，渡浙江，就是今天的钱塘江。项羽与项梁一起观看秦始皇出游的车队。这时项羽突然在静静的人群中发出一句令人很震惊的话："彼可取而代也。"我们可以"脑补"一下当时的场面。一个力能扛鼎、身高一米八五的大汉，鹤立鸡群地站在一群人中间，突然发出"彼可取而代也"的话，这个声音一定不会太小。所以站在项羽身旁的项梁急忙掩住项羽的嘴巴，不许他乱说话。但这件事，让项梁对项羽刮目相看。青年项羽的志向，正是取秦始皇而代之，实现亡秦的使命。在这里我们不妨把项羽与后来他的对手刘邦做个比较。刘邦四十五岁，到咸阳出差，也看到过秦始皇。刘邦看到秦始皇后，喟然叹息，说："嗟乎！大丈夫当如此也！"四十五岁"大叔"级别的刘邦，他的话明显要比青年项羽含蓄很多。

项羽亡秦的使命并不是青年人的异想天开，它是有原因的。首先，秦始皇虽然统一六国，但这个统一并不彻底，尤其在文化上和心理认同上很不牢固。在以前的六国范围内，尤其是在以前的楚国范围内，有一种广为流行的说法，叫"楚虽三户，亡秦必楚"。也就是说，当时六国范围内推翻暴秦的想法是很普遍的。青年项羽是其中一个突出典型。其次，项羽从三岁记事开始，东方六国已开始陆续被秦国攻灭。六岁的时候，发生了影响国际的大新闻，荆轲刺秦王。七岁时，秦国开始攻伐楚国，一直持续了三年。到项羽十岁时，可谓国破家亡。项羽祖父项燕战败自杀，母国楚国覆灭。所以，项羽亡秦的使命在他幼年和少年阶段已经埋下了种子。

项羽的复仇思想，他推翻暴秦的决心和使命，在他人生最重要、最辉煌的战役——巨鹿之战中，得到淋漓尽致的体现。巨鹿之战中项羽破釜沉舟的故事，我们都很熟悉。项羽引兵渡河，"沉船，破釜甑，烧庐舍，持三日粮，以示士卒必死，无一还心"。如果没有坚定的复仇决心，没有亡秦必楚的使命，是很难办到的。更何况与项羽交战的秦军两支部队战斗力极强。一支领袖是王离，王离是秦将王翦的后代，他率领的是驻守北方对付匈奴的部队。另一支领袖是章邯，他率领的是骊山刑徒改编的部队。这两支部队几乎把所有农民起义主力部队都打败了。而项羽这次率领的部队人数很少，所以说，这场战役的领导者项羽如果没有必死的决心，没有亡秦必楚的使命感召，是很难在巨鹿之战中获胜的。

巨鹿之战获胜，抗秦的诸侯军队发自内心地敬仰项羽。《项羽本纪》说，项羽召见诸侯将领，诸侯将领见到项羽，"无不膝行而前，莫敢仰视"。诸侯将领都跪在地上向前挪动，不敢抬头看项羽。

项羽二十四岁在吴中起兵，到巨鹿之战立下不世之功，这时项羽才二十六岁，可以说是一个非常年轻的英雄。所以司马迁感叹项羽"何兴之暴也"！项羽为什么兴起这么突然呢？难道项羽真是舜的后裔吗？但是，巨鹿之战后，项羽也快速地走向了破亡。五年以后，三十一岁的项羽自刎于乌江。司马迁感叹项羽"何兴之暴也"，我们也不禁要问项羽"何亡之速"呢？

项羽暴兴速亡的原因已经成为千古话题。但项羽的缺点，尤其是政治上的幼稚是有目共睹的。韩信曾在项羽身边待过。韩信带兵，多多益善。但韩信后来转投刘邦。《史记·淮阴侯列传》是韩信的传记，里边记载，一次韩信问刘邦，如果要把您与项羽加以比较的话，哪个更勇猛强悍，哪个更仁爱强毅？一句话，谁更厉害？刘邦沉默了好久，说自己哪方面都不如项羽。这当然反映刘邦的自知之明和谦德之处。但韩信说，其实不然。韩信总结了项羽四大缺点。

第一，项羽震怒咆哮时，对方的敌人一千多人都吓得不敢动，可以说非常勇猛。但项羽的勇是匹夫之勇，是一个人的战斗。因为项羽不能委任贤将，不善于知人用人。这是很致命的。项羽身边很多贤能之辈，后来都离他而去。很会带兵打仗的韩信一开始在项羽手下，默默无闻，不受重用，才转而投奔了刘邦，成为刘邦得天下的得力干将。

第二，项羽待人接物恭敬有礼，慈祥仁爱，说话温和。部下生病，他表现得很伤心，关心备至。但项羽的仁是妇人之仁。因为项羽经常将应该给封爵人的印信拿在手里把玩，始终不愿意给人封赏。也就是说，项羽赏罚不明，导致离心离德。

第三，项羽目光短浅，没有远见。虽然项羽"霸天下而臣诸侯"，但项羽分封诸侯以后，没有定都关中，而是回到离老家比较近的彭城。彭城就是今天的徐州。当时有人劝说项羽留在关中，项羽不仅没有同意，反倒说"富贵不归故乡，如衣绣夜行，谁知之者！"这个时候多风光啊，这个时候不回故乡，就像穿着精美鲜艳的衣服在黑夜中行走一样，没有人知道啊。实际上，项羽不是不想留在关中，而是留不了。因为鸿门宴以后，项羽不仅屠了咸阳城，杀了秦降王子婴，而且还烧毁了秦的宫殿，大火烧了三个月都没有熄灭。可以说，秦人对他恨之入骨。中国古代有一个说法，叫得关中者得天下。从地理位置和战略上看，关中地形居高临下，易守难攻。在中国历史上，尤其是唐代以前，统一总是从占据关中、汉中这一带开始的。刘邦就是雄居关中之地，才得了天下。

第四，项羽不得民心。项羽部队所到之处都被毁灭，"天下多怨，百姓不亲附"。也就是说，项羽军事上看似强壮，实则虚弱，他是在玩纯粹的战争"游戏"。这种战争"游戏"没有人民根基，不得民心。

韩信总结得项羽的缺点可谓非常全面。但项羽本人至死不悟。垓下之战，项羽被团团包围，最后身边只剩下二十八骑，山穷水尽。前面是浩浩大江，后面是重重围兵，可谓英雄末路。但到这个时候，项羽还对身边二十八骑说"此天之亡我，非战之罪也"。是老天爷不公，不是自己战争上犯了过错。为了证明这点，项羽上演了一场精彩的决战和快战，突围两次，斩杀两员汉将。当然最后的结局我们都知道，英雄没有选择渡江，而是自刎于乌江边上。

用今天的眼光看，项羽是一个失败者。但司马迁不仅不以成败论英雄，而且怀着无比同情和惋惜的情感，去精心刻画英雄项羽的一生，讴歌他的豪情壮志和英雄气概，肯定他亡秦的伟业和历史地位。司马迁说项羽"非有尺寸，乘势起陇亩之中，三年，遂将五诸侯灭秦，分裂天下，而封王侯，政由羽出，号为'霸王'。位虽不终，近古以来未尝有也"。当然，作为史家的司马迁，非常清楚项羽身上的缺点，他说项羽"自矜功伐，奋其私智而不师古……五年卒亡其国，身死东城，尚不觉悟而不自责"，真是太可悲了啊！

总之，极富亡秦使命感的项羽快速地建立了不世大业，又急剧地消亡了，最后以自刎乌江的悲壮方式结束。项羽就像一颗耀眼的流星，在秦汉之际的历史星空划出一道永恒悲壮的英雄符号，他的一生经由司马迁的诗心史笔，写成《项羽本纪》，留给后人不断凭吊。

司马迁崇拜着时代英雄项羽，更深深崇拜着孔子这个中国文化史上的大英雄。下一节将重点谈论《史记·孔子世家》，来看文化英雄孔子的生命历程。

文化英雄

我们上一节谈到的《史记·项羽本纪》，有一幕非常经典的"桥段"，垓下之战。项羽面对刘邦汉军包围，四面楚歌，这时他身边有美人虞姬和骏马乌骓，项羽不禁慷慨悲歌："力拔山河兮气盖世，时不利兮骓不逝。骓不逝兮可奈何，虞兮虞兮奈若何！"唱完歌后，项羽"泣数行下"，一洒英雄之泪。在《史记·孔子世家》中，也有孔子悲歌哭泣的"桥段"。这时孔子七十三岁，他将要离开那个礼崩乐坏的世界了。孔子生病了，他的学生子贡来看望孔子。孔子刚好挂着拐杖在门口徘徊，像是在等待什么。看到子贡来了，孔子就说，端木赐啊，你为什么来得这么晚呢？说完，孔子就唱起歌来："太山坏乎！梁柱摧乎！哲人萎乎！"这是孔子最后的歌声。"哲人"是孔子对自己的形容。孔子唱完歌，就流下泪来，"因以涕下"。孔子对子贡说："天下无道太久了，但是没有哪个统治者实行我的学说和主张啊！"孔子病重七日之后，就永远离开了那个世界。

孔子与项羽都是司马迁眼中的英雄，他们处于不同的时空，却都有着同样催人泪下的悲歌。孔子出身平民，没有高贵的血统，更没有封侯的经历，只是一个失败而落魄的政治家。但司马迁为孔子立了《孔子世家》，给了孔子很高的位置。《孔子世家》和《项羽本纪》都是司马迁精心创作的人物大传。那么，《孔子世家》中的孔子到底是一个什么样的人呢？

孔子是一个出身贫贱的人

首先，孔子是一个出身贫贱的人。《孔子世家》开门见山，这样记载：

> 孔子生鲁昌平乡陬邑。其先宋人也，曰孔防叔。防叔生伯夏，伯夏生叔梁纥（hé）。纥与颜氏女野合而生孔子。

所谓野合，是指孔子的父亲叔梁纥违背礼制，未经正式的婚嫁程序，与颜氏女子结合在一起，生下了孔子。关于野合，古代学者有很多粉饰性的解释。其实，野合就是不合正规礼仪的结合。所以，孔子的确是私生子。司马迁将这一传闻写进孔子世家，用意是在强调孔子出身非常低贱。

孔子不仅是私生子，而且很可能是一个被孔家遗忘甚至被遗弃的私生子。《孔子世家》说，孔子一出生，叔梁纥就死了，葬在防山这个地方。孔子的母亲一直讳而不谈其父墓地，所以孔子不清楚他父亲的墓址，直到母亲去世后，陬邑人挽父的母亲告诉才知悉。

"穷人家的孩子早当家。"孔子虽从小贫贱，却因此学会了不少鄙贱的技艺。《论语》中孔子说："吾少也贱，故多能鄙事。"《孔子世家》也说孔子"贫且贱"，社会地位特别低。

孔子是一个博学好礼的人

孔子虽然出身低贱，但他是一位博学好礼的人。后世儒者附会孔子是"生知"，说孔子是天生的圣人，这是不符合史实的。《论语》中孔子明确说："我非生而知之者，好古，敏以求之者也。"孔子只是爱好古代文献，然后持之不懈地学习、研究。《孔子世家》说孔子是终身学习的榜样，"其为人也，学道不倦，诲人不厌，发愤忘食，乐以忘忧，不知老之将至"。

孔子主要研究的古代文献是周代礼乐文化，目的是要改造当时礼崩乐坏的社会秩序，以礼为治。所以，礼是《孔子世家》的一条重要线索。《孔子世家》记载，孔子小时候与同伴做游戏，"常陈俎（zǔ）豆，设礼容"，俎豆是盛放祭品的器物。孔子天生好礼，从小喜欢摆列祭器，装扮出举行祭典的模样。鲁国贵族孟僖子称赞"孔丘年少好礼"。孟僖子死后，他的嫡子孟懿子和鲁国人南宫敬叔跟随孔子学礼。随后，南宫敬叔又陪同孔子，"适周问礼"，到达当时周的都城，问礼于老子。

我们知道，礼与乐相辅相成。孔子三十五岁前后来到齐国。孔子在齐国有幸听到了虞舜时的韶乐，迫不及待地加以学习，"三月不知肉味"。由于用心太专，一连三个月，连肉是什么滋味都没尝出来。孔子五十岁做了鲁国中都的地方官，后来升任大司寇。孔子劝鲁定公"堕（隳）三都"，拆毁鲁国贵族大夫三桓的私邑。三桓就是季孙氏、叔孙氏、孟孙氏，理由正是三桓的采邑远远超出了周礼的规制。

孔子后来离开鲁国，周游列国，颠沛流离，还在宋国"与弟子习礼大树下"。在卫国，卫灵公问他军事征伐的问题，孔子说"俎豆之事则尝闻之，军旅之事未之学也"。礼仪的事情我还懂点，至于军事征战的事情嘛，我就不会了。孔子不仅"以诗书礼乐"教育弟子，自己更是躬行礼仪，一丝不苟。比如，跪坐用的席子如果歪了，他是不会跪坐上去的，所谓"席不正不坐"。

孔子是一位救世行道的热心人

孔子不仅是一位博学好礼的人，他还是一位救世行道的热心人。孔子以周代文化自居，并急切地想推行周道。孔子五十岁时，鲁国还没有重用他。这个时候，公山不狃在费县背叛了鲁国大夫季桓子，派人来召用孔子。孔子高兴得不得了，小题大做地说："夫召我者岂徒哉？如用我，其为东周乎！"如果真用我，我将施展我的才能，在东方建立一个像周那样的王朝，可以说到了天真的地步。

孔子五十六岁，执掌鲁国国政三个月，但最后他连想得到一块祭肉也成了泡影，只好离开鲁国，开始周游列国，为的还是推行周道。但孔子周游列国十四年，吃尽了苦头，四处碰壁，一无所获。所以《孔子世家》非常形象地形容孔子像"丧家之狗"。《孔子世家》记载：孔子有一天在郑国与弟子走散了，他独自一个人站在郑国的东门外。弟子们都在打听孔子的下落。这时郑国有一个人对子贡说："东门外有个人，他的头长得有点像古代圣君尧帝，他的脖子有点像古代贤臣皋陶，他的肩膀有点像郑国的名相子产，但是自腰部以下，比禹短了三寸。他有气无力的样子啊，活像一只丧家狗。"后来，子贡到郑国东门找到了孔子，把这件事告诉了孔子。孔子自嘲地说："说得对极了，我就是一只丧家狗啊！"

其实，孔子不仅像一只丧家狗，还遭受了很多磨难和危险。有一次他离开卫国到陈国去，路过匡这个地方。因为孔子长得有点像鲁国大夫的家臣阳虎，这个阳虎曾经对匡人不义，匡人以为孔子就是阳虎，于是把孔子抓了起来，严加看管。弟子都很担心老师的安危。孔子却说："文王既没，文不在兹乎！"周文王死后，斯文在我这里，我就代表着斯文和文化，小小的匡人算什么！还有一次，孔子离开曹国到宋国去，宋国的权臣司马桓魋派兵追杀孔子。遇到这种事，一般人都会害怕。但孔子不仅没有退缩惧怕，反而更加坚信自己的理想和行动。当孔子弟子表现出非常害怕，劝孔子走快一点时，孔子却说："天生德于予。"老天既然把道德品格给了我，这些追兵又能把我怎样呢？可以说，孔子的自负和他要救世行道的决心与努力到了不可思议的地步，愈挫愈勇。

为突出孔子救世的热心肠，《孔子世家》另有一个对比参照对象，就是逃避到山林的隐士。孔子在卫国不得志，有一天在家中敲打石制的乐器磬（qìng）。这时门外有一个"荷蒉者"，就是一个背草的过路人，正好听到了这音乐声。这个背草的人说："这样沉重的磬声，是在感叹没有人了解自己啊。既然这样，那就算了吧！"还有一次，孔子在赶路，让子路向田野中两个耕种的人询问渡口在哪里，这两个人是隐者，一个叫长沮，一个叫桀溺，他们没有告诉子路渡口，反而说："悠悠者天下皆是也，而谁以易之？"天下到处混乱不堪，谁又能改变这个世道呢！这话的意思是劝孔子放下救世的责任，像他们这样避世保全算了。但孔子说："天下有道，丘不与易也。"如果天下有道，我就不用改变它。正因为天下无道，所以才要救世行道啊！另有一次，孔子到达楚国，楚国有一个装疯的人叫接舆，他经过孔子身边，故意唱道："凤兮凤兮，何德之衰！"凤凰啊，凤凰啊，今天的道德风尚怎么落到如此地步呢？"往者不可谏兮，来者犹可追也"，已经过去的事情无法挽回了，未来的事还来得及补救啊！这歌明显是唱给孔子听的，歌中的凤凰指孔子。但凤凰生不逢时，遇到了道德败坏的乱世。接舆的歌声是劝孔子归隐算了，不要再做无谓的努力。但孔子偏偏不信邪，他宁愿选择在现实中撞得头破血流。所以说，《孔子世家》巧妙地把孔子与消极退隐的隐者加以比较，凸显了孔子身上那种救世行道的使命感和担当精神。

我们知道，孔子以礼乐为核心的治世药方，在春秋时期明显不合时宜。但孔子偏偏有着强烈的救世热肠和担当精神。他选择周游列国，碰了一鼻子灰，像一只无家可归的丧家狗，正是这种精神的体现。李长之先生说司马迁最能在这些地方把握孔子，并加以欣赏，他说："一篇整个的《孔子世家》，正是这样一个伟大的人格之光荣的失败的记录。"

孔子是一只"择木鸟"

其实，造成孔子成为"丧家狗"的深层原因，是孔子"择木鸟"的性格。《孔子世家》记载，孔子决定结束周游列国，返回鲁国之前，说过一句话，他说："鸟能择木，木岂能择鸟乎!"孔子把自己比喻成自由选择树木的择木之鸟。这反映了孔子坚持原则和标准，不会为了迎合现实而牺牲理想和价值。孔子绝不会因为自己是"丧家狗"，就轻易向现实妥协，甚至为改变现状而不择手段，做一只忠于某个主人的"狗"。孔子成为"丧家狗"是注定的，因为他骨子里就是一只不与现实妥协的"择木鸟"。当理想无法推行，孔子绝不趋炎附势，随波逐流，而是果断决裂，愤然飞去。

《史记·孔子世家》记载，孔子周游列国期间，在陈国、蔡国交界的地方，断绝了粮食，没有饭吃，学生都病倒了，他却"讲诵弦歌不衰"，照常给学生讲学、弹琴、唱歌，一点也没受影响。孔子知道弟子心中有气，所以分别召见了子路、子贡和颜回。孔子引用诗经中的话说，"匪兕（sì）匪虎，率彼旷野"，我们既不是犀牛，也不是老虎，为什么却和犀牛、老虎一样，在旷野之中巡游呢？孔子先见了子路。子路是结果论者，他说这或许是我们还没做到仁德和智慧吧，所以人们才不肯相信我们，实践我们的主张。孔子不同意这话，接下来见了子贡。子贡是现实派，认为孔子的主张没有问题，问题出在主张与现实的距离上，建议老师把原则和主张稍微降低一点，就能改变艰难的局面。孔子听了，骂了子贡一顿，说"今尔不修尔道而求为容""志不远矣"，你不去学习和完善自己的主张，反而想着怎么让别人接纳你，你的志向真是太低了。最后见了颜回。颜回是理想派，说老师的主张和学说很伟大，没有一点问题，虽然天下不能接纳老师的主张，但不被接纳并没有什么，不被接纳才显示出老师的伟大君子品格。孔子听后，深表欣慰，幽默地说："有是哉颜氏之子！使尔多财，吾为尔宰！"如果你颜回是大富翁，我愿意做你的管家。颜回为什么说出了孔子的心里话呢？孔子的心里话是什么呢？孔子的心里话是在说，虽然我们今天像丧家狗，没有人任用，但那是因为我们不肯降低理想的标准，我们是"择木鸟"啊，所以天下才不接纳我们，而这正是我们的可贵品格。

总之，孔子越是择木鸟，就越会成为丧家狗。孔子越是丧家狗，就越努力去择木。"丧家狗"和"择木鸟"这一对看似矛盾的形象，是孔子仁人君子品德的一体两面。

孔子是"至圣"

孔子这只择木鸟周游列国，返回鲁国后，最后选择的不再是寻找机会推行周道，而是著书明道，整理六经，教学授徒。《孔子世家》激昂地写道："孔子不仕，退而修诗书礼乐，弟子弥众，至自远方，莫不受业焉。"

司马迁对孔子评价极高，称孔子是"至圣"，是有史以来最大的英雄，这在当时是很罕见的。司马迁说，天下的国君王侯，活着的时候都很荣耀，死后却连名字都湮没无闻了。只有孔子，虽是平民出身，但他的名字和学问却传了十几代，有学问的人都尊崇他，到今天（司马迁所处的时代）讲说六经的人都以孔子的学说为准则。所以孔子是史上最伟大的人，是第一等的英雄。

《孔子世家》有着与整个《史记》一样的悲剧气氛。司马迁对孔子困顿不遇的一生寄寓了极大的惋惜和同情。悲剧的意义，就在于我们能从中感受到崇高与伟大。孔子身上那种锲而不舍、知其不可而为之的奋斗精神，以及他那种不降低目标，绝不与现实妥协的信念，使我们每个人都能从中获得一些鼓舞和激励。

民间英雄

《史记》不仅记载像孔子这样的文化英雄，还记载了不少民间英雄。

《刺客列传》是《史记》中非常独特的一篇人物类传。它按照时间顺序，依次记载了春秋战国时期五位刺客事迹。这五位刺客并非我们今天理解的专业"杀手"，因为他们都不是以刺杀谋生的人。这五位刺客实际上属于广义的"士"阶层。春秋争霸，战国侵伐，传统的"士"阶层逐渐分化。一则尚文，重视名誉，一则尚武，崇尚义气。代表法家的韩非子就说，"儒以文乱法，侠以武犯禁"。士阶层一分为二，分化为儒和侠这两个面貌和气质不太一样的身份群体。《史记》中的刺客，正是后来所说"游侠"的前身。

我们今天读起《刺客列传》，会有一种莫名的感动。究竟是什么东西使我们莫名感动呢？我想应是刺客身上承载的百折不挠、不畏强暴的英雄精神。下面我们从《刺客列传》中选取两位刺客的事迹，来了解一下他们身上表现出来的英雄气质。

豫让：百折不挠

首先我们来看豫让刺赵襄子的故事。这个故事最触动我的，是豫让身上那种不达目标不罢休、百折不挠的精神。五位刺客的事迹中，豫让刺赵襄子最为曲折。豫让是晋国人。晋国末年，先是六卿专权，最后演变为三家分晋，这是战国时代来临的标志性事件。豫让的故事与这段历史有关。六卿专权，是晋国的韩、赵、魏、范、中行、智六姓大臣，权倾朝野，且相互残杀。六卿之中，范氏和中行氏最早被击败，智伯最为强大。后来智伯又被另外三家韩、赵、魏所灭。豫让先后侍奉过六卿中的三位，范氏、中行氏和智伯。范氏和中行氏被智伯灭掉后，豫让投奔智伯。原来范氏和中行氏不怎么待见豫让，只有智伯以国士的待遇礼遇豫让。因此，智伯被害后，豫让要为智伯报仇。智伯最大的仇家正是赵襄子。赵襄子曾把智伯的头做成饮酒用的器皿，侮辱死去的智伯。

豫让报仇的理论是那句至今流传的俗语："士为知己者死，女为说（悦）己者容。"豫让的内心独白是："智伯知我，我必为报仇而死，以报智伯，则吾魂魄不愧矣。"豫让为智伯报仇，刺杀赵襄子，原因是他要报智伯对自己的知遇之恩，只有这样，才能问心无愧。《礼记·曲礼》篇中讲到，"大上贵德，其次务施报"，说中国古人有两条基本原则，第一是德性原则，第二是施报原则。施报原则，简单来讲，就是别人有恩于你，你必须要回报这个恩情。施恩与还报，要始终处于平衡状态。豫让正是把践行"务施报"原则当成自己的人生价值与归宿，志在必报，所以才报得如此曲折，如此百折不挠。

《史记》里边讲豫让第一次报。豫让先是改名换姓，伪装成一个服劳役的犯人，潜入赵襄子的宫中，假装修整厕所，衣服里揣着匕首，随时准备行刺赵襄子。不巧的是，赵襄子这天如厕的时候，"心动"，突然有了第六感，结果揪出了身藏兵器的豫让。豫让非常爽快地说了他的目的是刺杀赵襄子，为智伯报仇。赵襄子觉得豫让是一个深明大义的人，竟然把他放了。

于是就有了豫让的第二次报。第一次报没成功，赵襄子已经记得豫让的形貌，所以为实施第二次报，豫让"漆身为厉，吞炭为哑"。豫让把自己全身涂满油漆，让皮肤长满了癞疮，又吞食了炭火，故意把自己变成了哑巴。豫让把自己搞得面目全非，并且非常成功，以至于他的妻子都没认出他来。终于等到一次赵襄子外出，豫让埋伏在赵襄子必经的桥下。但同样不巧的是，赵襄子到达桥上的时候，"马惊"。这次不是赵襄子有了第六感，而是赵襄子驾乘的马突然有了第六感，所以又把豫让给抓了。豫让的第二次报就这样失败了。

这一次赵襄子决定不放过豫让，于是戏剧化地产生了豫让的第三次报。豫让请求赵襄子脱去衣服，他要用剑砍赵襄子衣服几下，这样也算完成为智伯报仇的心愿，死而无憾了。赵襄子很有风度，再次被豫让的行为感动，"大义之"。行刺者与被刺者结成了知己，可谓一绝。豫让连跳三次，用剑砍了赵襄子衣服三下，然后说：我可以报答地下的智伯了。说完，伏剑自杀。

豫让的第三次报其实也不能算作成功。但故事到此，豫让身上将报仇进行到底、自强不息、不达目标不罢休的精神，可以说已经刻画得淋漓尽致。

荆轲：不畏强暴

接下来，我们看荆轲刺秦的故事。《刺客列传》中五位刺客，其他四位刺客可以说都达到了目标，即便是豫让，也在形式上完成了刺杀赵襄子的心愿，唯独荆轲刺秦没能成功，也绝无可能成功。因为荆轲刺杀的是将来的千古一帝——秦王嬴政，荆轲要阻止的是秦吞并天下的历史大势。所以，荆轲刺秦的故事最为悲壮。它给我们最直观、最真切的感受，正是荆轲那种不畏强暴、敢于反抗强秦的勇敢意志。

荆轲出生在卫国。他爱好"读书击剑"，所以是一位儒侠合一的人物。但无论是读书还是击剑，荆轲似乎都未精通。荆轲曾以治国之术游说卫国国君，卫君没有理他。后来荆轲四处游历，来到赵国，与一个名叫盖（gě）聂的剑客讨论剑术。但荆轲对剑术并不精通，所谓话不投机半句多，盖聂有点看不上他，"怒而目之"，用眼睛瞪了荆轲几眼。

　　荆轲的个性深沉稳重。他在赵国都城邯郸与人下棋，因为争棋路产生了争执，对方"怒而叱之"，发怒呵斥了荆轲。对这种人身侮辱，荆轲不去计较，而是选择了三十六计，走为上计。所以，荆轲不是一个感情用事、使气好胜的人。他性格沉稳，行为理智，这一点倒是像极了忍受胯下之辱的韩信，所谓大丈夫不逞匹夫之勇。

　　后来荆轲来到燕国，渐渐显露本色。荆轲与燕国一个杀狗的和一个善于击筑的音乐人高渐离特别相好。三人每天都在燕国都城的市井中把酒言欢。喝到尽兴的时候，高渐离敲打筑乐，荆轲跟着节拍在闹市中歌唱，看上去高兴极了。但不一会他们又相对哭泣起来，完全进入一种忘乎所以的境地。《史记》写道："相乐也，已而相泣，旁若无人者。"读到这里，我们可能会想到曹操的《短歌行》："对酒当歌，人生几何。"不是一个至情至性的人，不是一个内心激烈、感情丰富，同时又十分寂寞苦闷的人，他是不会看上去喜乐无常而又如入无人之境的。

　　荆轲还与燕国的隐士田光交好，视之为知己。荆轲受燕国太子丹所托去刺秦，正是因为他与田光的知己关系。至于太子丹，他对荆轲的性格和为人并不十分了解。太子丹后来因为荆轲迟迟没出发而怀疑他。然而，《史记》里面讲，荆轲迟迟没出发，是因为他在等一个朋友，和他一起去刺秦。这个朋友，《史记》里没有交代是谁，但一定是荆轲的生死之交，像荆轲一样勇敢，可以在关键时候助荆轲一臂之力。由于太子丹的催促和怀疑，燕国随便配了一位少年杀人犯秦舞阳，让他和荆轲一起赴秦，这最终导致了刺秦任务的失败。

太子丹其实也不了解田光。太子丹能结交田光，是因为太子的老师鞠武的引荐。田光已经很老了，他以精力不济加以拒绝，而向太子丹推荐了荆轲。太子丹出门的时候叮嘱田光千万要对谈话内容保密。于是田光见到荆轲，转告了向太子丹推荐他的事。田光接下来的举动令人震惊。田光说，太子临走前叮嘱我不要泄露国家大事，这是太子丹在怀疑我。他说，"夫为行而使人疑之，非节侠也"。做事让人怀疑，这不是一个有节操的侠士的标准。田光希望荆轲赶快去见太子丹，并说田光已经死了，以证明我田光不会向外泄露秘密。说完，田光"自刎而死"。

田光自杀的直接导火索是太子丹的无心之言，但这也是田光对自己的要求。田光以"节侠"自许，他不许人对自己有半点怀疑。可见古代侠客对信誉、操守、气节异常看重，容不得半点马虎。田光自杀的更重要原因是以死激励荆轲替太子丹谋划关系燕国存亡的大事。《史记》说田光"自杀以激荆卿"。荆轲最后答应太子丹去刺秦，是因为知己田光以死相激。正如陶渊明《咏荆轲》中所写："君子死知己，提剑出燕京。"

荆轲刺秦虽是以身许友，但刺秦行动实属当时燕国的国家行为。燕国利用秦王的喜好，派使者称臣纳降，由刺客荆轲担任使者，把匕首藏在献给秦王的地图中，堂而皇之地进入秦的宫殿，靠近秦王。这中间还碰到了一个难题。秦王想要秦的叛将樊於（wū）期（jī）的人头。问题是，樊於期之前投靠了太子丹，太子丹不忍心杀樊於期。最后还是荆轲直接找到樊於期，向樊於期借头。樊於期为了报仇雪恨，痛快地自杀了。

一切准备妥当，到了出行这一天，燕国太子丹以及荆轲好友高渐离等一行人戴着白衣白帽，来到易水河边，为荆轲送行。这个时候，高渐离击打着乐器筑，荆轲和着拍子歌唱。歌声凄凉哀伤，转而慷慨激昂。"风萧萧兮易水寒，壮士一去兮不复还！"送行的人也随着荆轲的歌声，先而流泪悲泣，转而感情激动，睁大了眼睛，怒发冲冠。于是，荆轲"就车而去，终已不顾"，登车离去，始终没有回头，踏上了刺秦的征途。"终已不顾"这四个字异常凝重，显示这是一条视死如归的不归路，是以一人之力对抗"秦并天下"的豪情与壮志。

秦廷行刺一开始就充满了紧张和惊险。太子丹配给荆轲的助手秦舞阳虽杀人不眨眼，但其实没见过什么大场面，在大殿上进献地图时，已经吓得浑身发抖。荆轲镇定自若，先是回头笑着看了一眼秦舞阳，接着轻描淡写地说，这小子就是一个粗人，没见过天子，所以有点紧张。可以说，荆轲非常机智沉着、冷静勇敢。

秦王打开地图，"图穷而匕首见"，千钧一发之际，荆轲迅猛抓住秦王衣袖，从地图中拿出匕首，用匕首逼迫秦王。其实，这时荆轲要杀死秦王并不难。为什么不呢？因为太子丹此前和荆轲有一个约定——太子丹说刺秦的上策，是"得劫秦王"。劫是劫持的意思，也就是要活着劫持秦王，逼迫秦王退还侵占的诸侯土地。刺秦的下策才是"刺杀之"。原来太子丹天真地希望复制春秋时期曹沫劫持齐桓公的经验。曹沫正是《刺客列传》中的第一位刺客，他是鲁国的将军，与齐国交战，吃了多次败仗，鲁国为此被迫割让土地给齐国。曹沫后来利用一次齐鲁外交盟会，靠近齐桓公，成功地用匕首劫持齐桓公，胁迫齐桓公归还了之前侵占的鲁国土地。太子丹想劫持秦王订盟的想法是迂腐的，因为这时的天下早已不是"尊王攘夷"的春秋时期，已经到了秦吞并六国的战国末年。总之，这是荆轲一开始并没有把匕首直接刺进秦王胸膛的原因。秦王后来缓过神，挣脱了荆轲。荆轲追秦王，秦王绕着大殿内的柱子跑。这时，秦王的侍臣夏无且（jū）用药囊投掷荆轲，秦王有机会拔出长剑反击。荆轲左腿被砍断，不能动弹，仍然"倚柱而笑，箕踞以骂"，临死之前，毫无畏惧之色。

　　荆轲刺杀秦王的确是惊天动地之举。从历史进程来看，荆轲刺秦是逆历史的潮流，但是从反对暴政，尤其从当时六国的自救行为来看，荆轲的行动充满着大义，是正义的。司马迁肯定秦朝统一六国的进步性，同时也肯定六国反抗强秦的勇敢与精神。尤其是荆轲那种明知不可能成功，依然义无反顾、不怕牺牲的反暴精神和英雄豪气。千百年来，无数为国捐躯的仁人志士，都从荆轲的形象上汲取了精神力量。

　　司马迁的确是一位有着远见卓识的史家。他敢于为一群民间英雄——刺客——立传，肯定他们绝不违背自己的良心、敢作敢为的精神，并为他们在历史中留下声名。司马迁说："其立意较然，不欺其志，名垂后世，岂妄也哉！"司马迁不仅善于为历史上各种英雄立像，更懂得从英雄身上提炼、传递历史的精神。这是《史记》散发着永久光辉的原因所在。伟大作品是伟大灵魂的回声。下一节我们看一下司马迁发愤著史所体现的英雄本色。

英雄本色

春秋战国时代是一个英雄辈出的时代，一个豪气的时代。当代学者陈桐生先生说：战国时代是一个刚健奋发、人格力量大发扬的时代。除了司马迁记载的这些英雄，太史公本人也像是这个时代的一分子。他发愤著史并最终完成《史记》，彰显了一种催人奋进的英雄本色。

孔子崇拜

《史记》研究名家韩兆琦先生说，司马迁的《史记》是"先秦士风、先秦优秀士人思想人格的终结者"。司马迁著史的动力正是源自先秦士人，尤其是来自以孔子为代表的一批以道自任的士人的精神气魄。他评价孔子是"至圣"，是一等一的文化大英雄。司马迁非常崇拜孔子，他说他对孔子"高山仰止，景行行止，虽不能至，然心乡（向）往之"。司马迁年轻的时候，读了孔子著作以后，被深深地触动，非常"想见其为人"。民国年间的林语堂讲过一句非常幽默的话，他说读书"像一个男子和他的情人一见倾心一样"，着了魔。司马迁读孔子著作的心情大概就是如此。所以，司马迁跑到孔子故乡曲阜，实地考察，"只回留之不能去"，在曲阜徘徊很久，久久不想离开。

司马迁崇拜孔子，正是在于孔子删述六经的文化伟业，尤其是孔子晚年所作的《春秋》一书。这本书是一本特别简明的春秋编年历史，它通过微言大义、一字一词的褒贬，来达到拨乱反正、匡救现实、匡正政治与社会的目的。司马迁对此尤为崇敬。再进一步理解，司马迁特别崇拜孔子的一个更重要原因，是他决定做历史上第二个孔子，想继承并发扬孔子以道自任的文化使命，撰写一部可以与孔子《春秋》比肩的作品。这部作品就是《史记》。

司马迁在《史记·太史公自序》中说：《史记》是"正《易传》，继《春秋》，本《诗》《书》《礼》《乐》之际"。司马迁不仅以儒家的六经为指导思想来写《史记》，而且《史记》更是从精神上直接接续《春秋》。可见，司马迁把自己看作孔子文化事业的自觉传承者和文化使命的负荷者。《史记》就是司马迁向文化英雄孔子的致敬之作。

父辈梦想

司马迁发愤著史，其实是在精神上接续孔子。从近处说，是要完成他父亲的梦想。司马迁的父亲司马谈是西汉太史令。严格来说，《史记》是由司马迁和他的父亲司马谈两个人共同完成的。近代历史学家顾颉刚指出，《史记》体例就是由司马谈创立的。

司马谈就是一位具有强烈文化使命感的人。《太史公自序》引用过司马谈一段话。大概是说，周公制礼作乐，孔子删述六经，周公与孔子之间的联系是文化上的传承，他们都是中国文化的大英雄。然而，自孔子去世以来，直到汉代初年，已有二三百年，有谁能成为中国文化的传人呢？司马谈在讲这个话的时候，已有着手编写《史记》的计划。司马谈的这番话，实际上表现出了高度的文化使命感。

但司马谈知道仅凭一己之力，不足以完成这项文化伟业。他在临终前，不得不把这个重担托付给司马迁。父子之间这种文化使命的接力和交接非常震撼。《太史公自序》讲，司马谈紧紧握着司马迁的手，哭着对司马迁说：

> 余先周室之太史也。自上世尝显功名于虞夏，典天官事。后世中衰，绝于予乎？汝复为太史，则续吾祖矣……余死，汝必为太史；为太史，无忘吾所欲论著矣。

司马谈说他的先世是周朝太史，希望司马迁能接续这一事业，一定要完成由他起草的《史记》撰作计划。实际上，不论是周室太史，还是汉代的太史令，它的职位并没有想象的那样高大上。史官虽被称作"君举必书"，负责记录国君的一举一动，但实际上只是为君主服务的掌书人员。司马迁在《报任安书》中说："文史星历，近乎卜祝之间，固主上所戏弄，倡优畜之，流俗之所轻也。"史官的身份和负责占卜、巫祝一类的人差不多，都是被皇帝戏弄，当作倡优来畜养的人，所以为世俗所轻贱。其实，司马迁八世祖司马错是战国时期秦国的著名将领，武功赫赫。但是，司马谈在临终前追怀先人，看重的不是这位武功显赫的司马错，而是更早的周室太史的身份。这是为什么呢？因为司马谈已经给史官、给著史赋予了新的生命，那就是史官要担荷文化使命。这一点对于司马迁的影响是很直接的。

《太史公自序》中还有一段话也非常重要。司马迁说：

> 自周公卒五百岁而有孔子。孔子卒后至于今五百岁，有能绍明世，正《易传》，继《春秋》，本《诗》《书》《礼》《乐》之际？意在斯乎！意在斯乎！小子何敢让焉。

司马迁这里讲了两个五百年。周公到孔子五百年，孔子"至于今"又五百年。清代学者钱大昕考证，从孔子去世到司马迁开始著《史记》，实际上不足四百年。所以司马迁这里边的时间表述别有深意。《史记·天官书》有讲，天运"三十岁一小变，百年中变，五百载大变"。因此，《太史公自序》中的这段话实际上是司马迁公开宣示他要肩负周公、孔子以来的文化使命，完成父辈未尽的著史梦想。

青春壮游

有人说，著书立说是名山事业。也有人说，写作是为了永生。如果把著书立说当作一次在大海上的航行，那么使命感可以说是罗盘针，知识储备如同风帆，坚忍毅力就是海上的劲风，三者缺一不可。

司马迁有极强的文化使命感，同时还有丰富的知识储备。司马迁十岁时，就能"诵习古文"。这里的古文，不是我们今天理解的古文概念，而是指春秋战国时期用大篆书写的文献。所以，司马迁有着非常好的古典文献修养。

"读万卷书，行万里路"。二十岁时，司马迁开始有目的地游历大江南北。这次青春壮游对他后来写《史记》非常重要。很多地名的考证，实地的勘测，以及很多逸闻传说的了解，都是在这次游历过程中获得的。

司马迁先是到了江淮一带，到了韩信的老家淮阴。当地人对司马迁说，韩信还是平民的时候，志向已与众不同。韩信母亲死后，家里穷得连棺材都买不起，但韩信却到处访求高敞的坟地，好使日后在坟旁空地安置万户人家。由此可见韩信从小就有当王侯的志向。为此，司马迁亲自跑到韩信母亲的坟上察看，发现的确是这样。

司马迁从江淮去了江西庐山，踏访大禹治水的遗迹，又到了今天浙江绍兴的会稽山，据说大禹曾在会稽山大会诸侯，计算他们贡上来的赋税。会稽山的会稽两字，与今天财务管理的"会计"是一个意思。司马迁还登上会稽山，察看大禹曾经去过的禹穴。

司马迁又从浙江游历到湖南。他跑到今天湖南省南部宁远县的九嶷山，据说圣王舜葬在那里。之后他顺着湘水北下，到了长沙。在长沙，司马迁凭吊了汉代大才子贾谊。贾谊的《过秦论》非常有名，这个人很有才气，可惜怀才不遇，被贬到长沙。贾谊同情屈原的遭遇，写过《吊屈原赋》。司马迁随后又跑到屈原曾经投水的汨罗江察看。

此后司马迁北上到了今天山东省境内。这里是儒家文化的发源地。司马迁在齐鲁大地停留了很长时间，深深地感受到孔孟遗风。在山东，司马迁又到了孟尝君的封地薛，薛地位于今天山东省藤县西南。司马迁到此游历，还受了不少罪。司马迁发现薛这个地方习俗粗野，到处都是脾气暴躁的青年人。于是司马迁在当地做了调查，发现这风气与孟尝君有关系。孟尝君作为战国时期四公子之一，曾广泛招纳各国游侠和亡命之徒到薛地定居落户，总数达六万多家。

司马迁接着南下到了彭城，就是今天山东南部和江苏北部徐州这一带。彭城不仅是西楚霸王项羽的都城，也是汉高祖刘邦君臣的老家。司马迁在这里收集了不少与项羽、刘邦以及汉初将相名臣的资料。

离开彭城，司马迁到了河南开封，这里是战国时期魏国都城。司马迁走访了与信陵君魏无忌相关的历史遗迹。随后司马迁从河南返回关中，结束了青春壮游。很显然，这次遍布大江南北的游历，激发了司马迁的历史兴趣，增强了司马迁的历史感，补益了历史见闻，为司马迁日后撰写《史记》奠定了非常重要的基础。

后来，司马迁出任郎中，又有了出差的机会，到达我们今天的西南地区，这对于司马迁写《西南夷列传》无疑是很有帮助的。这些地方在当时来说是很难去的，如果没有出公差的机会恐怕很难到达。

司马谈去世以后，司马迁出任太史令。司马迁又获得了一个非常好的机会，去阅读"石室金匮"之书。所谓"石室金匮"，类似于我们今天说的国家图书馆。司马迁有机会进入国家图书馆，读到一些非常罕见的文献，有些甚至是孤本。

总之，没有很好的古典文献基础，没有青年时期的壮游，没有丰富的知识储备，司马迁是很难如此出色地完成《史记》的。

发愤著书

著书立说，更要有坚忍毅力。司马迁从父亲那里接手写

《史记》后不久，非常不幸的事情发生了。汉武帝天汉三年（公元前 98 年），富有正义感的司马迁因为同情李陵的遭遇，在汉武帝面前为他说了几句公道话，引起了汉武帝的猜忌。司马迁因此惨遭腐刑，又叫宫刑。这是一次非常严重的打击，一次巨大的身心创伤。很多人在这个时候可能会自暴自弃，一蹶不振。但是太史公没有。因为他有着极强的文化使命，他要完成父亲没有完成的梦想。总之，就像司马迁笔下众多历史人物那样，司马迁选择了忍辱负重，凭借坚忍的毅力发愤著书。

司马迁在《太史公自序》中，同样也在《报任安书》中，以古代先贤各种不幸遭遇来激励自己发愤著书。司马迁讲，商纣王把西伯，也就是后来的周文王，关在羑里这个地方，周文王在狱中将伏羲氏八卦推演为六十四卦；孔子周游列国，在陈、蔡一带没了食粮，差点饿死，开始编纂《春秋》。这里要注意，司马迁的举说并不准确，孔子结束周游列国，返回鲁国后，才开始编纂《春秋》。司马迁又讲，屈原被放逐，写成了《离骚》；左丘明双目失明，写成了《国语》；孙膑因为庞涓妒忌，遭受了断足之辱，于是写出《孙膑兵法》；吕不韦被秦始皇流放到四川，世间开始流传吕不韦编的《吕氏春秋》。同样要注意，吕不韦因迁谪四川自杀了，所以他本人并没有到达四川。司马迁最后讲，韩非子到了秦国，因为同学李斯陷害他，把他囚禁起来，写出《说难》《孤愤》这样的名篇。还是要注意，《说难》《孤愤》这两篇，韩非子到秦国之前就写好了。司马迁一口气举了七个例子，都是古人遭受厄运后写出名篇巨著的事迹。我们刚刚讲了，这里边时间顺序有很多矛盾，有些甚至不符合事实。

但是司马迁的愤懑之情，他对命运的控诉，他的自我激励，他的发愤著书，他的英雄本色，却跃然纸上。

《史记》这部不朽名著，不仅仅是记载了项羽、孔子、荆轲这些英雄人物的事迹，同时也是这些伟大人格的悲壮挽歌。而它的作者司马迁本人同样具有英雄本色，英雄写英雄，悲壮可敬。

吴兆丰

《文心雕龙》与博雅

导　语

　　《文心雕龙》是一部中国古代文学理论批评的巨著。在几千年中国文学理论批评史上，它是空前的；迄今为止，它也是绝后的。刘勰在《文心雕龙》中所提出并充分阐释的"博雅"观念，对于今天大学教育的建设，对于提高全民族的文化素养，有着非常重要的意义。

　　我会用六节来阐述"《文心雕龙》与博雅"。希望我们能真切地感受到刘勰的博雅、《文心雕龙》的博雅和中国传统文化的博雅。

　　第一节"青春刘勰"，从自己研习《文心雕龙》的亲身经历切入，讲述刘勰对于当代博雅教育的意义，对于中国乃至对于世界的意义。第二节"博雅君子"，重点介绍刘勰、《文心雕龙》，以及"博雅"这个关键词。第三节"等观三界"，分析《文心雕龙》的儒、道、释思想，以见刘勰文化思想之博雅，以及刘勰处理当时外来佛教和主流思想文化冲突的大智慧。第四节"体兼四部"，讲《文心雕龙》的体统、体系和体类、体式是如何兼备经、史、子、集之特征的，以见刘勰的兼性思维和兼性智慧。第五节"知音雅鉴"，分析《文心雕龙》的《知音》篇，以见刘勰文学鉴赏理论之博雅。第六节"弥纶群言"，鉴赏《文心雕龙》的《神思》篇，以见刘勰文学创作理论之博雅。

概括说，《文心雕龙》的作者刘勰是博雅君子，他的《文心雕龙》是一部博雅之著。

于是，问题出来了：为什么说刘勰是博雅君子，《文心雕龙》是博雅之著？《文心雕龙》这部书到底有哪些博雅的观念和方法？这部公元 6 世纪的经典，对于 21 世纪的通识教育，到底有什么价值和意义？

青春刘勰

刘勰撰写《文心雕龙》的时候，还是一位青年；我初读《文心雕龙》的时候，也是一位青年。从时间上讲，我与刘勰相隔一千五百多年；从心理空间上讲，我与刘勰已经是"相识"四十多年的老朋友了。

《文心雕龙》的《知音》篇有这样一句话："世远莫见其面，觇文辄见其心。"意思是说，年代相隔很久的人不能够见面，但读他的文章则能见其文心并成为他的知音。我们虽不能见到刘勰，但我们读《文心雕龙》，可以知道他的为文用心，知道他的博通雅致，知道他的伟大和不朽！

《文心雕龙》这部书完成于公元 5、6 世纪之交。这个时期，在西方是中世纪，古希腊、古罗马文明早已结束，而文艺复兴还要耐心地等待将近一千年才能到来。这个时候，在中国是文学发展史的低谷：以"三曹""七子"还有陶渊明、谢灵运为代表的魏晋文学已经过去，而唐宋文学尚未到来。幸亏有了《文心雕龙》，公元 6 世纪才有了一点亮色！

其实，相比于现代的年轻人来说，我接触《文心雕龙》时已经很晚了。

因为"文化大革命"，我二十三岁才上大学。念大一时请教文艺学老师，说自己对文学理论很有兴趣，请他开一个书目，古今中外都要。没想到老师只开了一本书：范文澜的《文心雕龙注》。

那是 20 世纪 70 年代的最后一个夏天，我在没有电扇的宿舍里挥汗如雨地读刘勰。我惊讶地发现：《文心雕龙》这部文学理论的书，里面没有文学理论，没有我们当时正在学习的诸如现实主义和浪漫主义、典型形象和典型人物之类的文学理论。《文心雕龙》有文采，有俪辞，有秀句、隐喻、排比和起兴，有一个大学生所向往、所需要的"博雅"。我开始背诵其中的一些篇章，并将刘勰的博雅自觉地应用于各种文类的书写实践。逢年过节给亲朋好友寄明信片，不再写"节日愉快"，而是改为"献岁发春，悦豫之情畅"；春游或秋游后写游记，忘不了来一句"登山则情满于山，观海则意溢于海"；冬天躲在被窝里给女同学写情书，先感叹"知音其难哉"，后约定"清风与明月同夜"或者"白日与春林共朝哉"……教大学写作的老师常常在课堂上读我的作文，说是有"骈偶之美"。因此，刘勰可以说是我大学时代的写作老师、博雅导师。

《文心雕龙》的《杂文》篇有这样一段话："智术之子，博雅之人，藻溢于辞，辞盈乎气。"博雅之人写出的文章，辞藻丰赡，才气横溢。这是讲文学家的博雅。文学创作要写到各种人、事、情感、景物，因此，文学家需要博雅，而文学理论家就更需要博雅，因为理论家除了要懂得生活中的人、事、情、景，懂得文学中的诗词歌赋，还要兼通古今中外、经史子集，用刘勰的话说，就是"弥纶群言"。"弥纶"就是综合和概括，也是系统化和条理化；"群言"就是从古到今所有的文章、所有的作品。没有博雅之才，如何能够"弥纶群言"呢？

那么，什么是"博雅"？博者，大通；雅者，典正。博，就是博通、广博、渊博。雅的含义稍微复杂一些：一是与"低俗"相对而言的"雅正"，也就是我们常说的"高雅"；二是指超越了时间或空间之局限的"雅化"。比如，十三经之《尔雅》，这是一部辞书，一部同义词词典，用雅正之言来解释古代语词和方言词。尔是近的意思，写成"迩"，雅是雅言，书名合起来就是接近雅言之意。

雅言，就是在语音、词汇和语法等方面都合乎规范、合乎标准的语言文字。用雅正之词解释古语词和方言词，使之近于规范，这就是"尔雅"，或者说是语言的"雅化"。分开来说，一是用当代的规范语来解释古代汉语，这是对时间的跨越，相当于我们今天用现代汉语来翻译古代汉语；二是用普通话解释方言，这是对空间的跨越，相当于我们用普通话来翻译粤语、闽南语等方言，目的是使语言更加规范，使语言雅化。

20 世纪 80 年代，对求职者的学历要求还没有现在这么高，当时我大学本科毕业后就开始给本科生上课，但我并不胆怯，因为有《文心雕龙》。我在大学里开《文心雕龙》导读课，和学生一起朗读、背诵《文心雕龙》，还辅导学生用骈体文书写文学理论和文学批评的小文章。学期结束时，我将学生的习作打印成册，命名为青春版《文心雕龙》。刘勰当年撰写《文心雕龙》时，是"齿在逾立"，三十刚出头，可谓青春的文心；一千多年后，我在大学讲授《文心雕龙》，也是"齿在逾立"，将刘勰的文心融入当代大学生的青春之思与青春之诗里。

刘勰生活的时代离我们已有一千五百多年，千年文心，青春永驻。我们今天重读《文心雕龙》，最为关键的是要激活《文心雕龙》的当代之用。刘勰的时代与我们今天有着相似的一面：外来文化强势进入本土，在刘勰，是佛教；在今天，是西学。刘勰的第一份工作是在寺庙打工，给南朝高僧僧祐做助手。在佛学极盛的南朝，刘勰却笃信儒学，以追随儒家圣人、弘扬儒家文化为人生理想和现实追求，这是青年刘勰文化思想的高远之处。而刘勰同时也研习佛经和老庄，将儒、释、道三家思想融通于他的《文心雕龙》，这更是青年刘勰文化思想的博雅之长。

20 世纪 80 年代末，我有幸师从著名龙学家杨明照教授研习《文心雕龙》。我在杨先生指导下精读《文心雕龙》，精析刘勰的为文之用心。一部近四万字的《文心雕龙》，我最喜爱末尾的两句："文果载心，余心有寄。"刘勰自己对《文心雕龙》书名的解释是："夫文心者，言为文之用心也。"什么是刘勰的"为文之用心"？在那个佛教大盛的时代，刘勰忧虑的是本土传统的丢失，是文坛的"繁华损枝，膏腴害骨"。刘勰要用先秦经典的情深义直、风清体约，来疗救宋齐文风的瘠义肥辞、讹滥浅俗。刘勰不仅有忧患意识，更有使命感。任何时代的文学理论研究，都需要回应当下的现实问题，都需要为解决这些问题提供思路和方略。刘勰努力了，他也做到了。

20世纪90年代，中国文论界弥漫着一股"失语"的焦虑。"失语"是一个医学术语，意思是本来会说话，后来不会说话了。用"失语"形容文学理论，是说中国当代的文学理论家和批评家离开了西方文论的术语、概念、范畴和命题就不会说话了。就中西文化的碰撞而言，我们这个时代与刘勰的时代有某些相似之处：外来的文化，在刘勰的时代是印度佛教，在我们今天是欧美文化。刘勰"家贫不婚娶"，需要到寺庙里面去解决温饱、读书、就业这些基本问题。年轻的刘勰在佛教文化之中浸泡、熏染了十多年，他不仅精通佛学，他的思维方式和理论建构方式基本上就是佛学的。刘勰又是一位文学理论家，他研究的是中国本土的文学理论。

按照今天一些理论家的逻辑，刘勰是一定要失语的，刘勰离开了印度佛教的话语是不会说话的。然而，《文心雕龙》何曾失语？刘勰使用的都是纯粹的中国文论话语。但是，《文心雕龙》又的确有"佛"：不是佛学的经论或术语，而是佛学的系统思维和分析方法。可见，外来文化的影响并不必然导致本土的"失语"，如果能够像刘勰那样处理外来佛教与本土传统的关系，使外来文化和本土传统文化相交通，中西融会，则文论的言说不仅是中国的，更是世界的。

"通识教育"又称"博雅教育"，而刘勰是真正意义上的"博雅君子"，《文心雕龙》是真正意义上的"博雅经典"。刘勰和他的《文心雕龙》的"博雅"，概言之是"博通雅正"，细绎之又可表述为：一道兼通，两端兼和，三教兼宗，四部兼备。

《文心雕龙》五十篇以"原道"开篇。刘勰体大精深的文学理论从"原道"出发，这个"道"既是时空，也就是作为宇宙之源的"太极"，又是逻辑，也就是作为理论之元的"神理"。太极生两仪，狭义的"两仪"当然是天与地或者是阴与阳，而广义的"两仪"或可指称所有相生相济、相立相悖的概念、范畴和命题。刘勰的文学理论和批评，一个最基本的方法就是"擘肌分理，唯务折衷"，也就是"两端兼和"。就思想文化而言，刘勰是儒、道、释三教兼宗；就文本形态或话语方式而言，《文心雕龙》是一个典型的兼性文本，经、史、子、集四部兼备。博雅教育是世界性的，无问东西；但博雅教育在中国有自己的特色和亮点，这就是中国文化的兼性智慧。而《文心雕龙》从理论体系到学术方法，从思维方式到文体特征，无一不体现出中国文化的兼性智慧。

2020 年的深秋，我有一次会议发言，题目是《创生青春版〈文心雕龙〉》。何为"青春版"？青春的文心、青春的文体！青年刘勰对青春文心的唯美言说，正是我们这个时代所匮乏的。刘勰当年写《文心雕龙》，是要回应他那个时代的文学和文学理论问题，我们今天学习和研究《文心雕龙》，同样需要回应我们这个时代的文学和文学理论问题。刘勰的时代问题是什么？外来佛学与本土文化冲突、古今冲突以及南朝文学的浮华和讹滥。青年刘勰内化外来佛学以建构本土文论之体系，归本、体要以救治风末气衰之时弊。我们的时代问题是什么？东西方文化及文论冲突中的心理焦虑、古今文化及文论冲突中的立场摇摆以及文学理论和批评书写的格式化。而青年刘勰在 5 世纪末中国文坛的诗性言说，对于救治 21 世纪中国文论之时弊，有着非常重要的意义。

《文心雕龙》毕竟是一千五百多年前的文本，如何能使它活在当下文坛，活在 21 世纪的青春校园，活在全球化时代广大读者的精神生活之中？这些是值得认真思考的问题。

博雅君子

孟子讲，读古人的书，就是与古人交朋友。与古人交朋友，就要知人论世。读其书，首先要知其人、知其世。刘勰是什么样的人？他所生活的时代是什么样的时代？《文心雕龙》是什么样的书？这些是我们首先要弄清楚的。

刘勰，字彦和，我们知道古人的名与字是互文见义的，是可以互相解释的，勰有协调或谐和之义，勰者，俊彦之士，思想和谐是也。刘勰是才子，否则写不出《文心雕龙》这么漂亮的著作。刘勰的思想方法是和谐的，是中庸的。

《文心雕龙》提出一种非常重要的研究方法："擘肌分理，唯务折衷"。这种方法来源于孔子的中庸："中庸之为德也，其至矣乎，民鲜久矣。"中庸作为一种道德，它是最高的、至高无上的，老百姓缺少它已经很长时间了。宋代的理学家对中庸的解释就是"不偏不倚，无过无不及"，作为一种人格的高标，人格的典范。中庸人格多半有一种理想的色彩，一个真实的人其实很难做到不偏不倚、无过无不及。刘勰把中庸这样一个儒家的理想人格，创造性地转化成了一种文学理论和文学批评的方法。

刘勰说，自己在研究文学理论、文学批评的时候，常常面临着两种情况，一种是自己和古人的说法是一样的，不是说要雷同一响，是自己不能和古人相异；另一种情况是，自己和古人的说法不一样，不是故意要标新立异，是自己不得不和古人相异。刘勰认为，同或者异，跟古今没有关系，自己要做的事，就是以不偏不倚、公允中正为务，擘肌分理，唯务折衷。

这样讲还是很空，我举一个例子。《文心雕龙》有《物色》篇，专门讨论创作主体与创作客体的关系，也就是心物关系。关于心物关系，在刘勰之前有两家针锋相对的观点，一家是儒家的《诗大序》和《礼记·乐记》，讲物感心动，我把它称作物感说，外物感召，然后创作主体心动；而道家的庄子，是凭心造物，庄子爱做梦，梦中没有外物的感召，他梦见自己变成了蝴蝶，蝴蝶是庄子心造出来的，我把它称作心造说。物感说和心造说是针锋相对的，都是把心物置于一个简单的因果链之中，刘勰将他之前的两种心物观做了一种折衷，扬弃各自的弊端，在一个新的层面，达到一种新的综合、新的融通，从而建立了一个新的命题，叫"心物赠答"：心与物就像两个关系密切的好朋友，你今天过生日我给你送点礼，明天我过生日你又给我回赠一点礼，是一种很平等的关系，它是一种互动的关系，不是谁决定谁的，所以心物赠答就是折衷法的一个结果。

《文心雕龙》的篇名，很多都是把两个相对立的概念放在一起，像情与采、通与变、隐与秀，等等，都是把两个相互对立的关键词放到一起，然后做一个辩证的折衷，达到新的统一，这是刘勰的折衷法。折衷法还与《文心雕龙》的文体有关，因为它是用骈体写成的。骈是二马相并，两匹马并驾齐驱，骈句实际上就是我们中国古代的对句艺术，说了上句，就一定要有下句，上下句是相互对称的，对偶的，所以你不得不折衷，你不得不对偶，这个与他选择的文体也有关系。

刘勰为什么要用文心做书名？他的回答是："心哉美矣，故用之焉。"心这个字是很美的啊，所以我用心做书名。心这个字为什么美，古人认为人是用心来思考的，孟子说，"心之官则思"，心是展现思想和情感的器官。你看，凡是表达思想和情感的汉字，大多是竖心旁或者心字底，其实这是一个解剖学的误会，这个误会直到明代才解除。明代医圣李时珍说"脑为元神之府"，主宰人的思想和情感的，不是心而是大脑，但大家已经习惯了，改不过来了。

何为文心？为文之用心。用心又有两层含义，一是用心之所在，二是心之如何用。前者是思想，后者是方法。《文心雕龙》，无论是思想还是方法，都是博雅的。

思想之博雅，我们放到第三节"等观三界"和第四节"体兼四部"去讲；方法之博雅，我们放到第五节"知音雅鉴"和

第六节"弥纶群言"去讲。

我们先看《文心雕龙》这部书，以及这部书在中国文化史上的重要地位。

《文心雕龙》一共五十篇，前五篇是总论，叫作"文之枢纽"。第六篇到第二十五篇整整二十篇，是文体论，叫作"论文叙笔"，有韵者文，无韵者笔，文与笔是两大类文体。文，大致相当于我们今天说的文学；笔，指文学之外的文体，如哲学、史学、政治学，甚至包括一些应用性很强的公文。第二十六篇到第四十六篇是创作论，我选了《神思》篇；第四十七篇到第四十九篇是鉴赏批评论，我选了《知音》篇；最后一篇是序志，此篇文章我也选了。一看，你们就会发现此书拥有非常清楚的系统和结构，体大思精，一丝不乱。

刘勰的《文心雕龙》，写于公元5、6世纪之交，至今已有一千五百多年，千年文心，名扬海外，鲁迅先生对《文心雕龙》有很高的评价："东则有刘彦和之《文心》，西则有亚里士多德之《诗学》，解析神质，包举洪纤，开源发流，为世楷式。"亚里士多德是古希腊哲学家，又被称为西方文论之父，他撰写的诗学是西方文论的奠基之作。

鲁迅拿西方的亚里士多德与东方的刘勰相比较，可见刘勰的地位之高。刘勰的《文心雕龙》，毫无疑问是中国文论空前绝后的经典，而且是美文，这一点尤其具有现实意义，因为你们熟读《文心雕龙》，就会写出美文。《文心雕龙》的《物色》篇，还写了大自然一年四季的美景丽色，写得非常美，大家可以背下来，用处很大。比如，初夏，"滔滔孟夏，郁陶之心凝"；中秋，"天高气清，阴沈（沉）之志远"；下雪了，"霰雪无垠，矜肃之虑深。岁有其物，物有其容，情以物迁，辞以情发"。因此，建议多背几篇《文心雕龙》，美文在胸，自然会写出美文。

等观三界

等观三界是一个佛教用语，意思是平等地观照三个世界，或者说平等地看待三个世界。哪三个世界呀？佛教的三界是：欲界，色界，无色界。这里借用佛教的说法，指儒的世界、道的世界和佛的世界。事实上，刘勰就生活在这三个世界之中，三个世界共同构成了刘勰的博雅世界，三家思想共同整合成刘勰的思想之博雅、方法之博雅。刘勰的思想之博雅表现为：青春梦孔，序志言庄，定林悟佛，依次代表着刘勰的儒家思想、道家思想和佛家思想。

先看儒家思想。《文心雕龙》共有五十篇，最后一篇是《序志》篇。刘勰在《序志》篇里面记录了他的两个梦，一是七龄之梦，二是逾立之梦。我们先看他的七龄之梦，"予生七龄，乃梦彩云若锦，则攀而采之"，我七岁那一年啊，梦见天上的云彩如锦绣一般，我攀登上去采摘。这是一个儿童对前程似锦的憧憬，什么前程，还不清楚，于是需要第二个梦，逾立之梦。

子曰："三十而立。"刘勰刚刚过三十岁，"齿在逾立，则尝夜梦执丹漆之礼器，随仲尼而南行"，刚过三十岁的刘勰，梦见他自己拿着红颜色的礼器，跟着孔子向南走。第二天醒来，他非常激动，太伟大了，圣人是很难见到的啊，居然托梦给我这样一个小人物！刘勰的话非常真实。梦见孔子是许多文人所盼。我三十岁那一年曾经两次去山东的曲阜，而且特地住在孔府周围的一个宾馆里面，可是我两次都没有梦见孔子，非常沮丧，所以我这一辈子啊，写不出《文心雕龙》，也成不了刘勰。

刘勰的逾立之梦非常明确地告诉我们，他的精神导师是孔子，他的人生理想是追随孔子，践行儒家文化。关于儒家文化与文学的关系，刘勰有两个非常好的比喻。第一个比喻，他说整个中国的文化就像一棵参天大树，儒家文化是这棵树的根和主干，而文学是这个主干上长出来的枝叶、开出来的鲜花、结出来的果实。儒家文化与文学的关系是一个本末的关系。第二个比喻，刘勰说，他那个时代的文学——就是南朝的宋齐文学，有严重的疾病。什么病呢？过度繁荣，树上的花朵开太多了，果实太重，把树都要压垮了。

刘勰从先秦的典籍里面找到了治疗时代文学病症的良药。所以，刘勰的文学思想，是要宗经，是要征圣，是要原道，原儒家之道，用儒家的经典来疗救他那个时代的文学。毫无疑问，刘勰文学思想的底色，主流是儒家思想，所以，刘勰是很有使命感的。前面有一篇是《〈史记〉与英雄》，讲到司马迁的文化使命感。年轻的刘勰与当年的司马迁一样，都是很有儒家文化的使命感的。

如果刘勰仅仅有儒家思想，或者说刘勰是一位纯儒，那么他就不博雅了。刘勰不仅仅有儒家思想。我们来看《序志》篇的"赞"，也就是这一篇的最后一段："赞曰：生也有涯，无涯惟智。逐物实难，凭性良易。傲岸泉石，咀嚼文义。文果载心，余心有寄。"赞曰的前两句是一个典故，语出《庄子》，大家很熟悉，中学课本里就有："吾生也有涯，而知也无涯，以有涯随无涯，殆已。"我的生命是有限的，知识是无限的，我要是用有限的生命去追逐无限的知识，那是很危险的啊。赞的三四两句，"逐物实难，凭性良易"，追逐外物包括追逐知识，实在是太困难了，但是我们顺遂自己的天性，顺其自然，事情就变得容易了。武汉大学的人文通识课也讲庄子，庄子是对应逍遥的，所以刘勰主张要顺其自然，这样就可以化难为易，就可以逍遥游。"傲岸泉石"，傲岸，是道家人格的祈向，是道家思想的人格呈现，泉石，是道家的生存环境，你看中国画，只要是把人物放在清泉怪石之间，这个人物的人格大体上是道家人格，从序志的赞里面也可以明显地看到，刘勰是有道家思想的。

再来看《文心雕龙》的《神思》篇，它是讲创作的构思和想象的。神思、想象、灵感都是动的状态，可是刘勰在谈神思之动的时候，非常强调虚静。"陶钧文思，贵在虚静"，虚静是一个典型的道家文化和文论的关键词，从老子到庄子都是讲虚静的，要求主体通过一种修炼，到达内心的虚空与宁静。道家的虚静是直通博雅的。试想一下，如果你的内心塞满了乱麻，耳畔回响着各种各样的杂音或噪音，你还能够博，还能够雅吗？要成为一个博雅之人，首先要使自己变得虚静，所以虚静观在某种意义上和博雅观是等同的。

刘勰不仅在创作论的《神思》篇里谈虚静，他在《原道》篇里面，在给文学下定义的时候，他的思想也是以道家为主的。

关于什么是文学，刘勰说："心生而言立，言立而文明，自然之道也。"人诞生了就有了语言，语言创立了就有了文学，这是一个很自然的过程，这件事情的本质、过程、结果，就是自然，就是自然之道。所以说刘勰是用道家的自然之道做文学的本体之论。

刘勰在谈到文学风格的时候，也是推崇那种自然而然的、如行云流水的风格，所以刘勰的文学本体论、刘勰的文学构思论，还有刘勰的文学风格论，都是有道家自然内涵的。

我们说刘勰有儒家思想也有道家思想，这一点在学术界是没有争议的，但如果说刘勰也有佛家思想，这就有争议了。我是主张有的。理由有三条。

第一，刘勰的一生，可以说是始于寺庙，又终于寺庙，这个始是开始的始，大家都记得唐代诗人杜牧的两句诗，"南朝四百八十寺，多少楼台烟雨中"，描写南朝佛教的盛况。其实，南朝的寺庙绝不止四百八十座，据汤用彤先生的中国佛教史研究，光是南朝的首都建康，就是今天的南京，就有七百多座寺庙，那全国肯定有成千上万座寺庙，刘勰就是生活在这样一个佛学很盛的时代。

刘勰年轻的时候，就是他做逾立之梦的时候，实际上是在南京的上定林寺，拜南朝的高僧僧祐为师，在僧祐那里学佛，帮他抄写目录，整理佛典，也撰写一些佛学的论文，所以《梁书·刘勰传》说他"为文长于佛理"。他的一生，差不多有三分之一的时间都是在寺庙里面度过的。

他退休之后，又重返寺庙，因为他的老师去世了，梁武帝让他回上定林寺，整理他老师的遗稿。最后，刘勰就在上定林寺的暮鼓晨钟之中，悄然逝去。你说一个人在寺庙里面住过这么长的时间，能没有佛教思想吗？

第二，刘勰的生活方式也与佛教相关。《梁书·刘勰传》说刘勰"家贫不婚娶"，我们知道，古汉语是没有标点的，后人根据自己的理解来断句，来句读。著名的龙学大师杨明照教授，他认为这一句怎么标点呢？家贫。不婚娶。这是两件没有关联的事，并不构成因果关系。杨先生很幽默地说，穷就不娶媳妇了，高不成低可就吧，我很穷，我就娶一个穷人家的媳妇呗，刘勰不婚娶不是因为穷，杨先生找来了大量的资料证明这一点。刘勰不婚娶，和他的老师不结婚有很大的关系。僧祐终生未娶，笃志信佛，老师不结婚，学生也不结婚，所以这里面实际上有佛学的因素。

第三，也是最重要的，刘勰的《文心雕龙》虽然没有多少佛学的话语，但是，我认为篇篇有佛。《文心雕龙》是一本很奇怪的书，是中国文学批评史的另类。中国文学批评史上大量的文本都是灵感式的、散金碎银的，像诗话、词话、曲话、小说评点等，它们是不成体系的，唯有一部《文心雕龙》，体大思精，有非常完整的体系和非常严密的逻辑。

这里面原因有很多，我认为，一个重要的原因，是印度佛教的影响。我们知道，中国的佛教实际上是非常随意、非常感性的，可是印度佛教是很严整的，关于这个世界的构成，此岸、彼岸；关于人生的三个阶段，前世、现世、来世；关于原始佛学体系的四个要素，苦、集、灭、道，等等，诸如此类，都可以精确到用数字来表达，明晰到用几何图形来再现，这样一种严整的、缜密的印度佛教的思维方式，对年轻的刘勰肯定是有潜移默化的影响的。所以，刘勰的《文心雕龙》的体系性是受佛教影响的。还有，刘勰喜欢用"圆"这个字，"圆通""圆照""圆览"……"圆"，是佛教常用的一个词，从中也可以看到佛教的影响。一个人的思想当中，儒、道、佛都有，这不是博雅又是什么？

体兼四部

在《文心雕龙》的诸多关键词之中，有一个词长期以来为龙学界所忽略：兼。用今天的话说，"兼"在《文心雕龙》之中是一个热词：《文心雕龙》五十篇，语涉"兼"字的就有二十一篇，二十一篇中"兼"的用法又分两种：一种是用"兼"组词，比如"兼包""兼存""兼气""兼累""兼通""兼善""兼雅""兼解""兼载""兼总""兼赞"，等等，一共有十三次；另一种是用"兼"作动词，比如"事兼变正""义兼美恶""铭兼褒赞""术兼名法""用兼表奏""讽兼比兴""理兼诗书"，等等，一共有十二次。

从学理上考察，"兼"既是《文心雕龙》的关键词，"兼性智慧"更是《文心雕龙》的根本特征之所在。《文心雕龙》的兼性智慧具体表现在四个层面：一是主体身份之兼性，二是思维方式之兼性，三是话语行为之兼性，四是文体类型之兼性。四者之间又有着内在的逻辑关联：兼性主体具备兼性思维，兼性思维创制兼性话语，兼性话语生成兼性体式。兼性智慧既是刘勰文论的内在理路，更是中国文论的文化基因。我们今天研究《文心雕龙》的兼性智慧，不仅能为龙学研究开辟新的路径，而且能为当下的文学理论和文学批评提供从主体到思维，从话语到文体的文化启迪。

在学术研究中，研究主体的思维方式和话语模式，往往会影响到作者在撰写理论著作时，选择用什么文体来展开自己的理论。刘勰作为一个等观三界的兼性主体，具有融通两端的兼性思维和骈行一道的兼性话语，所以《文心雕龙》才能"弥纶群言""体兼四部"。刘勰的《文心雕龙》是一个典型的兼性文本：《文心雕龙》最早著录于《隋书·经籍志》集部的总集类，后来被《四库全书总目》收录在集部的诗文评类。纵览从公元7世纪至公元18世纪的历史，《文心雕龙》自始至终都隶属在"集部"。

《文心雕龙》到底是一部什么书，历来是有争议的。要回答这个问题，先要明晰刘勰是一个什么人。上一节我们已了解到，刘勰是等观三界之人，是儒道释兼宗之人。而学者身份的刘勰，还是一个"学通四部"之人。其实，刘勰的《文心雕龙》兼备四部之体式，兼有经、史、子、集之特征。

我们下面来分别叙述。

第一，于经部立天下之公理。

《文心雕龙》开篇就讲："文之为德也大矣，与天地并生者何哉？"与天地并生的"文德"之力从何而来？来自儒家经典的"泰山遍雨，河润千里"。经学一直以来被中国传统学术视为纲纪，奉为圭臬。在千年的历史中，经学的流变又以汉学和宋学为统系。据《四库全书总目》记载："要其归宿，则不过汉学、宋学两家，互为胜负。夫汉学具有根柢，讲学者以浅陋轻之，不足服汉儒也。宋学具有精微，读书者以空疏薄之，亦不足服宋儒也。"面对执于一端而缺乏兼性思维的"汉宋之争"，《四库全书总目》"经部总叙"提出："消融门户之见，而各取所长，则私心祛而公理出，公理出而经义明矣。盖经者非他，即天下之公理而已。"可见真正的经学要"消融门户之见"，讲"天下之公理"，要有融通两端的兼性思维包孕其中。而刘勰反复强调的"唯务折衷"与之有异曲同工的相似之处，"唯务折衷"也成为刘勰的一种经学路径。

《文心雕龙》中折射出的经学路径除"唯务折衷"外，还有"字以通词，词以通道"。清代经学家戴震在《与是仲明论学书》中提出："经之至者，道也，所以明道者，词也，所以成词者，字也。由字以通其词，由词以通其道，必有渐。"其中，"由字以通其词，由词以通其道"，也就是从"小学"即文字学出发，延伸至"经学阐释学"，最终落脚点在诠释中国文论之关键词。刘勰在《文心雕龙》中同样关注"字""词""道"三者间的关系，提出要"释名以章义"，并在此基础上衍生出"征圣立言"的目标。"征圣立言"兼有"辞尚体要"和"依经立义"两端。"辞尚体要"出自《尚书》，其中的"体"在刘勰那里又可以指"经"，刘勰在追求"辞尚体要"的同时还要求"依经立义"。刘勰既讲"若征圣立言，则文其庶矣"，又强调"文能宗经，体有六义"。而《征圣》篇反复强调"征圣"，则是为了"文"，为了达到"征之周孔，则文有师矣"这一经学的终极目标。

第二，于史部识前车之辙痕。

刘勰有很自觉的史学意识，他在《文心雕龙·明诗》篇中强调要"铺观列代，而情变之数可监，撮举同异，而纲领之要可明矣"。从《明诗》篇开始的二十篇文体论，每一篇都是一部分体文学史，《明诗》篇是一部诗史，《乐府》篇是一部乐府史，《诠赋》篇是一部赋史，等等。当这二十篇合为一体，我们可以把它当作一部文学史看。其实，在刘勰的《文心雕龙》中，《时序》篇也可以单独视作是一部短小精悍的文学史。历代文学十代九变，正所谓"文变染乎世情，废兴系乎时序"。要而言之，刘勰的《文心雕龙》从作家作品的评价，到分体文学史的演绎，再到理论体系的建构，都是以"原始以表末"为准则和向度的。所谓"原始以表末"是刘勰在《序志》篇中提出的文学批评的四项基本原则之一，和刘勰反复强调的"振叶以寻根，观澜而索源"异曲同工。因此，刘勰的史学路径又可概括为"振叶寻根，观澜索源"。

刘勰在追求"振叶寻根，观澜索源"的同时，还追求"望今制奇，参古定法"。在刘勰眼中，"智术之子，博雅之人，藻溢于辞，辞盈乎气"，他要求自己以"博雅"自律，博采众说。兼有"他山之石可以为错"的觑盼与本土之玉"如琢如磨"的执着。刘勰意图在时空的层面兼通古今，其史学体式的目标是"望今制奇，参古定法"。他既希冀自己可以凭借虔敬的心境拥抱过去，做到"参古定法"，又能够以包容的心态拥抱未来，达至"望今制奇"。

第三，于子部拓文化之视野。

刘勰作为等观三界的兼性主体，有着能融通儒、道、释的子学胸襟与视野，因此，《文心雕龙》的子学特征非常明显。《四库全书总目》"子部总叙"说："自六经以外，立说者皆子书也。"子学创生于先秦时期诸子间的百家争鸣，一时间百家林立，各家各派相互争鸣。从墨家对儒家的"非乐非命"，到法家对道家的"解老喻老"，再到儒家内部的"问孔刺孟"，均呈现出子学"博明万事为子"的特征。在刘勰"原始以表末，释名以章义，选文以定篇，敷理以举统"的四项基本原则中，"敷理以举统"是重中之重，而且与刘勰在《文心雕龙·序志》篇强调的"夫铨序一文为易，弥纶群言为难"如出一辙。"弥纶"是指像纺织一样，把不同的丝线捆绑在一起，比喻把不同的文章、前人的批评等"包举"起来进行综合分析，"弥纶群言"既是《文心雕龙》体大思精的重要原因，也是刘勰整体性思维方式的集中体现。刘勰融通百家之义，自立一家之言，在继承先秦诸子见仁见智、立言立说之方的基础上，生发出"博明万事为子，适辨一理为论"的子学路径。

在《文心雕龙》之前，"铨序一文"的文论颇为多见。它们或大而化之地探讨文人与文学，如曹丕的《典论·论文》，或中规中矩地推敲文学创作，如陆机的《文赋》，很少有对文学思想和文学创作的总体性概述。刘勰深知前代文论之流弊，选择放弃"铨序一文"之易而担负"弥纶群言"之难，以更加雄阔的视野和兼性的智慧怀抱宇宙。刘勰力求集众说之精华，纳百川于大海，追求"入道见志"与"智周宇宙"的子学目标。

第四，于集部养审美之情性。

《四库全书总目》中"经史子集"四者之间的关系不是并列的，经学是根源和本体，史、子、集是衍生、羽翼。记录个体阅读经验的集部，常常会被嵌入由经、史、子共同筑起的三维坐标体系之中。例如，《诗经》作为中国古代最早的一部诗歌总集兼为"五经"之一；《杜工部集》作为唐代诗人杜甫的诗文别集兼有"诗史"的性质；《诸葛氏集》作为诸葛孔明的文章别集兼具"子书"的味道。因而，由于集部的特殊性质，刘勰首先要采用"辨体明性，选文定篇"的集部路径，辨体方能明性，选文以定佳篇。于淘沙汰滓中别裁真伪，要在辨识古代文论之外在体貌的同时，辨明古代文论的内在性质。

遍览《文心雕龙》，细绎刘勰"为文之用心"，近四万字中最末两句是最为紧要之言。"文果载心，余心有寄"八个字，既是刘勰的精神寄托，又是刘勰的灵魂栖居，更是集部之目标。刘勰生活的时代是印度佛教炽盛的时代，是"竞今疏古，风味气衰""繁华损枝，膏腴害骨"的时代。在刘勰看来，"世远莫见其面，觇文辄见其心"，他忧患本土文化的散失与遗落，心系他那个时代文坛的疗救与匡扶。刘勰要用儒家经典的药方，治疗他那个时代的文化和文学的疾病。这也是他"文果载心，余心有寄"的真实意图之所在。其实，刘勰的栖息之处，既非佛门，亦非庙堂，而是在"神与物游"之中和"心物赠答"之际。

《文心雕龙》是中国文论诸多典籍中最为典型的兼性文本，

这源于《文心雕龙》的兼性智慧。《文心雕龙》的兼性智慧，深深植根于"经史子集"四部的知识学体系，其学理依据内置于兼性主体、兼性思维和兼性话语的逻辑互联，即等观三界的兼性主体、融通两端的兼性思维和骈行一道的兼性话语。

　　总结起来说，《文心雕龙》的兼性智慧，最终坐实为"体兼四部"的兼性体式。而《文心雕龙》的"体兼四部"，又依次呈现为：第一，"字以通词，词以通道"的经学路径和"征之周孔，则文有师矣"的经学目标；第二，"振叶寻根，观澜索源"的史学路径和"望今制奇，参古定法"的史学目标；第三，"博明万事，自成一家"的子学路径和"入道见志，智周宇宙"的子学目标；第四，"辨体明性，选文定篇"的集部路径和"文果载心，余心有寄"的集部目标。

　　强调《文心雕龙》的兼性智慧，有着非常重要的现实意义。在这个百年未遇之大变局的时代，我们是强调人类命运共同体，还是要去全球化；是要价值多元的和平共处，还是要价值单一的霸权主义；是要兼收并蓄、兼听则明、兼济天下，还是要偏执固陋、排他排外、唯我独尊。在这个意义上说，《文心雕龙》对于当今时代的价值，不仅仅在于它的文学理论与博雅文化，而且还在于它能够为我们处理世界性的难题提供思路和方略。

知音雅鉴

　　一般来说，所谓文学理论，分为文学鉴赏理论和文学创作理论。因此，这一节我们看刘勰文学鉴赏理论的博雅，他的文学创作理论将放在下一节来阐释。

《文心雕龙》有《知音》篇，知音首先是一个与音乐鉴赏相关的关键词。我的问题出来了，作为音乐鉴赏的知音，与武汉有什么关系呢？

"知音"的典故出自《吕氏春秋·本味》篇，说的是春秋时楚人俞伯牙和钟子期的故事，这个故事就发生在汉阳。汉阳属于今天的武汉市。汉阳古琴台，就是伯牙子期当年高山流水遇知音的地方；汉阳有钟家村，钟子期就是钟家村的人；钟子期死后，俞伯牙不仅不再鼓琴，还把琴给摔断了，摔琴的地方现在叫琴断口，也在汉阳；武汉市的蔡甸区还有子期墓，就是俞伯牙的知音钟子期的墓。所以"知音"和武汉的关系是非常密切的。武汉有很多地名和建筑名都打上了"知音"的印记，比如，汉阳有知音湖、知音公园，还有琴台音乐厅。武汉还有一本杂志叫《知音》。

俞伯牙鼓琴，钟子期善听，这样一个非常优美的知音故事，就发生在武汉的汉阳。刘勰写《知音》篇，他是非常感慨的，刘勰一上来就说："知音其难哉！音实难知，知实难逢，逢其知音，千载其一乎！"

刘勰说，知音太难逢了，千年都逢不到一个啊！为破解知音之难，刘勰先是从批评的层面，指出俗鉴者之五弊；然后从肯定和倡导的层面，提出博雅者之六观；而刘勰所推崇向往的，是圆照之象。

刘勰认为，鉴赏主体常常有五种毛病。

　　第一是贵古贱今。盲目地崇拜古人，认为凡是古代的都是经典。我们讲过，刘勰的方法论，最为重要的就是"擘肌分理，唯务折衷"。刘勰的文学鉴赏和批评也是这样，评价文学作品，不是用或古或今来判断它的价值，而是通过"擘肌分理"，辩证分析，来评价它的价值。

　　第二是贵远贱近。刘勰举了两个人作例子，这在后来也衍变为一个著名的历史故事，韩囚马轻。韩是韩非子，马是司马相如，当秦始皇还没有见过韩非子，汉武帝还没有见过司马相如时，两位皇帝还都非常仰慕这两位大才子，可是，当他们真的来到了两位帝王的身边时，悲剧发生了，韩非子成了阶下囚，司马相如则是被倡优蓄之。贵古贱今是时间，贵远贱近是空间，二者的共通之处就是知音者缺乏雅见。

　　第二个弊端是崇己抑人。抬高推崇自己，贬斥压抑他人，这是缺乏雅量。博雅之士，要有君子风度，要有宽广的胸怀和大海般的度量。

　　第四是信伪迷真。相信那些伪善的、道听途说的，怀疑那些真实的，不辨是非和真假，这是缺乏雅识。就文学批评和鉴赏而言，真与假有着多重含义：版本真伪，作者生平，历史背景，等等。

　　第五点是深废浅售。深刻的高雅作品，被人们废弃、忽略，而低俗的、浅薄的作品，反而为人们所欣赏。关于深废浅售，刘勰也举了两个例子，庄周所以笑《折扬》，宋玉所以伤《白雪》。《折扬》是一首庸俗的乐曲，所以被庄子嘲笑;《白雪》就是我们常说的阳春白雪，是高雅的乐曲，宋玉很伤感地对楚王说，楚国这么多人，真正能够听懂《阳春》《白雪》的，也不过十来个人。沮弃《白雪》而喜欢《折扬》，这就是俗鉴之五，深废浅售。

刘勰这里说的俗鉴五弊，特别是深废浅售，放在我们今天，有很强的针对性。人们看什么电影，读什么小说，是有一个品位与雅俗的问题的，所以刘勰说，要做一个雅者，就要先除掉这五弊。

那么，我们怎么才能克服文学鉴赏中的"五弊"呢？要博观。

刘勰讲六观：一观位体，二观置辞，三观通变，四观奇正，五观事义，六观宫商。刘勰的六观非常全面、非常具体，几乎包括了文学鉴赏的方方面面，对于阅读文学作品、阅读经典，有着非常重要的指导意义。

一观位体。何为体？两层含义，一是体要，一是体裁。体要，体会要点，体是动词，要点就是作品的主旨。体要，就是抓作品的要点，抓住作品的关键词。体裁是作品的文体样式，如小说、诗歌和散文。当你准备阅读不同体裁的作品时，你的情感期待是不一样的。

二观置辞。辞就是语言，就是修辞。文学是语言的艺术，是修辞的艺术，不同的作家有不同的语言风格，同样是诗人，我们怎么区分李白与杜甫？同样是小说家，我们怎么区分鲁迅与沈从文？通过语言。比如鲁迅的《故乡》和沈从文的《边城》，都是写乡村，都是写作者的故乡，但这两部作品是完全不同的，二者的区别首先是作品的语言。

三观通变。任何一个作家，任何一部作品，都是文学史中的一个环节，既有对传统的继承，也有对传统的批判，继承是通，批判是变，只有古今比较，才能看出这个作品对前人作品有哪些吸收，对后人作品有哪些启示。

四观奇正。奇正是说文学风格的新奇与正统。奇正与通变紧密相关，正统的风格常常来源于对传统的继承，与之相反，新奇的风格常常来自对传统的批判，对传统的革新。

五观事义。事义的本义是指引经据典，是指在作品中用典故说话，用事用典，引事引言。广义上的事义也可以指作品所描写的人和事，相当于我们今天所说的题材，例如军事题材、农村题材、改革题材、科幻题材，等等。

六观宫商。宫商指文学作品的音乐性，韵律、声调、节奏，等等，不仅诗词歌赋有音乐性，小说散文也有音乐性，比如，同是鲁迅的小说，读《阿Q正传》，要用欢快的、近乎嘲讽的语调，读《伤逝》，则要用悲哀的、低回的语调。

刘勰的六观实际上囊括了文学作品的方方面面，在文学鉴赏和批评之中，如果能够做到六观，你就是一个知音，就有了圆照之象。刘勰说："凡操千曲而后晓声，观千剑而后识器，故圆照之象，务先博观。"可见博观和圆照之象，不仅仅是针对文学作品，还针对人的整体思维方式。

刘勰说，要成为一个知音，成为一个博雅君子，就要反复观察，反复操练，只有成千上万次地操演乐器，才能够懂得音乐；只有成千上万次地观察别人舞剑，才能够懂得剑器，"凡操千曲而后晓声，观千剑而后识器"。这两句话中的操和观，是互文见义的，也就是说，无论是学剑还是学琴，都是既要观摩又要操演的，否则成不了知音，达不到圆照之象。

武汉大学有两门通识教育必修课，一门是关于中国文化的，一门是关于西方文化的。在某种意义上说，这两门课就是要培养博雅君子，培养知音君子。刘勰说："知音君子，其垂意焉。"垂意就是要留意、要用心，文心者，为文之用心也，如果你想要做一个知音君子，想要做一个博雅君子，就要垂意于中外经典。

弥纶群言

上一节我们分享了刘勰鉴赏批评理论的博雅，这一节我们来分享《神思》篇的博雅，也就是刘勰创作论的博通、博见，即弥纶群言。

什么是弥纶群言？弥是弥缝的意思，它是一种整体的方法。纶，本来是一个名词，意为丝线，这里用作动词，是说要把那些杂乱无章的丝线整理得条分缕析，有条有理。如果说，弥是一种整体的方法，纶就是一种条理化的、贯一的方法。合起来讲，就是兼具整体性和条理性，系统性和逻辑性。

《文心雕龙》的《神思》篇专门讨论文学创作，"文之思也，其神远矣"。神思就是创作的构思和创作的想象，刘勰对神思的释名章义，也就四个字："神与物游。"

刘勰创作理论的博通，首先是心与物的博通，创作主体与他所表现对象的博通。这种创作论的博通还表现在能够超越时空，刘勰说，创作主体在神思之中，是"思接千载""视通万里"，千载就是博通古今，万里是博通中外。

刘勰作为文学理论批评家，他认为那个时代的文学理论和文学批评有一个共同的弊端。什么弊端呢？并未能"振叶以寻根，观澜而索源"。整个中国文化是一棵大树，可是刘勰那个时代的研究者，他们只关注树叶，而不去找那个根。或者说，整个文化史是一条长河，澜是大波浪，他们只是看大波澜，不去寻找那个源头。所以刘勰主张要寻根索源。刘勰讨论任何问题，小到一位作家，中到一种文体和一个时代的文学，大到整个文学史乃至中国文化史，他都要振叶寻根，观澜索源。

刘勰的文学理论和文学批评有四项基本原则，其中之一就叫"原始以表末"，追原事情的开头，去演绎它的流向。比如说，《文心雕龙》第一篇《原道》就讲，"人文之元，肇自太极"。元，既有本源的意思，又有原本的意思，前者是讲时间的历史源头，后者是讲逻辑的、哲学的根本，或者理论的本质。人文的这种元在哪里呢？在太极。太极作为一种物理现象，是宇宙大爆炸之前，天地未分时的那种混沌的状态，而太极作为一个哲学范畴，是一个最高的范畴。

我们知道，《周易》里面讲，"易有太极，是生两仪，两仪生四象，四象生八卦，八卦定吉凶，吉凶生大业"。可见太极也就是元，是整个链条当中最原初、最本质的东西。刘勰要找到这样一个源头，只有把这个源头找到了，才有可能把问题讲清楚。

这种创作论的博见和博通，有什么益处呢？刘勰认为，"博见为馈贫之粮"。

作家在创作的时候常常会遇到无从下笔的情况，刘勰把这种状态形容为"含笔腐毫"。古人是用毛笔写字的，写不出来的时候，就把笔杆含在口里面，想的时间太长了，笔尖的毛都被墨水腐烂掉了。遇到这种情况，就需要博见了，博见为馈贫之粮，有了博见就有了粮食。

所以，要想改变含笔腐毫这种尴尬的状态，唯一的途径、唯一的方法，就是要博见，要读书与思考。刘勰把它概括为"积学以储宝，酌理以富才"，积累自己的学问，就像储蓄宝藏一样，然后斟酌书中的道理，这样就会丰富你的才能。这是创作论的博通和博见。

刘勰说，作家在创作过程之中，有两个苦恼或者说两种病症，一个是"理郁者苦贫"，一个是"辞溺者伤乱"。理郁，是因为缺乏博见；辞溺，是因为缺乏整合的能力，缺乏弥缝的能力，所以有太多的话不知如何条理地说出来。

我们一开始说过，刘勰特别强调弥纶群言，能弥纶群言、整合贯一，就能够拯救或者改变那种杂乱无章的状态，如果既能够博见，又能够贯一，所谓"博而能一"，就可以说是进入最佳状态了。

刘勰认为，文学研究有两种：一种叫"铨序一文"，就是只研究一篇文章，或者只研究一位作家；另一种就是"弥纶群言"，研究对象非常广泛。实际上这有点像专业教育与通识教育的区别：大学专业教育，相当于铨序一文，这实际上是很容易的；大学通识教育，是跨专业、跨学科的，需要学很多东西，它是弥纶群言，实际上是很困难的。

刘勰认为他那个时代的文学理论批评家，有一个通病，叫"各照隅隙，鲜观衢路"，隅就是一个角落，小小的角落，隙就是一道很窄的缝隙。你用一支小蜡烛，它的光太微弱，太小了，只能照亮一个小角落，只能照亮一道小缝隙。很少有人博观通衢，鸟瞰通衢大道，高屋建瓴，统筹全局。

"各照隅隙，鲜观衢路"的人，他们都只有一隅之解，也就是我们常说的一孔之见。文学研究的对象，无论是作家作品，还是文学史的发展，都是非常复杂的，而且充满着变数。面对有万端之变的对象，用一隅之解、一孔之见，是很难驾驭的，所谓"东向而望，不见西墙也"，因此，我们要有一种弥纶的方法。

弥纶法在某种意义上说，也是一种博雅教育，是通识教育必不可少的方法。

我们真的要对刘勰抱有感恩之心。他写的这一部文学理论的著作，居然包括了这么多博雅的道理，以至于它能够成为我们今天通识教育的经典，成为博雅教育的佳肴！

李建中

中国文化课延伸阅读书目

《诗经与真情》

余冠英选注：《诗经选》，北京：中华书局，2012 年。

程俊英译注：《诗经译注》，上海：上海古籍出版社，2004 年。

程俊英、蒋见元著：《诗经注析》，北京：中华书局，2017 年。

李山著：《诗经析读》（全文增订插图本），北京：中华书局，2018 年。

［宋］朱熹注，赵长征点校：《诗集传》，北京：中华书局，2017 年。

《唐诗与神游》

［清］蘅塘退士编，陈婉俊补注：《唐诗三百首》（繁体本），北京：中华书局，2004 年。

中国社会科学院文学研究所选注：《唐诗选》（插图本），北京：人民文学出版社，2021 年。

马茂元选注：《唐诗选》，上海：上海古籍出版社，2017 年。

萧涤非等著：《唐诗鉴赏辞典》，上海：上海辞书出版社，2004 年。

葛兆光撰：《唐诗选注》，北京：中华书局 2018 年。

尚永亮著：《诗映大唐春 —— 唐诗与唐人生活》，北京：北京大学出版社，2017 年。

刘学锴撰:《唐诗选注评鉴》(十卷本),郑州:中州古籍出版社,
2019 年。

《宋词与爱恋》

唐圭璋笺注:《宋词三百首笺注》,北京:人民文学出版社,2018 年。

唐圭璋选释:《唐宋词简释》,北京:人民文学出版社,2018 年。

俞平伯选释:《唐宋词选释》,北京:人民文学出版社,2020 年。

沈祖棻著:《宋词赏析》,北京:中华书局,2008 年。

中国社会科学院文学研究所选注:《唐宋词选》,北京:人民文学出
版社,2021 年。

叶嘉莹著:《唐宋词十七讲》,北京:北京大学出版社,2015 年。

夏承焘等著:《宋词鉴赏辞典》(新一版),上海:上海辞书出版社,
2013 年。

《红楼梦》与爱恨

周汝昌著:《红楼梦新证》(增订本)(全 3 册),北京:中华书局,
2012 年。

邓云乡著:《红楼风俗谭》,北京:中华书局,2015 年。

[美]余英时著:《红楼梦的两个世界》,上海:上海社会科学院出版
社,2006 年。

刘梦溪著:《红楼梦与百年中国》,北京:中央编译出版社,2005 年。

陈文新著:《红楼梦的现代误读》,济南:齐鲁书社,2008 年。

陈维昭著:《红学通史》(上、下),上海:上海人民出版社,2005 年。

《论语》与仁

杨伯峻译注:《论语译注》,北京:中华书局,2009 年。

李零著:《去圣乃得真孔子:〈论语〉纵横读》,北京:生活·读书·新知三联书店,2008 年。

李长之著:《孔子的故事》(增订本),北京:人民文学出版社,2018 年。

[日]和辻哲郎著,刘幸译,陈玥校:《孔子》,上海:上海古籍出版社,2021 年。

程树德撰,程俊英、蒋见元点校:《论语集释》(全 2 册),北京:中华书局,2013 年。

[清]刘宝楠撰,高流水点校:《论语正义》(全 2 册),中华书局,1990 年。

《大学》《中庸》与明德

[宋]朱熹撰:《四书章句集注》,北京:中华书局,1983 年。

来可泓著:《大学直解·中庸直解》,上海:复旦大学出版社,1998 年。

唐文治著,崔燕南整理:《大学大义·中庸大义》,上海:上海人民出版社,2018 年。

王文锦译注:《大学中庸译注》,北京:中华书局,2019 年。

南怀瑾著述:《原本大学微言》,上海:复旦大学出版社,2018 年。

南怀瑾著:《话说中庸》,上海:东方出版社,2022 年。

陈赟著:《中庸的思想》,杭州:浙江大学出版社,2017 年。

《传习录》与良知

［明］王阳明撰，邓艾民注：《传习录注疏》，上海：上海古籍出版社，2012 年。

陈荣捷著：《王阳明〈传习录〉详注集评》，上海：华东师范大学出版社，2009 年。

［明］王守仁撰，吴光、钱明、董平、姚延福编校：《王阳明全集》（全 4 册），上海：上海古籍出版社，2013 年。

束景南著：《阳明大传："心"的救赎之路》（上、中、下卷），上海：复旦大学出版社，2020 年。

欧阳祯人主编：《王阳明经典篇章导读》，武汉：武汉大学出版社，2021 年。

《道德经》与自然

任继愈著：《老子绎读》，北京：北京图书馆出版社，2006 年。

朱谦之撰：《老子校释》，北京：中华书局，1984 年。

［春秋］老子著，孙以楷注释：《〈老子〉注释三种》，合肥：安徽人民出版社，2003 年。

张松如著：《老子说解》，济南：齐鲁书社，1998 年。

陈鼓应著：《老子注译及评介》，北京：中华书局，1984 年。

杨柳桥著：《老子译话》，古籍出版社，1958 年。

《庄子》与逍遥

陈鼓应注译：《庄子今注今译》（全 2 册），北京：中华书局，2016 年。

王博著：《庄子哲学》，北京：北京大学出版社，2020 年。

郑开著:《庄子哲学讲记》,南宁:广西人民出版社,2016 年。

杨立华著:《庄子哲学研究》,北京:北京大学出版社,2020 年。

杨国荣著:《庄子内篇释义》,北京:中华书局,2021 年。

陈少明著:《梦觉之间:〈庄子〉思辨录》,北京:生活·读书·新知三联书店,2021 年。

陈引驰著:《无为与逍遥:庄子六章》,北京:中华书局,2016 年。

《坛经》与顿悟

[唐]慧能著,郭朋校释:《坛经校释》,北京:中华书局,2012 年。

[唐]慧能,魏道儒译注:《坛经译注》,北京:中华书局,2010 年。

方立天著:《禅宗概要》,北京:中华书局,2011 年。

洪修平、孙亦平著:《惠能评传》,南京:南京大学出版社,1998 年。

杜继文、魏道儒著:《中国禅宗通史》,南京:江苏人民出版社,2007 年。

《史记》与英雄

李长之著:《司马迁之人格与风格》,天津:天津人民出版社,2007 年。

韩兆琦著:《史记讲座》,桂林:广西师范大学出版社,2017 年。

韩兆琦编著:《史记笺证》(全 10 册),南昌:江西人民出版社,2004 年。

张大可著:《司马迁评传》(第七卷),北京:商务印书馆,2013 年。

张大可著:《史记论赞辑释》(第四卷),北京:商务印书馆,2013 年。

张大可、丁德科通解:《史记通解》(全 9 册),北京:商务印书馆,

2015 年。

　　［汉］司马迁撰，［日］泷川资言考证，杨海峥整理：《史记会注考证》，上海：上海古籍出版社，2015 年。

《文心雕龙》与博雅

　　黄侃著：《文心雕龙札记》，武汉：武汉大学出版社，2013 年。

　　［南朝梁］刘勰著，范文澜注：《文心雕龙注》（上、下），北京：人民文学出版社，1958 年。

　　王元化著：《文心雕龙讲疏》，上海：华东师范大学出版社，2017 年。

　　周振甫著：《文心雕龙今译》（附词语简释），北京：中华书局，2013 年。

　　李建中著：《博观雅制〈文心雕龙〉导引》，北京：商务印书馆，2023 年。

　　戚良德著：《文心雕龙学史论》，武汉：崇文书局，2023 年。

出版后记

　　提起中国经典文学，大家能够想到的有哪些?《诗经》《论语》《大学》《道德经》《红楼梦》《三国演义》等，这些书名可能大家都知道，但具体的内容往往因书籍的庞杂精深，始终无法探其要点。且在当今快节奏的生活中，人们往往感觉时间缺乏，什么都想快一点，比如吃个快餐、刷个短视频、倍速播放电视剧等，不太愿意花费较长的时间去看冗长的东西、或者阅读大部头的书籍。以上两点看似不起眼，无关紧要，但却实实在在阻碍了一批读者阅读经典。当看到《中国文化课：12 部经典读懂中国》的讲稿时，编辑们就觉得是它了，因为它不仅可以满足以上读者的需求，还可以作为初学者、学生阅读经典的入门书。

　　《中国文化课：12 部经典读懂中国》是由长期居于一线教学平台的武汉大学老师们所讲授的经典课，共 12 部经典，每部经典在全书中基本不超过四万字，在这四万字的篇幅里，老师以"关键词"的讲述方法，给每部经典贴了一个带有指示性的"标签"，从而我们可以迅速把握经典所表达主旨的其中一面。如《诗经》与真情的搭配，让我们感受到《诗经》作品里所表达的赤子、纯真之情；宋词与爱恋的搭配，可知宋词里恋情词是其中重要的一类体裁；《传习录》与良知的搭配，可知王阳明心学的主旨是"致良知"；《文心雕龙》与博雅的搭配，让我们知道它不单单是一部古代文学理论批评的巨著，更蕴含了中国的文化素养理念；等等。短短 12 个关键词，就让我们一窥经典核心的一面，为我们的阅读提供了极大的便利。

纵向深挖、横向关照是本书最大的一个特点，这对初学者、学生来说，不仅方便了解经典，还拓宽了知识面。纵向深挖主要表现在两个方面，一是深挖具有主题一致性的经典内容；二是核心句段的深究。我们知道有些经典内容自身并不是按照事件先后、主题的一致性而被划分在一起的，某种程度上来说，这种分类影响了我们纵向把握经典，也使我们觉得混乱。本书是根据事件的先后、主题的一致性——讲述的，如《诗经》篇作者按照男女相识、相恋、结婚、直至死亡的顺序，分五节讲述男女的"邂逅""苦恋""定情""出嫁""悼亡"。核心句段的深究指作者在介绍一篇经典时，首先原文展示，其次逐字逐句分析经典意思、阐述经典表达的思想，带领读者感受经典的魅力、感受中国文化的博大精深。横向关照是说本书不是只分析经典内容核心的一面，而是从每一部经典的背景引入，不仅介绍书籍的相关背景，还有作者的相关经历、时代背景等，多方位、全面地讲述。

本书所选取的 12 部经典，既融通了儒、释、道，又覆盖了文、史、哲，是中国几千年来的文化瑰宝，是中国智慧的结晶。本书不是为了让我们单纯地阅读经典，去死记硬背经典。正如序言中所说，本书是为了"破万卷"、学习"大智慧"。其实任何时代，人与人是相通的，事与事也有一定的共通，也许读某一片段，我们会感同身受。例如，古人对漂泊的无奈、对自由的追寻、对生命的追问，以及要成为什么样的人的思考，等等。如今，这些问题仍然存在，你、我、他都会遇到。古人的智慧，不仅是一种历史的传承，更是一种跨越时空的启示，让我们开启阅读经典之旅吧，希望我们都可以"破万卷"！

后浪出版公司

图书在版编目（CIP）数据

中国文化课. 12部经典读懂中国 / 高文强主编；李
建中总主编；武汉大学通识教育中心组织编写. -- 贵阳：
贵州人民出版社, 2024.5（2025.1重印）
ISBN 978-7-221-18217-3

Ⅰ.①中… Ⅱ.①高… ②李… ③武… Ⅲ.①中华文
化—高等学校—教材 Ⅳ.①C

中国国家版本馆CIP数据核字(2024)第029483号

本书中文简体版权归属于银杏树下（北京）图书有限责任公司

ZHONGGUO WENHUA KE : 12 BU JINGDIAN DUDONG ZHONGGUO

中国文化课：12部经典读懂中国

高文强　主编　李建中　总主编　武汉大学通识教育中心组织编写

出 版 人：朱文迅
选题策划：后浪出版公司
出版统筹：吴兴元
编辑统筹：张　鹏
策划编辑：周湖越　杨　悦
责任编辑：赵帅红　王潇潇
特约编辑：王晓晓　程　彤
装帧设计：墨白空间·陈威伸
责任印制：常会杰
出版发行：贵州出版集团　贵州人民出版社
地　　址：贵阳市观山湖区会展东路SOHO办公区A座
印　　刷：天津中印联印务有限公司
经　　销：全国新华书店
版　　次：2024年5月第1版
印　　次：2025年1月第3次印刷
开　　本：880毫米×1194毫米　1/32
印　　张：13.75
字　　数：297千字
书　　号：ISBN 978-7-221-18217-3
定　　价：68.00元

贵州人民出版社微信